趙爾巽等撰

清史稿

第六册

卷三五至卷四四（志）

中華書局

清史稿卷三十五

志十

天文十

天漢黃道經緯度表

天漢在中國所見，起箕尾沒七星而已。過赤道南視之，繞南船、海山，如循環然。由人目所測，澹澹浮空而已。製大遠鏡窺之，現無數小星，若積雪然，蓋與恆星爲一體，卽隨恆星天運行。康熙壬子、乾隆甲子所紀不同，備列於表：

黃道北康熙壬子年測定

戌宮 經度	十度 十分	〇〇 〇〇
南界 緯度	十度 十分	五三 二〇
北界 緯度	十度 十分	六七 〇二
戌宮 經度	十度 十分	〇二 〇〇
南界 緯度	十度 十分	五三 〇二
北界 緯度	十度 十分	六七 〇〇

○四 ○○	○八 ○○	一二 ○○	一六 ○○	二○ ○○	二四 ○○	二八 ○○	西宮 度經	十度 分十	○二 ○○
五三 ○○	五二 ○一	五○ ○○	四九 ○○	四八 ○○	四六 ○四	四五 ○○	南界 度緯	十度 分十	四二 ○○
六六 ○三	六五 ○四	六四 ○四	六四 ○○	六三 ○○	六二 ○一	六○ ○三	北界 度緯	十度 分十	五九 ○○
○六 ○○	一○ ○○	一四 ○○	一八 ○○	二二 ○○	二六 ○○	西宮 度經	十度 分十	○○ ○○	○四 ○○
五二 ○三	五一 ○一	四九 ○三	四八 ○一	四七 ○一	四五 ○五	南界 度緯	十度 分十	四四 ○○	四一 ○四
六六 ○一	六五 ○○	六四 ○二	六三 ○五	六三 ○○	六一 ○三	北界 度緯	十度 分十	五九 ○三	五八 ○二

〇六〇〇	一〇〇〇	一四〇〇	一八〇〇	酉宮經度	十度十分	二二〇〇	二六〇〇	申宮經度	十度十分
四〇三〇	三八〇〇	三五三〇	三二二〇	南界緯度	十度十分	二八〇〇	二五〇〇	南界緯度	十度十分
五七一〇	五六〇〇	五四二〇	五〇五〇	北界緯度	十度十分	四六三〇	四三〇〇	北界緯度	十度十分
〇八〇〇	一二〇〇	一六〇〇	二〇〇〇	酉宮經度	十度十分	二四〇〇	二八〇〇	申宮經度	十度十分
三九三〇	三六三〇	二四〇〇	二九五〇	南界緯度	十度十分	二六三〇	二三〇〇	南界緯度	十度十分
五六三〇	五五二〇	五二四〇	四八五〇	北界緯度	十度十分	四五〇〇	四〇三〇	北界緯度	十度十分

十度 分十	寅宮 度經	二八 ○○	二四 ○○	二○ ○○	一六 ○○	一二 ○○	○八 ○○	○四 ○○	○○ ○○
				○○ ○○	○七 ○○	一○ ○五	一四 ○○	一七 ○二	二○ ○三
十度 分十	北界 度緯	○五 ○○	一三 ○○	一九 ○○	二三 ○一	二七 ○二	三○ ○二	三四 五一	三八 ○○
十度 分十	寅宮 度經	未宮 度初	二六 ○○	二二 ○○	一八 ○○	一四 ○○	一○ ○○	○六 ○○	○二 ○○
					○五 ○○	○九 ○○	一三 ○○	一五 ○四	一八 ○五
十度 分十	北界 度緯	○○ ○○	一○ ○○	一六 ○○	二○ ○三	二五 ○二	二九 ○○	三二 ○二	三六 ○二

十度 分十	丑宮 度經	二八 ○○	二四 ○○	二二 ○○	一八 ○○	十度 分十	寅宮 度經	一四 ○○	二一 ○二
十度 分十	下河 界中 緯南						界十 緯七 初度 度北		
十度 分十	上河 界中 緯南	○七 ○○	○一 ○四			十度 分十	上河 界中 緯南		
十度 分十	下河 界中 緯北	二○ ○三	一三 ○三	○九 ○五	○一 ○二	十度 分十	上河 界中 緯北		
十度 分十	上河 界中 緯北	三二 ○○	二六 ○二	二三 ○○	一三 ○○	十度 分十	上河 界中 緯北	○六 ○○	○○ ○○
○○ ○○	十度 分十	丑宮 度經	二六 ○○	二三 ○○	二○ ○○	十度 分十	寅宮 度經	一六 ○○	二二 ○○
	十度 分十	下河 界中 緯南							
一○ ○一	十度 分十	上河 界中 緯南	○四 ○二	○○ ○○		十度 分十	上河 界中 緯南		
二三 ○三	十度 分十	下河 界中 緯北	一七 ○三	一一 ○三	○六 ○○	十度 分十	下河 界中 緯北		
三四 ○三	十度 分十	上河 界中 緯北	二九 ○○	二五 ○○	一七 ○○	十度 分十	上河 界中 緯北	○九 ○三	○一 ○二

〇二 〇〇	〇四 〇〇	〇八 〇〇	一二 〇〇	一六 〇〇	二〇 〇〇	二四 〇〇	二八 〇〇	子宮 度二	子宮 度六
	〇〇 〇〇	〇六 〇四	一二 〇〇	一九 〇〇	二三 〇三	二五 〇四	二八 〇四	三一 〇五	三四 〇五
一三 〇二	一七 〇三	二三 〇三	二六 〇四	三一 〇〇	三六 〇〇	三九 〇〇	四〇 〇五	四三 〇二	四五 〇二
二六 〇二	三〇 〇〇	三二 〇四	三六 〇〇	三九 〇〇	四二 〇〇	四四 〇二	四七 〇〇	五〇 〇〇	五二 〇三
三七 〇三	四〇 〇三	四五 〇五	四七 〇二	四九 〇〇	五一 〇〇	五三 〇〇	五四 〇五	五七 〇〇	六〇 〇〇
〇四 〇〇	〇六 〇〇	一〇 〇〇	一四 〇〇	一八 〇〇	二二 〇〇	二六 〇〇	子宮 度初	子宮 度四	子宮 度八
	〇三 〇一	〇九 〇三	一五 〇二	二二 〇〇	二四 〇四	二七 〇三	三〇 〇〇	三三 〇〇	三六 〇三
一七 〇〇	一九 〇二	二五 〇三	二九 〇一	三四 〇〇	三七 〇二	四〇 〇〇	四二 〇三	四四 〇三	四七 〇〇
二九 〇〇	三一 〇〇	三五 〇〇	三七 〇〇	四〇 〇三	四四 〇〇	四五 〇三	四九 〇〇	五一 〇二	五三 〇二
三九 〇三	四三 〇〇	四六 〇五	四八 〇〇	五〇 〇〇	五二 〇〇	五三 〇三	五五 〇三	五九 〇〇	六一 〇二

子宮 經度	河中南下界緯	河中南上界緯	河中北下界緯	河中北上界緯	子宮 經度	河中南下界緯	河中南上界緯	河中北下界緯	河中北上界緯
十度 十分	十度 十分	十度 十分	十度 十分	十度 十分	十度 十分	十度 十分	十度 十分	十度 十分	十度 十分
一○ ○○	三九 ○○	四八 四○	五四 四○	六二 一○	一二 ○○	四一 ○○	四八 三○	五五 ○○	六三 一○
一四 ○○	四二 四○	四九 二○	五五 二○	六三 四○	一六 ○○	四三 二○	五○ 一○	五五 二○	六四 ○○
一八 ○○	四四 四○	五○ 四○	五五 三○	六四 五○	二○ ○○	四五 ○○	五一 ○○	五六 三○	六五 一○
二二 ○○	四五 五○	五一 三○	五八 ○○	六六 ○○	二四 ○○	四六 四○	五二 三○	五八 五○	六六 一○
二六 ○○	四七 一○	五二 三○	六○ 三○	六六 四○	二八 ○○	四七 五○	五三 ○○	六一 二○	六七 ○○
亥宮 經度	河中南下界緯	河中南上界緯	河中北下界緯	河中北上界緯	亥宮 經度	河中南下界緯	河中南上界緯	河中北下界緯	河中北上界緯
十度 十分	十度 十分	十度 十分	十度 十分	十度 十分	十度 十分	十度 十分	十度 十分	十度 十分	十度 十分
○○ ○○	四八 三○	五三 三○	六二 ○○	六七 ○○	○二 ○○	四九 二○	五四 四○	六一 五○	六六 二○

〇四 〇〇	四九 〇三	五五 〇〇	六二 〇〇	六七 〇〇	〇六 〇〇	五〇 〇三	五五 〇二	六一 〇五	六七 〇〇
〇八 〇〇	五一 〇〇	五五 〇三	六一 〇三	六七 〇一	一〇 〇〇	五一 〇三	五七 〇一	六一 〇〇	六七 〇三
亥宮 經度	南界 緯度			北界 緯度	亥宮 經度	南界 緯度			北界 緯度
十度 十分	十度 十分			十度 十分	十度 十分	十度 十分			十度 十分
一二 〇〇	五一 〇五			六七 〇三	一四 〇〇	五二 〇〇			六七 〇三
一六 〇〇	五二 〇二			六七 〇四	一八 〇〇	五二 〇三			六八 〇〇
二〇 〇〇	五二 〇四			六七 〇五	二二 〇〇	五三 〇〇			六七 〇三
二四 〇〇	五二 〇五			六七 〇二	二六 〇〇	五三 〇〇			六七 〇二
亥宮 經度	南界 緯度			北界 緯度					
十度 十分	十度 十分			十度 十分					

二八 〇〇
五三 〇一
六七 〇二

黃道南 康熙壬子年測定

申宮 經度	十度 十分	二〇 〇〇	二四 〇〇	二八 〇〇	未宮 經度	十度 十分	〇二 〇〇
					北界 緯度	十度 十分	〇三 〇二
南界 緯度	十度 十分	〇〇	〇九 〇三	二三 〇〇	南界 緯度	十度 十分	二七 〇〇
申宮 經度	十度 十分	二二 〇〇	二六 〇〇	未宮 經度	十度 十分	〇〇 〇〇	〇四 〇〇
				北界 緯度	十度 十分	〇〇 〇〇	〇六 〇三
南界 緯度	十度 十分	〇六 〇一	一五 〇〇	南界 緯度	十度 十分	二五 〇一	二八 〇三

〇六〇〇	一〇〇〇	一四〇〇	一八〇〇	二二〇〇	二六〇〇	午宮經度	十度十分	〇〇〇〇	〇四〇〇
〇九〇四	一七〇二	二四〇〇	二八〇〇	三一〇一	三四〇〇	北界緯度	十度十分	三七〇〇	三九〇〇
三一〇〇	三五〇一	三九〇三	四三〇〇	四六〇〇	五〇〇二	南界緯度	十度十分	五八〇〇	六一〇〇

〇八〇〇	一二〇〇	一六〇〇	二〇〇〇	二四〇〇	二八〇〇	午宮經度	十度十分	〇二〇〇	〇六〇〇
一二〇五	二三〇〇	二六〇二	三〇〇〇	三二〇四	三五〇二	北界緯度	十度十分	三八〇一	四〇〇〇
三三〇三	三七〇一	四一〇一	四四〇一	四八〇〇	五二〇五	南界緯度	十度十分	六〇〇〇	六二〇〇

〇八 〇〇	一二 〇〇	一六 〇〇	二〇 〇〇	二四 〇〇	二八 〇〇	巳宮 度經	十度 分十	〇二 〇〇	〇六 〇〇
四一 〇〇	四四 〇一	四七 〇三	五〇 〇四	五二 〇一	五三 〇〇	北界 度緯	十度 分十	五三 〇二	五五 〇〇
六二 〇二	六四 〇一	六六 〇一	六八 〇〇	六九 〇〇	七〇 〇一	南界 度緯	十度 分十	七一 〇二	七二 〇〇

一〇 〇〇	一四 〇〇	一八 〇〇	二二 〇〇	二六 〇〇	巳宮 度經	十度 分十	〇〇 〇〇	〇四 〇〇	〇八 〇〇
四三 〇〇	四六 〇〇	四九 〇〇	五一 〇三	五二 〇五	北界 度緯	十度 分十	五三 〇二	五四 〇〇	五五 〇三
六三 〇一	六五 〇〇	六七 〇〇	六八 〇三	六九 〇二	南界 度緯	十度 分十	七〇 〇三	七一 〇四	七二 〇一

一〇 〇〇	五五 三〇			七二 二〇	一二 〇〇	五五 五〇			七二 二〇
一四 〇〇	五六 〇〇			七二 三〇	一六 〇〇	五五 五〇			七二 四〇
一八 〇〇	五六 一〇			七三 一〇	二〇 〇〇	五六 一〇			七三 二〇
二二 〇〇	五六 一〇			七三 二〇	二四 〇〇	五六 二〇			七三 一〇
巳宮 經度	北界 緯度			南界 緯度	巳宮 經度	北界 緯度			南界 緯度
十度 十分	十度 十分			十度 十分	十度 十分	十度 十分			十度 十分
二六 〇〇	五六 〇〇			七三 一〇	二八 〇〇	五六 〇〇			七三 二〇
辰宮 經度	北界 緯度			南界 緯度	辰宮 經度	北界 緯度			南界 緯度
十度 十分	十度 十分			十度 十分	十度 十分	十度 十分			十度 十分
〇〇 〇〇	五五 四〇			七三 二〇	〇二 〇〇	五六 一〇			七三 一〇

〇二 〇〇	十度 分十	卯宮 度經	二八 〇〇	二四 〇〇	二〇 〇〇	一六 〇〇	一二 〇〇	〇八 〇〇	〇四 〇〇
五一 〇〇	十度 分十	北界 度緯	五二 〇三	五四 〇一	五五 〇二	五六 〇三	五六 〇三	五六 〇二	五六 〇一
六七 〇四	十度 分十	南界 度緯	六九 〇〇	六九 〇四	七〇 〇二	七一 〇〇	七二 〇三	七二 〇三	七三 〇〇
〇四 〇〇	〇〇 〇〇	十度 分十	卯宮 度經	二六 〇〇	二二 〇〇	一八 〇〇	一四 〇〇	一〇 〇〇	〇六 〇〇
四九 〇五	五一 〇五	十度 分十	北界 度緯	五三 〇二	五四 〇三	五六 〇〇	五六 〇三	五六 〇四	五六 〇一
六七 〇〇	六八 〇三	十度 分十	南界 度緯	六九 〇三	七〇 〇〇	七〇 〇五	七一 〇三	七二 〇〇	七二 〇四

十度 十分	寅宮 經度	二六 ○○	二二 ○○	一八 ○○	一四 ○○	十度 十分	卯宮 經度	一○ ○○	○六 ○○
十度 十分	北界 緯度	三八 一○	四○ 三○	四二 ○○	四三 五○	十度 十分	北界 緯度	四六 三○	四八 四○
十度 十分	南界 緯度	五五 一○	五七 ○○	六○ 三○	六三 ○○	十度 十分	南界 緯度	六四 五○	六六 一○
十度 十分	寅宮 經度	二八 ○○	二四 ○○	二○ ○○	一六 ○○	十度 十分	卯宮 經度	一二 ○○	○八 ○○
十度 十分	北界 緯度	三七 一○	三九 五○	四一 二○	四二 五○	十度 十分	北界 緯度	四四 三○	四八 ○○
	北下 界緯								
十度 十分	南界 緯度	五四 四○	五六 ○○	五八 三○	六二 ○○	十度 十分	南界 緯度	六四 ○○	六五 二○

〇〇 〇〇	〇四 〇〇	〇六 〇〇	〇九 〇〇	一一 〇〇	一二 〇〇	寅宮 經度	十度 十分	一三 〇〇	一五 〇〇
三六 〇〇	二八 〇〇	一一 〇〇	〇四 〇二	〇一 〇〇					
						河中北上界緯	十度 十分	〇八 〇三	〇五 〇〇
						河中南上界緯	十度 十分	一三 〇三	一三 〇三
五四 〇〇	五二 〇〇	五一 〇四	四九 〇三	四八 〇五	四八 〇〇	河中南下界緯	十度 十分	四五 〇〇	四二 〇〇
〇二 〇〇	〇五 〇〇	〇八 〇〇	一〇 〇〇	一一 〇三	寅宮 經度	十度 十分	一二 〇二	一四 〇〇	一六 〇〇
三三 〇三	一四 〇〇	〇六 〇〇	〇三 〇〇	〇〇 〇〇					
	二四 〇〇				河中北下界緯	十度 十分	一〇 〇二	〇六 〇三	〇三 〇二
					河中南上界緯	十度 十分	一一 〇四	一四 〇四	一一 〇〇
五三 〇二	五一 〇三	五〇 〇〇	四九 〇二	四八 〇二	河中南下界緯	十度 十分	四七 〇三	四三 〇三	四一 〇三

寅宮經度	十度十分	一七 〇〇	二〇 〇〇	二三 〇〇	二六 〇〇	丑宮經度	十度十分	〇〇 〇〇	〇四 〇〇
河下中界北緯	十度十分	〇〇 〇〇							
河上中界南緯	十度十分	〇九 三〇	〇五 〇〇	〇〇 〇〇					
河下中界南緯	十度十分	四一 一〇	三七 四〇	三二 〇〇	二二 〇〇	河下中界南緯	十度十分	〇九 〇〇	〇一 一〇
寅宮經度	十度十分	一八 〇〇	二三 〇〇	二四 〇〇	二八 〇〇	丑宮經度	十度十分	〇二 〇〇	〇四 三〇
河下中界北緯	十度十分								
河上中界南緯	十度十分	〇八 一〇	〇一 四〇						
河下中界南緯	十度十分	四〇 一〇	三三 〇〇	三一 〇〇	一三 三〇	河下中界南緯	十度十分	〇四 四〇	〇〇 〇〇

黃道北 乾隆甲子年改測

黃道經度	宮 十度 十分	寅 一二 四〇	一二 四〇	一三 二〇	一三 二〇	一四 〇〇	宮 十度 十分	黃道經度
北界緯度	十度 十分	〇四 〇〇	〇八 〇〇	〇六 〇〇	一二 四〇	〇三 〇〇	十度 十分	北界緯度
北之南界緯度	十度 十分						十度 十分	北之南界緯度
南之北界緯度	十度 十分						十度 十分	南之北界緯度
南界緯度	十度 十分						十度 十分	南界緯度

黃道經度	宮 十度 十分	寅 一二 四〇	一三 二〇	一三 二〇	一四 〇〇	一四 〇〇	宮 十度 十分	黃道經度
北界緯度	十度 十分	〇四 四〇	〇二 〇〇	一〇 四〇	〇〇 〇〇	〇九 三〇	十度 十分	北界緯度
北之南界緯度	十度 十分						十度 十分	北之南界緯度
南之北界緯度	十度 十分						十度 十分	南之北界緯度
南界緯度	十度 十分						十度 十分	南界緯度

寅 一四〇〇	一五〇〇	一五〇〇	一六二〇	一七三〇	一八〇〇	一九三〇	二〇〇〇	二〇三〇	二一四〇
一一 〇四	一四 〇〇	一八 〇〇	一五 〇二	二三 〇五	二二 〇〇	二七 〇〇			
						〇二 〇〇	〇〇 〇〇	〇五 〇三	〇六 〇四

寅 一四〇〇	一五〇〇	一五四〇	一七〇〇	一七三〇	一八〇〇	一九三〇	二〇三〇	二一〇〇	二一四〇
一三 〇三	一七 〇〇	一九 〇二	二〇 〇〇	二四 〇五	二五 〇五			二九 〇二	
						〇四 〇三	〇三 〇二		〇八 〇三

二六 三○	寅 二五 三○	宮 十度 十分	黃道經度	二五 ○○	二四 三○	二四 三○	二三 三○	二三 三○	二二 ○○
		十度 十分	北界緯度					三一 ○五	三一 ○○
	二四 ○○	十度 十分	北之南界緯度	二○ ○○	二一 ○二	一六 ○三	一四 ○○	○九 ○三	
○一 ○○		十度 十分	南之北界緯度						
		十度 十分	南界緯度						
二六 三○	寅 二六 ○○	宮 十度 十分	黃道經度	二五 ○○	二五 ○○	二四 三○	二四 ○○	二三 三○	二二 四○
	三五 ○三	十度 十分	北界緯度		三四 ○二		三四 ○○	三三 ○○	
	一七 ○三	十度 十分	北之南界緯度	二二 ○○	一五 ○○	一八 ○四		一二 ○二	一一 ○○
二○ ○三	○三 ○二	十度 十分	南之北界緯度						
		十度 十分	南界緯度						

三〇 〇六	〇〇 〇四	三〇 〇三	二〇 〇二	〇〇 〇二	丑 三〇 〇〇	四二 〇九	〇二 〇八	三二 〇七	〇二 〇七
三五 〇三		三六 〇四		三五 〇〇		三四 〇〇			三五 〇三
			二六 〇二		二六 〇〇		二四 〇四		
二二 〇〇	二〇 〇三	一七 〇〇	一五 〇〇	〇七 〇二	〇六 〇〇	〇九 〇〇	〇五 〇〇	〇四 〇〇	〇〇 〇〇
〇〇 〇七	〇〇 〇五	〇〇 〇四	三〇 〇二	〇〇 〇二	丑 三〇 〇〇	四二 〇九	〇二 〇九	三二 〇七	〇二 〇七
	三六 〇三								
二九 〇二		二八 〇三	二七 〇三						
	一九 〇〇	一九 〇三		〇八 〇四	一三 〇〇	二一 〇〇	〇七 〇〇	〇五 〇〇	〇二 〇〇

〇八 〇〇	〇九 〇〇	一〇 〇〇	一一 〇〇	黃道經度	宮 十度十分	丑 一一 三〇	一三 〇〇	一四 〇〇	一五 〇〇
			三八 〇四	北界緯度	十度十分				四二 〇三
三〇 〇〇		三〇 〇〇		北之南界緯度	十度十分	三二 〇〇			三五 〇〇
二三 〇〇			二五 〇二	南之北界緯度	十度十分				
	〇二 〇〇	〇五 〇〇	〇七 〇〇	南界緯度	十度十分	〇七 〇四	一二 〇二	一三 〇二	
〇九 〇〇	〇九 〇〇	一〇 〇〇	一一 〇〇	黃道經度	宮 十度十分	丑 一三 〇〇	一四 〇〇	一四 〇〇	一六 〇〇
三六 〇三				北界緯度	十度十分		四〇 〇〇		
				北之南界緯度	十度十分		三三 〇〇		
二四 〇三				南之北界緯度	十度十分	二七 〇〇	二九 〇〇		三〇 〇〇
〇〇 〇〇	〇四 〇〇	〇六 〇〇	〇九 〇〇	南界緯度	十度十分	一〇 〇四	一一 〇〇	一四 〇三	一五 〇三

黃道經度	宮 十度 十分	一六 〇〇	一六 三〇	一七 〇〇	一八 三〇	一九 〇〇	一九 三〇	二一 〇〇	二二 三〇
北界緯度	十度 十分		四五 〇〇						
北之南界緯度	十度 十分								
南之北界緯度	十度 十分			三〇 〇二	三一 〇二	三二 〇四			
南界緯度	十度 十分	一七 〇〇			一九 〇〇		二〇 〇〇	二一 〇〇	二一 〇二

黃道經度	宮 十度 十分	一六 三〇	一七 〇〇	一八 三〇	一九 〇〇	一九 三〇	二〇 〇〇	二二 〇〇	二三 三〇
北界緯度	十度 十分	四三 〇三			四五 〇〇		四六 〇〇	四六 〇二	四九 〇〇
北之南界緯度	十度 十分				三七 〇〇			三七 〇〇	
南之北界緯度	十度 十分		二九 〇三	二九 〇〇	三〇 〇〇		三四 〇二	三五 〇四	
南界緯度	十度 十分		一七 〇四	一七 〇三	二〇 〇〇	一八 〇〇			二一 〇四

○○ ○四	○○ ○三	○○ ○二	子 三○ ○○	○二 ○九	丑 ○二 ○八	三二 ○七	三二 ○六	○二 ○五	○二 ○四
	五七 ○○		五五 ○○					五○ ○三	
四七 ○三	四五 ○○				四三 ○五			四二 ○○	三八 ○四
		四一 ○○				四○ ○○			三六 ○○
	三○ ○三	二九 ○○		二九 ○○			二七 ○○	二四 ○○	二四 ○○
○○ ○四	○○ ○三	○○ ○二	○○ ○一	子 三○ ○○	丑 ○二 ○九	○二 ○八	三二 ○七	○二 ○五	○二 ○四
			六○ ○○	五三 ○三		五三 ○○	五一 ○○		
四九 ○○	四六 ○三			四四 ○四		四二 ○三			四○ ○二
		四二 ○四			四○ ○三		三八 ○○		三七 ○○
三○ ○二			二九 ○○		二七 ○○			二五 ○四	

黃道經度	宮 十度 十分	〇五 〇〇	〇六 〇〇	〇七 三〇	〇九 三〇	一一 〇〇	一二 〇〇	一四 〇〇	一七 〇〇
北界緯度	十度 十分	六一 〇〇			六三 〇四				
北界之南緯度	十度 十分		五〇 〇〇		五一 〇三		五四 〇〇		
南界之北緯度	十度 十分	四三 〇二	四五 〇〇				四六 〇〇		四九 〇〇
南界緯度	十度 十分		三〇 〇〇	三二 〇〇	三二 〇三	三五 〇〇		四〇 〇〇	四一 〇〇

黃道經度	宮 十度 十分	〇五 〇〇	六〇 〇〇	〇八 三〇	〇九 三〇	一一 〇〇	一四 〇〇	一五 〇〇	一七 〇〇
北界緯度	十度 十分	六三 〇〇						六四 〇〇	
北界之南緯度	十度 十分		五一 〇三		五三 〇二			五四 〇〇	
南界之北緯度	十度 十分			四五 〇〇			四七 〇二		
南界緯度	十度 十分				三四 〇二	三七 〇〇	三八 〇〇		四二 〇三

一八〇〇	二〇二二	子 二二〇〇	二四〇〇	二七三〇	亥 〇〇〇〇	〇四〇〇	一〇〇〇	一五〇〇	二〇〇〇
		六六〇〇		六七〇〇			六八〇〇		
五四〇二	五六〇〇			五七〇四	五八〇四	五八〇〇			
		五一〇〇		五四〇二	五四〇二	五六〇〇			
			四五〇〇	四八〇〇	四九〇三		五二〇〇	五一〇〇	五二〇二
一九二〇	二一〇〇	子 二三〇〇	二五〇〇	二七三〇	亥 〇二〇〇	〇六〇〇	一五〇〇	一七〇〇	二三〇〇
六四〇三			六六〇〇		六六〇三	六六〇二	六七〇四	六九〇〇	六七〇四
		五六〇〇	五七〇四		五七〇四				
四九〇三			五三〇〇		五六〇〇				
四三〇〇	四四〇〇		四七〇三	四九〇二	五二〇〇	五三〇三	五三〇〇	五一〇二	五一〇〇

黃道	度經								
黃道經度	宮 十度 十分	二四 ○○	二七 ○○	戌 ○三 ○○	○八 ○○	一○ ○○	一二 ○○	一五 ○○	一七 三○
北界緯度	十度 十分		六八 ○○			六七 ○二		六七 ○一	六六 ○○
北之南界緯度	十度 十分								
南之北界緯度	十度 十分								
南界緯度	宮 十度 十分	五一 ○二	五二 ○二	五三 ○○	五三 ○○		五二 ○○		
黃道經度	十度 十分	二五 ○○	戌 ○○ ○○	○五 ○○	一○ ○○	一二 ○○	一五 ○○	一七 三○	二○ ○○
北界緯度	十度 十分		六八 ○四	六八 ○四	六八 ○四		六七 ○二	六五 ○○	六五 ○○
北之南界緯度	十度 十分								
南之北界緯度	十度 十分								
南界緯度	十度 十分	五○ ○○	五二 ○○	五二 ○三		五三 ○○	五二 ○三	五○ ○三	五一 ○○

戌 三二 ○二	○二 ○七	酉 ○○ ○○	○○ ○四	○○ ○九	三一 ○○	○一 ○三	○一 ○五	○一 ○七	三一 ○九
六二 ○二	五八 ○四	五八 ○二	五六 ○四	五四 ○三	五○ ○二	五○ ○○	四八 ○三	四七 ○○	四五 ○四
四九 ○○	四七 ○三	四五 ○○	四二 ○三	四○ ○四		三八 ○○		三六 ○二	三四 ○○
戌 ○二 ○五	○二 ○九	酉 三○ ○二	○○ ○七	○○ ○九	○一 ○二	○一 ○三	○一 ○五	○一 ○七	三一 ○九
六二 ○○	六一 ○○	五八 ○三	五五 ○四	五二 ○四		四八 ○三	四七 ○○	四六 ○○	
五○ ○○	四六 ○三	四四 ○三	四二 ○二		四○ ○三	三五 ○○		二八 ○四	三一 ○二

黃道經度	宮十度十分	一九三○	二四○○	二七○○	二九○○	申○一三○	○二三○	申○四○○	○五○○
北界緯度	十度十分			四五○○	四三○四		三九○○	三七○四	三五○○
北之南界緯度	十度十分								
南之北界緯度	十度十分								
南界緯度	十度十分	二八○四	二七○四	二六○二	二四○三	二三○二		二一○三	二○○三
黃道經度	宮十度十分	二二三○	二五○○	二七○○	申○○○○	○二三○	○二三○	申○四○○	○六三○
北界緯度	十度十分	四六○二	四六○○	四四○○	四二○二	四一○○	三六○○	三五○○	三二○二
北之南界緯度	十度十分								
南之北界緯度	十度十分								
南界緯度	十度十分	二七○三	二六○四	二五○○	二三○四	二一○○			二一○二

○○ ○八	三○ ○○			二○ ○二	三○ ○九	二九 ○三			二○ ○四
三○ ○九	二七 ○三			一五 ○三	三一 ○一	二七 ○二			一九 ○四
三一 ○一	二六 ○二			一七 ○○	三一 ○一				一四 ○四
三一 ○一				一三 ○三	三一 ○二	二六 ○○			一三 ○三
三一 ○二	二四 ○四				○一 ○四				一一 ○○
○一 ○四				○九 ○三	○一 ○五	二四 ○三			○九 ○○
○一 ○五	二三 ○四			○八 ○○	三一 ○六	二二 ○二			○七 ○三
三一 ○六	二○ ○○			○六 ○二	三一 ○七	二○ ○○			○五 ○四
○一 ○九	一九 ○○			○六 ○二	○二 ○○	一八 ○四			○五 ○四
○二 ○○				○三 ○四	三二 ○○				○二 ○○

黃道經度	宮 十度十分	二○三○	二一三○	二二二○	二四四○	申 二五四○	二七○○	二八○○	二九○○
北界緯度	十度十分		一四三○	一四○○	一三○○	一一四○	○九二○	○七三○	○五○○
北之南界緯度	十度十分								
南之北界緯度	十度十分								
南界緯度	十度十分	○○○○							
黃道經度	宮 十度十分	二一三○	二二二○	二三四○	二四四○	申 二五四○	二七○○	二八○○	二九○○
北界緯度	十度十分	一七○○	一五四○	一二四○	一三○○	一○二○	○八○○	○六○○	○三三○
北之南界緯度	十度十分								
南之北界緯度	十度十分								
南界緯度	十度十分								

黃道經度	北界緯度	北之南界緯度	南之北界緯度	南界緯度
二九 三〇	〇一 三〇			
二九 三〇	〇〇 〇〇			

黃道北　乾隆甲子年改測

黃道經度（宮 十度 十分）	北界緯度（十度 十分）	北之南界緯度（十度 十分）	南之北界緯度（十度 十分）	南界緯度（十度 十分）
申 一九 四〇				〇二 三〇
二〇 三〇				〇一 四〇
二〇 三〇				〇四 二〇
二〇 三〇				〇九 〇〇
二一 〇〇				〇六 四〇
二二 〇〇				一〇 〇〇

黃道經度（宮 十度 十分）	北界緯度（十度 十分）	北之南界緯度（十度 十分）	南之北界緯度（十度 十分）	南界緯度（十度 十分）
申 二〇 三〇				〇〇 〇〇
二〇 三〇				〇三 二〇
二〇 三〇				〇七 三〇
二一 〇〇				〇五 二〇
二一 〇〇				〇九 〇〇
二三 三〇				一〇 二〇

黃道經度	宮 十度 十分	○○ 二四	○○ 二六	申 二○ 二七	○○ 二八	未 四○ ○○	四○ ○一	四○ ○二	三○ ○三
北界緯度	十度 十分					○○ ○○	○二 ○○	○三 ○三	○五 ○三
北界之南緯度	十度 十分								
南界之北緯度	十度 十分								
南界緯度	十度 十分	一二 ○○	一三 ○二	一六 ○○	一九 ○○	一九 ○○	○二 ○四	二二 ○○	

黃道經度	宮 十度 十分	四○ 二四	○○ 二六	申 二○ 二七	三○ 二九	未 四○ ○○	四○ ○一	○三 ○三	二○ ○四
北界緯度	十度 十分				○○ ○○	○一 ○二	○三 ○○	○四 ○三	○六 ○○
北界之南緯度	十度 十分								
南界之北緯度	十度 十分								
南界緯度	十度 十分	一三 ○二	一四 ○四	一七 ○三	一九 ○四		二三 ○四	二五 ○○	二七 ○○

未 ○一 ○七	○一 ○六	三一 ○五	○一 ○四	四一 ○二	二一 ○一	○一 ○○	三○ ○八	○○ ○七	○○ ○五
一 五 ○○	一 八 ○三	一 七 ○○	一 二 ○三	一 二 ○三	一 一 ○二	一 ○ ○○		○ 七 ○四	○ 七 ○三
四 ○ ○○			三 五 ○○		三 二 ○○	二 九 ○○	二 九 ○○	二 九 ○○	二 九 ○四
未 ○一 ○七	三一 ○六	○一 ○六	○一 ○五	二一 ○三	二一 ○一	○一 ○○	○○ ○九	○○ ○八	○○ ○六
一 四 ○○	一 六 ○三	一 三 ○三	一 三 ○四	一 二 ○○			○ 九 ○三	○ 八 ○○	○ 七 ○二
			三 七 ○二		三 四 ○○	三 ○ ○四	二 八 ○○	三 ○ ○○	

黃道經度	宮 十度 十分	一七 三〇	一八 〇〇	一九 〇〇	二一 〇〇	二二 〇〇	二二 〇〇	二四 〇〇	二六 〇〇
北界緯度	十度 十分	一六 〇三	二〇 〇二	二三 〇二	二七 〇四	二七 〇三	三〇 〇〇	三二 〇〇	三四 〇〇
北界之南緯度	十度 十分								
南界之北緯度	十度 十分								
南界緯度	十度 十分	四二 〇二							五〇 〇三

黃道經度	宮 十度 十分	一八 〇〇	一九 〇〇	二一 〇〇	二二 〇〇	二二 〇〇	二四 〇〇	二五 〇〇	二八 〇〇
北界緯度	十度 十分	一九 〇〇	二一 〇〇	二四 〇二	二六 〇〇	二九 〇〇	三一 〇〇	三二 〇二	三四 〇〇
北界之南緯度	十度 十分								
南界之北緯度	十度 十分								
南界緯度	十度 十分		四五 〇〇		四五 〇〇		四八 〇〇		五三 〇〇

〇二〇九	午 〇〇〇二	〇〇〇三	〇〇〇五	〇〇〇七	〇〇〇八	〇一〇二	〇一〇六	〇二〇二	〇二〇七
三五 〇四	三七 〇〇	三八 〇四	三九 〇〇		四四 〇三	四七 〇三	五一 〇〇	五三 〇〇	五四 〇四
	五六 〇〇		五八 〇四	六〇 〇〇		六二 〇三		六七 〇〇	
午 〇〇〇一	三〇〇二	〇〇〇四	三〇〇六	〇〇〇七	〇一〇〇	〇一〇五	〇一〇九	〇二〇五	巳 〇〇〇一
三五 〇四	三七 〇四	三七 〇三	四一 〇三		四七 〇〇	四八 〇三	五一 〇〇	五三 〇四	五五 〇二
五三 〇二		五六 〇四		六二 〇〇		六五 〇〇		六九 〇三	七〇 〇〇

		1	2	3	4	5	6	7	8
黃道經度	宮 十度 十分	巳 〇五 〇〇	一四 〇〇	一九 〇〇	二五 〇〇	辰 〇一 〇〇	辰 〇五 〇〇	〇五 〇〇	〇九 〇〇
北界緯度	十度 十分	五六 三〇	五五 四〇	五六 四〇	五七 〇〇	五六 〇〇	五六 〇〇	五四 〇〇	五五 〇〇
北之南界緯度	十度 十分								
南之北界緯度	十度 十分								
南界緯度	十度 十分	七二 〇〇	七一 〇〇			七一 〇〇			七〇 〇〇

		1	2	3	4	5	6	7	8
黃道經度	宮 十度 十分	〇九 〇〇	一六 〇〇	二二 〇〇	二八 〇〇	辰 〇三 〇〇	辰 〇五 〇〇	〇八 三〇	一三 〇〇
北界緯度	十度 十分	五六 三〇	五七 〇〇	五七 三〇	五七 三〇	五六 〇〇	五五 〇〇	五四 三〇	五四 〇〇
北之南界緯度	十度 十分								
南之北界緯度	十度 十分								
南界緯度	十度 十分			七一 〇〇					

〇一 〇六	〇二 〇一	〇二 〇三	三二 〇七	卯 〇〇 〇四	〇〇 〇九	〇一 〇〇	〇一 〇二	〇一 〇四	〇一 〇九
五五 〇〇	五四 〇〇	五二 〇〇	五二 〇〇	四八 〇三	四六 〇〇		四五 〇四	四六 〇〇	四七 〇四
				六五 〇〇	六二 〇〇	六〇 〇三	六二 〇三		
〇一 〇九	〇二 〇三	〇二 〇五	卯 〇〇 〇〇	〇〇 〇七	〇〇 〇九	〇一 〇〇	〇一 〇二	〇一 〇七	〇二 〇一
五五 〇〇	五三 〇四		五〇 〇〇	四七 〇三				四七 〇三	四七 〇二
七〇 〇〇		六九 〇〇	六七 〇〇		六五 〇〇	六四 〇〇	六〇 〇〇	六〇 〇〇	五七 〇〇

黃道經度 宮	黃道經度 十度	黃道經度 十分	北界緯度 十度	北界緯度 十分	北界之南緯度 十度	北界之南緯度 十分	南界之北緯度 十度	南界之北緯度 十分	南界緯度 十度	南界緯度 十分
	二三	〇〇	四七	〇〇						
	二五	〇〇	四二	三〇						
	二九	〇〇	三九	三〇						
寅	〇二	三〇	三六	二〇						
	〇三	三〇	三二	四〇						
	〇四	〇〇	三五	〇〇					五三	〇〇
	〇四	〇〇	三一	三〇						
	〇六	〇〇	三〇	〇〇					五二	〇〇

黃道經度 宮	黃道經度 十度	黃道經度 十分	北界緯度 十度	北界緯度 十分	北界之南緯度 十度	北界之南緯度 十分	南界之北緯度 十度	南界之北緯度 十分	南界緯度 十度	南界緯度 十分
	二三	〇〇	四五	〇〇						
	二七	〇〇	三九	三〇					五五	〇〇
寅	〇一	〇〇	三七	三〇					五四	二〇
	〇二	三〇	三四	〇〇						
	〇四	〇〇	三六	〇〇					五〇	三〇
	〇四	〇〇	三四	二〇						
	〇五	〇〇							五一	二〇
	〇六	〇〇	二八	三〇					五〇	二〇

二〇〇七	〇〇〇八	〇〇〇八	寅 〇〇〇八	〇〇〇八	〇〇〇九	〇〇〇九	〇〇〇九	〇一〇一	〇一〇二
二六〇〇	二〇〇二	一四〇〇	一一〇〇	〇九〇〇	二一〇〇	一六〇〇	〇八〇三	〇七〇〇	〇四〇四
五〇〇〇								四七〇三	
二〇〇七	〇〇〇八	〇〇〇八	寅 〇〇〇八	〇〇〇九	〇〇〇九	〇〇〇九	〇〇〇九	〇一〇二	〇一〇二
二四〇〇	一九〇〇	一二〇四	一〇〇〇	二三〇三	一二〇〇	一〇〇四	〇七〇二	〇五〇四	〇三〇〇
				四八〇〇				四五〇〇	

黃道經度	宮 十度 十分	一二 三〇	一四 〇〇	一四 三〇	一四 三〇	一四 三〇	一五 〇〇	一六 〇〇	一六 二〇
北界緯度	十度 十分	〇四 〇〇	〇〇 〇〇						
北界之南緯度	十度 十分			一五 二〇	一二 〇〇	〇九 〇〇	一一 〇〇	〇九 三〇	〇八 三〇
南界之北緯度	十度 十分								一五 〇〇
南界緯度	十度 十分		四〇 四〇						

黃道經度	宮 十度 十分	一三 三〇	一四 三〇	一四 三〇	一四 三〇	二五 〇〇	一五 〇〇	一六 二〇	一六 二〇
北界緯度	十度 十分	〇一 四〇							
北界之南緯度	十度 十分	一四 二〇	一七 三〇	一三 〇〇	一〇 二〇	一〇 三〇	〇八 四〇	〇九 四〇	〇七 〇〇
南界之北緯度	十度 十分							一六 〇〇	一四 〇〇
南界緯度	十度 十分					四二 四〇		四〇 〇〇	

一七〇〇	一七三〇	寅 一八三〇	二〇〇〇	二〇三〇	二〇三〇	二一〇〇	二二〇〇	二三三〇	寅 二三三〇
〇五 〇〇	〇三 〇〇		〇〇 〇〇						
	一二 〇二		〇九 〇二	一一 〇四	一〇 〇〇	〇五 〇三	〇四 〇〇	〇三 〇二	〇三 〇二
		三七 〇二	三六 〇二				三五 〇〇	三四 〇〇	二九 〇〇
一七三〇	一八三〇	寅 一九三〇	二〇〇〇	二〇三〇	二〇三〇	二一〇〇	二二〇〇	二三三〇	寅 二四三〇
〇四 〇〇	〇二 〇〇								
一四 〇〇	一一 〇三	一一 〇三	〇七 〇〇	一一 〇〇	〇七 〇四	〇四 〇二			〇三 〇二
	三九 〇三						三二 〇三	三一 〇〇	

黃道經度	宮 十度 十分	二五 四○	二六 ○○	二七 ○○	二七 ○○	二八 ○○	二八 三○	丑 ○一 ○○	○二 ○○
北界緯度	十度 十分								
北之南界緯度	十度 十分								
南之北界緯度	十度 十分	○二 ○○		○一 ○四					
南界緯度	十度 十分	二○ ○○	二九 ○○	二五 ○○	一九 ○三	二三 ○○	一五 ○○	一一 ○三	○八 ○三

黃道經度	宮 十度 十分	二五 四○	二六 ○○	二七 ○○	二七 ○○	二八 ○○	二九 三○	丑 ○一 ○○	○三 三○
北界緯度	十度 十分								
北之南界緯度	十度 十分								
南之北界緯度	十度 十分			○○ ○○					
南界緯度	十度 十分	一八 ○三	二七 ○○	二四 ○○	一七 ○三	二○ ○○	一三 ○三	○九 ○二	○七 ○○

〇〇〇四				〇五 〇〇	二〇〇五				〇四 〇三
二〇〇五				〇三 〇〇	二〇〇七				〇二 〇二
〇〇〇八				〇一 〇〇	〇〇〇九				〇〇 〇〇

清史稿卷三十六

志十一

天文十一

五星合聚

天官書言同舍爲合，於兩星、三星、四星、五星之合各有占，而以五星合爲最吉，謂經度之同如合朔也。茲就三星以上同宮同宿，及兩星以上同度者，著于篇。

順治元年正月庚戌，土木金聚於降婁兩旬餘。丙辰，土金同躔壁三度。三月乙巳，土水同躔壁八度。

二年二月乙亥，金水同躔危一度。三月庚子，土金水聚於降婁旬餘；己酉，土水同躔奎七度。四月壬戌，土金同躔奎九度；癸酉，木水同躔畢五度。閏六月己酉，火金水聚於鶉尾。七月庚申，聚於翼；丁卯，聚於壽星兩旬；壬申，聚於軫。八月癸未，聚於角；丁酉，聚於亢；戊戌，聚於大火。

三年三月庚戌，土金水聚於大梁旬餘；壬子，土水同躔婁七度。四月丁酉，土火金聚於大梁月餘。五月癸丑，聚於胃旬餘。六月甲申，木水同躔井十九度。七月乙丑，木火金聚於鶉首聚於井；丙寅，木金同躔井二十八度。

四年二月庚子，木火同躔井二十八度。三月丁未，土金水聚於大梁兩旬；丙辰，聚於胃，金水同躔胃一度；戊午，土水同躔胃六度；庚申，土金同躔胃七度。六月乙未，木水同躔柳十度。七月庚申，火金同躔軫五度。八月己巳，火金水聚於壽星。十月戊子，聚於析木旬有九日；癸巳，聚於尾。

五年四月甲午，火金水聚於大梁旬餘，聚於婁。閏四月乙巳，聚於胃；丙午，火金同躔胃二度；丙辰，土水同躔畢四度。五月丁卯，土火金水聚於實沈，土金同躔畢五度。七月甲戌，木金水聚於鶉尾兩旬餘，聚於張浹旬。

六年三月丙寅，土金同躔畢八度。五月庚申，土水同躔觜一度。六月辛卯，木火同躔翼十三度。九月戊午，木水同躔軫十二度。

七年三月壬申，火金水聚於降婁。四月辛卯，聚於大梁。五月丁巳，聚於實沈；癸亥，土水同躔井初度；乙丑，土金水聚於鶉首旬餘；乙亥，聚於井旬餘。六月庚戌，土火水聚於井旬餘；辛亥，聚於鶉首旬餘。七月癸丑，土火同躔井七度。九月辛未，木水同躔氐三度。

八年正月甲子，金水同躔危二度。四月辛未，土水同躔井十四度。六月甲寅，土金水聚於鶉首旬餘；乙卯，聚於井旬餘；癸酉，土金同躔井二十二度。八月乙卯，木火同躔心二度。十月戊辰，木金水聚於析木旬餘；壬申，木金同躔尾十度。十一月乙亥朔，木金水聚於尾。癸卯，火金水聚於元枵。十二月丁卯，聚於危。

九年正月己亥，火金同躔壁五度。四月癸亥，土金水聚於鶉首，聚於井旬餘；庚午，土金同躔井二十六度。六月丁卯，土水同躔鬼二度。七月丁丑，土火水聚於鶉火；丁亥，土火同躔柳初度。

十年正月壬午，木水同躔牛二度；壬辰，木金水聚於牛；癸巳，聚於元枵兩旬餘。六月癸亥，土金水聚於鶉火旬餘。閏六月丙寅，聚於柳；辛未，土水同躔柳九度；壬申，土金同躔柳九度。十月丙戌，木火金聚於元枵。十一月庚子，木金同躔女十度。

十一年正月己酉，木水同躔危四度。二月辛巳，火金水聚於大梁旬餘；己丑，聚於胃。六月庚午，土火水聚於鶉火；乙亥，土水同躔星四度。八月壬戌，土火同躔張二度；癸酉，土火金水聚於鶉尾旬餘；丁丑，土金同躔張三度；乙亥，土火金水聚於張。九月辛卯，火金同躔翼二度。

十二年正月乙巳，木金水聚於娵訾；乙卯，聚於室洊旬。二月甲子，木金同躔室十四度；乙丑，木金水聚於降婁兩旬；戊辰，聚於壁。六月癸酉，土金同躔張七度；丙子，土金水聚於鶉尾旬餘；丁丑，聚於張。八月乙亥，土水同躔張十四度。

十三年七月癸亥，土火金水聚於鶉尾旬餘。八月丙子朔，土金同躔翼七度；壬辰，土火同躔翼九度。

十四年二月庚子，木金同躔畢一度。六月癸巳，木金水聚於鶉首；丙申，聚於井。十月己卯，土金同躔軫八度。

十五年四月丁丑，木火同躔井八度。五月乙巳，木火金水聚於鶉首；丁未，聚於井。七月己亥，木水同躔井二十五度；己未，火金水聚於鶉尾旬餘。八月乙亥，土金水聚於壽星洊旬；丙戌，土火水聚於壽星洊旬。九月己未如之；庚申，聚於角旬餘；辛酉，土火同躔角三度。

十六年二月甲戌，金水同躔女八度；丁丑，火金水聚於元枵。九月辛巳，土金水聚於大火兩旬。

十七年六月癸巳，木火金聚於張旬餘；戊戌，木金同躔張十一度；癸丑，木火金水聚於鶉尾兩旬，木火水聚於張。七月乙卯，木火同躔張十四度；癸亥，木水同躔張十六度；壬申，木火金水聚於翼旬餘。九月己卯，土火水聚於大火旬餘。十月乙酉，土火同躔氐四度；丙戌，土火水聚於氐浹旬。十一月丙子，土金同躔氐十六度。十二月庚戌，火金水聚於星紀旬餘。

十八年正月甲寅，聚於斗；庚申，火水同躔斗十九度；乙亥，火金水聚於元枵。六月己卯，金水同躔井二度。閏七月乙巳，木金同躔軫十二度。八月壬申，土金同躔氐十二度。九月丁丑朔，土金水聚於大火。

康熙元年三月己亥，金水同躔奎八度。九月甲戌，木火水聚於大火旬餘；庚辰，聚於氐旬餘；辛巳，木火同躔氐八度；乙酉，木水同躔氐九度；戊子，火水同躔氐十三度。十月丙午，土火同躔心三度。十一月辛未朔，五星聚於析木，土金水聚於心；乙亥，土金同躔心六度；乙酉，土水同躔尾初度。十二月庚子朔，火金水聚於星紀旬餘；甲辰，聚於斗；戊申，聚於牛；甲寅，火金同躔斗二十二度；戊午，火金水聚於元枵旬餘。

二年二月辛亥，金水同躔壁五度；戊辰，火水同躔室七度。九月丙戌，土木同躔尾三度；甲午，土木金水聚於析木旬餘。十月乙未朔，土木金聚於尾旬餘。十一月癸巳，土水同躔尾十度。十二月戊戌，木水同躔箕三度。

三年正月壬午，木金同躔斗三度。六月丙辰，金水同躔井十度。八月甲申，火金水聚於大火。九月戊申，土火金聚於析木兩旬。十月乙丑，土火同躔箕一度；庚午，土火金聚於箕；壬申，木火金聚於星紀兩旬餘；丁丑，聚於斗兩旬。十一月庚寅，木金同躔斗十六度；丁酉，土木火水聚於星紀浹旬；己亥，木火水聚於斗，木火同躔斗十八度；壬子，火金水聚於元枵；丁巳，火水同躔女一度。十二月丁卯，木火水聚於元枵。

四年六月丁卯，火金水聚於鶉首；己巳，聚於井。七月癸丑，火金同躔井二十八度。

五年二月己未，木金水聚於娵訾，聚於危；乙丑，木水同躔危十一度；己卯，金水同躔壁一度。十月丙辰，火金同躔箕二度；丁巳，土火金聚於星紀月餘；乙丑，聚於斗兩旬餘；癸酉，土金同躔斗十一度。十二月癸丑，火金水聚於元枵旬餘；壬申，火金同躔虛九度。

六年二月丁未，金水同躔女六度；癸酉，木火水聚於降婁旬餘。五月辛亥，火金水聚於實沈。六月庚子，火金同躔井二十六度。

七年二月庚寅，木金水聚於大梁旬餘。四月辛卯，木水同躔胃十一度。

八年正月癸卯，土水同躔女九度。五月癸巳朔，木火金水聚於實沈旬餘；甲午，木火同躔觜初度；甲辰，木水同躔觜三度；丁巳，火金水聚於鶉首。六月丁丑，木火金聚於鶉首。七月乙未，火金水聚於鶉火旬餘。

九年六月丙午，木金水聚於井。十月丁酉，金水同躔氐四度。

十年正月庚申，土金水聚於娵訾兩旬餘，聚於危旬餘；戊辰，土金同躔危十度；辛未，金水同躔危十四度。四月丙戌，火金水聚於實沈旬餘；戊戌，聚於觜；癸卯，聚於鶉首兩旬餘；乙巳，聚於井兩旬；丁未，火水同躔井三度。五月己卯，木金同躔柳十三度。六月丙戌，木火金聚於鶉火。七月庚戌朔，木火水聚於鶉火旬餘；甲子，聚於星；壬申，木火同躔星六度；甲戌，木火水聚於鶉尾旬餘。十月丁未，火金水聚於大火。

十一年三月戊申，土金水聚於娵訾；壬申，土金同躔室八度。六月丁酉，金水同躔井九度。閏七月丁丑，木金水聚於鶉尾；戊寅，木水同躔箕四度。八月己酉，木金水聚於壽星旬餘。

十二年二月壬子，土水同躔壁一度。三月戊子，火金同躔觜九度；癸巳，同躔井一度。五月壬辰，金水同躔井三度。六月庚申，火水同躔星三度。九月戊辰，木火水聚於壽星旬餘。十月甲寅，木火金聚於大火兩旬餘。十二月甲子，火金水聚於星紀。

十三年正月丁亥，金水同躔虛五度。三月庚午，土金同躔奎初度。十月辛丑，木水同躔氐十五度。

十四年三月丁卯，土水同躔婁初度。五月丁卯，土金水聚於大梁；甲戌，土金同躔婁八度。八月壬申，火金水聚於壽星旬餘。九月丙申，聚於大火。十月壬申，木火金水聚於析木旬餘。十一月丙戌，火水同躔心六度；己亥，木火水聚於箕；癸丑，聚於星紀旬餘。十二月辛酉，聚於斗；甲子，木火同躔斗二度。

十五年二月己巳，土金同躔婁十一度。四月戊午，土水同躔胃四度。

十六年二月戊申朔，木金同躔女六度。四月庚戌，土金水聚於大梁；壬戌，土水同躔昴三度；甲戌，土金水聚於實沈。八月庚申，火金水聚於壽星旬餘；壬申，聚於角。九月丁丑，火水同躔角八度；庚辰，火金水聚於大火兩旬餘；辛巳，聚於亢旬餘；丁酉，聚於氐。

十七年正月辛巳，木金水聚於娵訾；甲申，木水同躔危四度。二月戊辰，木火水聚於娵訾兩旬，聚於危旬餘。三月乙酉，木火同躔危十九度；戊子，木火水聚於室；己亥，火金水聚於降婁。閏三月丙寅，土水同躔畢七度；己巳，火金同躔奎四度。五月庚戌，金水同躔胃九度；庚申，土火金水聚於實沈。六月癸巳，土火同躔觜二度。

十八年二月丁丑，木金同躔壁八度；乙酉，木金水聚於降婁。三月戊午，土金水聚於實沈兩旬餘。四月甲戌，土金同躔觜四度；丙子，土金水聚於觜。七月乙亥，火金水聚於壽星。十月壬戌，火金同躔心二度。

十九年四月戊寅，木水同躔胃十一度；庚辰，木火金水聚於大梁。五月辛卯，火金水聚於胃旬餘；丁酉，火水同躔胃八度；己亥，火金同躔胃九度；甲辰，木火金水聚於昴；辛亥，聚於實沈旬餘；乙卯，火金水聚於畢。六月庚午，土金水聚於鶉首；辛未，聚於井；壬午，土金同躔井十三度。八月甲子，土火同躔井十八度。

二十年三月乙卯，木金同躔畢十度。五月辛酉，木金水聚於鶉首旬餘，聚於井旬餘；甲子，金水同躔井六度；癸酉，土水同躔井二十四度。六月丁酉，土木金聚於鶉首旬餘；庚子，聚於井兩旬餘。

二十一年二月丁酉，火金水聚於降婁兩旬餘。三月甲子，火金同躔婁四度。四月甲申，火金水聚於大梁；辛丑，聚於實沈。五月丁巳，木金水聚於鶉首旬餘；戊午，聚於井旬餘；辛未，同躔井二十四度。六月戊寅，土水同躔柳一度；庚寅，土木金水聚於鶉火，土金水聚於柳浹旬。七月戊午，土木水聚於柳旬餘；辛未，土木火水聚於鶉火浹旬；八月庚辰，土木火聚於柳兩旬餘。

二十二年正月丁未，土木同躔柳十一度。六月癸酉，土木水聚於鶉火兩旬餘；庚辰，聚於柳。閏六月乙丑，土金水聚於鶉火旬餘。七月癸未，木水同躔張三度；己丑，木金水聚於鶉尾；乙未，木金同躔張五度。八月癸丑，土木金聚於鶉尾。十二月乙卯，火金水聚於娵訾旬餘。

二十三年正月庚寅，火金同躔壁十度。五月庚寅，火水同躔井八度；壬辰，土金同躔張初度，土木金聚於張旬餘。七月丁丑，土木金水聚於鶉尾旬餘；庚辰，土金水聚於張；辛巳，土水同躔張六度；丙戌，金水同躔張十四度；癸巳，木水同躔翼九度。八月戊申，土火金聚於鶉尾旬餘；辛亥，聚於張兩旬餘。九月己巳，土火同躔張十一度；乙亥，土金同躔張十二度。十月甲午，木金水聚於壽星；丙申，木火金聚於壽星兩旬餘；戊申，聚於軫；己酉，木金同躔軫八度。

二十四年二月乙未，金水同躔虛一度。七月甲戌，土金水聚於鶉尾旬餘；乙亥，聚於張浹旬；甲申，金水同躔張十六度。八月壬辰，土金水聚於翼；甲午，木金水聚於壽星兩旬餘；庚戌，聚於角浹旬。十月甲辰，木水同躔亢六度。

二十五年二月庚寅，火金同躔奎五度。三月甲戌，火金水聚於大梁。七月庚寅，土水同躔翼十度。八月己未，火金水聚於鶉尾旬餘；丙子，土火金水聚於翼。九月丙戌，聚於壽星旬餘；庚寅，土金水聚於軫，土金同躔軫初度；庚子，土火同躔軫一度。十月壬申，木金水聚於析木。

二十六年正月丙申，木火同躔尾十度。二月乙亥，金水同躔婁四度。七月戊子，土金同躔軫三度。九月戊子，土水同躔軫十度。十月辛未，木水同躔箕二度。

二十七年正月戊寅，木金火聚於星紀；丙申，木金同躔斗十二度。六月壬子，火水同躔鬼三度。八月辛亥，火金同躔張十一度；乙卯，火金水聚於鶉尾。九月戊寅，土火金水聚於壽星旬餘；丁亥，土金水聚於角；辛卯，土水同躔角八度。十月壬寅，金水同躔氐五度。

二十八年正月癸未，木水同躔女三度。九月甲午朔，土水同躔亢七度。十月戊寅，土金水聚於大火旬餘；丁亥，聚於氐。

二十九年正月甲寅，木金水聚於娵訾兩旬餘。二月戊辰，木金同躔危十八度；壬申，木水同躔危十九度。五月辛卯朔，火金水聚於鶉首；癸巳，聚於井；丙辰，聚於鶉火。六月己卯，火金同躔星四度。八月甲申，土金同躔氐五度；丁亥，土金水聚於大火浹旬。九月乙卯，土火水聚於大火四旬餘。十月庚辰，聚於氐旬餘。十一月庚寅，土火同躔氐十三度；壬辰，土水同躔氐十三度。

三十年二月辛酉，火金水聚於元枵旬餘。五月甲午，木金同躔婁四度。九月乙卯，金水同躔角五度。十月甲午，土金水聚於析木旬餘。

三十一年二月戊戌，木金同躔胃五度。六月丁未，火金水聚於鶉尾旬餘。十月辛卯，土火水聚於析木旬餘；己亥，土水同躔尾二度；乙巳，土火水聚於尾。十一月辛亥，土火同躔尾四度。十二月乙未，火金水聚於星紀旬餘；辛丑，聚於斗。

三十二年正月庚申，聚於元枵旬餘；丁卯，聚於女。二月丁亥，聚於娵訾。四月癸巳，金水同躔胃十一度。五月乙丑，木金同躔井二度；壬申，木水金聚於鶉首旬餘。六月癸酉朔，聚於井旬餘。九月戊午，木水同躔井二十二度。十月壬午，土金同躔尾十度。十一月壬寅，土水同躔尾十二度。

三十三年七月己丑，木金同躔柳九度。十月丁巳，土火水聚於箕旬餘。十一月己巳，土火同躔斗初度；癸巳，土火金水聚於星紀。十二月戊戌，聚於斗；庚子，土水同躔斗三度；癸卯，火金同躔牛二度；癸丑，火金水聚於元枵旬餘。

三十四年正月丁丑，聚於娵訾，聚於危；庚枵，金水同躔危十九度。五月壬午，木金水聚於鶉火旬餘。六月辛卯朔，金水同躔星三度。十二月甲辰，土水同躔斗十三度。

三十五年正月壬午，土金同躔斗十七度。五月戊寅，木火同躔張十七度。八月辛丑，木金水聚於翼；丙午，聚於壽星旬餘；己酉，木火同躔翼十五度；庚戌，木金同躔翼十五度。九月乙卯，木金水聚於軫。十月甲午，火金水聚於析木。十一月丁巳，土火金聚於星紀兩旬餘；癸亥，聚於斗旬餘。十二月丁亥，土火同躔斗二十一度。

三十六年正月壬戌，火水同躔虛六度；丁卯，火金水聚於娵訾。六月乙丑，聚於鶉首；戊辰，聚於井。八月戊申朔，火金同躔柳初度。十月己未，木金水聚於大火浹旬。

三十七年正月癸未，土金水聚於元枵旬餘。八月乙巳，木火同躔氐十度；壬子，木火金聚於大火。九月壬辰，聚於析木。十月癸丑，火金同躔斗三度。十二月壬寅，土火金水聚於元枵旬餘，土火同躔女十度；甲辰，土金同躔女十度；己未，金水同躔女九度。

三十八年正月壬午，金水同躔牛四度。二月己酉，土水同躔虛六度。三月甲戌，土金同躔虛九度。五月丁酉，火金水聚於實沈。六月癸亥，聚於鶉首。七月己丑，火金同躔井三十度；庚寅，同躔鬼初度。八月甲戌，火金水聚於鶉尾。十月乙酉，木水同躔箕八度；戊子，木金水聚於星紀兩旬；甲午，聚於斗旬餘，木金同躔斗一度。

三十九年正月壬子，土水同躔危七度。十月辛酉，木火同躔斗二十度。十二月己未朔，土火同躔危十一度。

四十年五月丁亥朔，火金水聚於實沈；癸卯，聚於鶉首旬餘；乙巳，聚於井旬餘；丙辰，火金同躔井十四度。十二月庚申，土木金聚於娵訾兩旬餘；丁卯，木金同躔危七度。

四十一年正月壬寅，土木水聚於娵訾旬餘。二月己未，土水同躔室八度；壬戌，土木水聚於室。三月壬寅如之；丙午，土木金水聚於降婁兩旬餘。四月庚申，土金水聚於壁；辛未，土木金聚於壁；丙子，土木同躔壁一度。十一月己巳，土木火聚於降婁四旬餘；乙亥，土火同躔室十四度。十二月壬午，木火同躔壁三度；甲申，金水同躔牛一度；乙酉，土木火聚於壁旬餘。

四十二年正月庚午，土木金水聚於降婁。二月庚辰，土金同躔壁六度。四月丁酉，火金水聚於鶉首旬餘；己亥，聚於井旬餘。五月庚午，聚於鶉火。十月庚寅，聚於大火旬餘。

四十三年四月甲申，土金同躔婁初度。

四十四年二月戊寅，土火金聚於大梁；辛巳，土金同躔婁三度。三月乙巳，木火金聚於實沈；辛酉，木火同躔觜三度。四月乙丑，土水同躔婁九度；丁卯，木火金聚於觜。閏四月丙申，聚於鶉首兩旬餘；癸卯，聚於井旬餘；丙辰，木金同躔井三度。五月庚寅，木水同躔井十度。九月丙子，火金水聚於壽星。十二月丁未，聚於星紀；辛亥，金水同躔斗二十一度。

四十五年三月癸未，土金同躔胃九度。五月壬午，木金同躔鬼二度。六月壬寅，木水同躔柳二度。八月癸巳，土火同躔昴八度。

四十六年六月庚寅，土金同躔畢八度；癸卯，木火同躔張初度。七月壬子，木火水聚於鶉尾；甲子，聚於張旬餘。八月癸巳，木金水聚於鶉尾兩旬餘；丙申，聚於張旬餘。九月庚申，火金水聚於壽星。十月壬午，聚於大火；癸未，聚於亢；壬辰，聚於氐；甲午，火金同躔氐三度。十一月乙卯，火金水聚於析木。

四十七年正月己酉朔，火水同躔斗二度。閏三月乙酉，土金同躔畢十一度。六月癸丑，木金水聚於鶉尾旬餘。八月己酉，土火同躔井初度；乙丑，木水同躔軫四度。十月壬戌，木金同躔角三度。

四十八年四月甲寅，金水同躔胃九度。五月乙亥，土水同躔井二度；乙酉，土金水聚於鶉首；丁亥，聚於井；庚寅，土金同躔井四度。七月戊戌，木火金聚於壽星。八月乙卯，火金水聚於壽星；乙丑，木火金聚於亢；丙寅，木金同躔亢三度。九月辛未，木火同躔亢四度；壬申，木火金水聚於大火旬餘；癸酉，木火水聚於亢；庚辰，火金水聚於氐，火水同躔氐初度。十月丙午，火金水聚於析木。

四十九年三月壬午，聚於降婁旬餘，火水同躔室九度。四月己亥，火金同躔壁七度。五月壬午，土水同躔井十五度。六月己酉，火金同躔昴七度。七月癸酉，土金水聚於鶉首；乙亥，聚於井；戊子，土火金聚於鶉首浹旬；辛卯，聚於井浹旬。閏七月乙未，土金同躔井二十四度。十月己卯，木金水聚於析木旬餘；丙戌，聚於氐旬餘；己丑，木金同躔尾四度。

五十年正月壬辰，金水同躔危五度。四月辛未，土金水聚於鶉首兩旬；癸酉，聚於井兩旬。五月辛卯，土金同躔井二十八度。七月己丑，火金水聚於壽星；己酉，火金同躔角六度。八月甲戌，火金水聚於大火浹旬。九月己丑，火金同躔氐十三度。十一月庚寅，木水同躔斗三度；癸巳，木火水聚於星紀旬餘；戊戌，聚於斗旬餘。

五十一年正月己酉，木金同躔斗二十一度。五月丁亥，火金同躔胃十二度；癸巳，火金水聚於實沈兩旬餘；庚子，聚於畢浹旬。六月辛酉，金水同躔井五度；庚辰，土金水聚於鶉火旬餘。七月丙戌，聚於柳。十二月癸丑，木金水聚於元枵旬餘。

五十二年六月丁亥，土水同躔星五度。八月壬辰，土金水聚於鶉尾。

五十三年正月戊甲，金水同躔女八度；庚戌，木火同躔室初度；戊午，木火金水聚於娵訾；丙寅，木火水聚於室。二月己卯，火水同躔壁七度；庚辰，木金同躔室七度；壬午，火金水聚於降婁；辛卯，木火金聚於降婁旬餘。三月丙午，火金水聚於大梁旬餘；丁未，聚於婁旬餘。六月丙戌，土金水聚於鶉尾兩旬餘；戊子，聚於張旬餘；甲午，土金同躔張九度；丁酉，土水同躔張九度。十月庚辰，土火同躔翼三度。

五十四年八月乙亥，土金水聚於鶉尾旬餘；辛卯，土水同躔翼八度；壬辰，土金水聚於翼。九月己亥，土金同躔翼九度。

五十五年正月己酉，火金水聚於娵訾。二月庚午，聚於降婁；庚辰，火金同躔奎三度。三月壬辰朔，木火金聚於大梁兩旬餘；辛亥，木金同躔昴一度。閏三月甲戌，木火金聚於實沈；己卯，木火同躔昴七度。四月辛卯，木火水聚於實沈旬餘；甲午，聚於畢；辛丑，火水同躔畢十二度。八月甲午，土水同躔軫二度。九月壬午，土火金聚於壽星兩旬餘。十月辛卯，聚於軫浹旬；戊申，土火同躔軫十度。

五十六年四月己酉，木水同躔井四度。五月丙寅，木金水聚於鶉首兩旬餘；己巳，聚於井兩旬餘；丙子，木金同躔井十度。八月乙酉，土金水聚於壽星兩旬；庚寅，聚於軫；戊戌，聚於角，土水同躔角初度。

五十七年七月庚戌，木火水聚於鶉火旬餘；甲寅，聚於柳；己未，木火同躔柳八度。八月庚辰，木火金聚於鶉火。閏八月庚午，火金水聚於壽星兩旬餘。九月辛巳，聚於軫；甲午，土金水聚於大火旬餘；乙未，聚於亢；丁酉，土水同躔亢六度；庚子，土金同躔亢六度。十月丙辰，土火金聚於大火；甲戌，土火同躔亢十度。

五十八年六月壬寅朔，木金同躔張二度；癸亥，木金水聚於鶉尾；己巳，木水同躔張八度。八月己酉，土金同躔氐初度。九月庚寅，土金水聚於大火旬餘；丁酉，聚於氐。十月庚子朔，土水同躔氐五度。

五十九年六月辛亥，火金水聚於鶉火。七月丙戌，聚於鶉尾兩旬餘；戊子，聚於張旬餘。八月戊戌，火金同躔張十二度。九月庚午，木火金水聚於壽星；丙子，木火水聚於軫；庚辰，木水同躔軫十度；丁亥，土金水聚於大火旬餘。十月乙未，聚於氐；丙申，土金同躔氐十五度；癸卯，土水同躔氐十五度。十二月甲午，土火水聚於析木旬餘。

六十年九月壬辰，木水同躔氐一度；戊申，土水同躔心三度。十一月戊子朔，土金水聚於析木兩旬餘；戊戌，聚於尾淡旬；己亥，土金同躔尾一度。

六十一年五月辛丑，火金水聚於鶉火兩旬餘；戊申，聚於柳。九月丁酉，土金同躔尾四度；癸卯，木土金水聚於析木。十一月丁酉，土木火水聚於析木兩旬餘；戊戌，聚於尾淡旬；甲辰，木水同躔尾十度；乙巳，土水同躔尾十一度。十二月壬子朔，土木同躔尾十二度；乙卯，土火同躔尾十二度。

雍正元年正月癸未，木火金聚於星紀兩旬；庚子，火金同躔斗二十一度。三月壬午，火金水聚於娵訾淡旬。十一月癸巳，土金同躔箕三度。十二月丙午朔，土木金水聚於星紀旬餘；丁未，土水同躔箕五度；庚戌，木金水聚於斗；丁巳，木水同躔斗十二度。

二年七月壬寅朔，火金水聚於鶉尾旬餘。十一月庚戌，土水同躔斗五度；癸丑，土火水聚於星紀。十二月癸酉，土火同躔斗八度；乙亥，木水同躔女十度；壬午，土火金聚於星紀旬餘；丁亥，聚於斗。

三年正月丁未，木火金水聚於元枵旬餘；癸丑，火金水聚於女；乙卯，金水同躔女三度；癸亥，火金水聚於虛。二月己巳朔，同躔虛八度；庚午，木火金水聚於娵訾旬餘；辛未，聚於危淡旬；癸酉，木火同躔危二度。十月辛卯，土金同躔斗十三度。十一月乙卯，土水同躔斗十五度。十二月辛巳，木金同躔危十七度。

四年正月丙午，土水同躔斗二十一度。二月甲申，木金水聚於降婁旬餘。四月甲戌，木金同躔壁七度。十二月癸亥，火金水聚於星紀兩旬；己巳，聚於斗旬餘；丁亥，土火金聚於元枵兩旬。

五年正月戊子朔，聚於牛；甲午，火金同躔女初度；戊申，土火金水聚於星紀；壬子，土火水聚於元枵。二月乙丑，火金水聚於娵訾旬餘，聚於危；辛巳，木金水聚於降婁旬餘。三月己亥，聚於大梁兩旬餘；庚子，聚於婁浹旬。閏三月庚辰，木火水聚於大梁兩旬餘；辛巳，聚於婁。四月丁酉，聚於胃；庚子，木火同躔胃二度。九月壬申，金水同躔氐八度。

六年十月庚辰，火金水聚於析木旬餘；庚寅，聚於尾。十一月壬申，土火金聚於元枵兩旬。十二月戊子，土金同躔虛五度；壬寅，土火水聚於元枵浹旬。

七年正月乙丑，聚於危；丙寅，火水同躔危十二度；戊辰，土火水聚於娵訾旬餘。五月乙卯，火金水聚於實沈；癸亥，木水同躔井十度。七月丙辰，木火金水聚於鶉首；己未，聚於井。閏七月丙子，木火同躔井二十六度；丁亥，木火金聚於鶉火兩旬餘；戊子，木金同躔井二十八度。

八年正月辛巳，土金水聚於娵訾兩旬餘；壬午，聚於危；壬辰，土金同躔危十三度。十二月丙申，火金水聚於元枵；己未，土火水聚於娵訾旬餘，聚於危。

九年正月丙寅，土火同躔室初度。二月壬戌，土水同躔室七度。三月壬辰，土金同躔室十度。六月己酉，火金水聚於鶉首旬餘；辛亥，聚於井浹旬。七月甲戌，聚於鶉火旬餘；己酉，木水同躔張十四度。八月丙辰，木金同躔翼二度；丁巳，木火金聚於鶉尾。

十年六月丙子，金水同躔張四度。

十一年正月丙戌，土火同躔壁八度。二月戊辰，土水同躔奎初度。五月戊戌，火金水聚於鶉首；己亥，聚於井旬餘；甲辰，火金同躔井十六度；己酉，火水同躔井二十度。六月癸丑，金水同躔井二十七度；辛酉，火金水聚於鶉火浹旬。

十二年二月甲寅，土金水聚於降婁旬餘；丁卯，聚於奎；丙子，土水同躔婁初度。五月辛卯，土金同躔婁九度。十一月辛巳，木金水聚於析木兩旬餘；辛卯，聚於尾旬餘。

十三年正月庚子，金水同躔危九度。二月己酉，土火同躔婁九度。閏四月辛未，土水同躔胃六度；壬辰，火金水聚於鶉首；甲午，聚於井。五月癸丑，聚於鶉火。十月辛巳，聚於大火旬餘。十二月癸酉，木水同躔斗十九度。

乾隆元年正月壬戌，木金同躔牛六度。四月甲戌，土水同躔昴四度。六月丙子，金水同躔井十七度。九月乙卯，同躔氐十度。十二月壬申，木金水聚於元枵。

二年二月辛酉，木水同躔危三度；乙亥，土火同躔畢一度。三月癸巳，土火金聚於實沈兩旬；癸卯，土金同躔畢四度。四月辛未，土金水聚於實沈；戊寅，土水同躔畢八度；癸未，土金水復聚實沈。五月庚戌，土金同躔畢十二度。七月丁亥朔，同躔觜一度。閏九月壬戌，火金水聚於壽星。十月丙戌，火水同躔氐三度；丁亥，火金水聚於大火；辛亥，聚於析木。十一月乙卯，火金同躔心初度。十二月辛亥，金水同躔女六度。

三年二月丙申，木金水聚於降婁旬餘；庚子，聚於壁。三月乙亥，土金水聚於實沈兩旬餘。四月癸巳，聚於觜；戊戌，土金同躔觜七度。十一月乙亥，金水同躔牛四度。

四年二月乙巳，土火同躔井二度。三月乙卯，木水同躔婁八度。四月己亥，木金水聚於大梁旬餘。八月丁丑，火水同躔翼十四度；丙申，金水同躔翼初度。九月癸丑，火金水聚於壽星；癸酉，聚於大火旬有七日。十月庚辰，聚於氐洊旬；戊戌，聚於析木洊旬。十一月壬申，金水同躔斗十五度。十二月壬辰，火水同躔斗二度。

五年正月甲寅，同躔斗十九度。三月癸亥，木金同躔畢一度。五月甲辰，土金同躔井二十度。六月乙酉，土水同躔井二十四度。閏六月戊申，金水同躔張三度。

六年二月癸卯，土木火聚於井旬有八日。三月己卯，土火同躔鬼初度。五月庚午，木金水聚於鶉首旬餘；癸酉，聚於井旬餘；戊寅，木水同躔井十六度。六月乙未，土金水聚於鶉火旬餘；乙卯，復聚四日；戊午，金水同躔星四度。七月辛未，土木水聚於鶉火兩旬。九月丁卯，火金水聚於大火；己丑，聚於析木泱旬。

七年三月庚申朔，火水同躔室六度；庚午，火金水聚於室；癸酉，聚於降婁兩旬，火金同躔室十五度；戊寅，金水同躔室十四度；乙酉，火水同躔壁九度。五月癸未，土木水聚於鶉火月餘。六月己丑，聚於柳兩旬餘；壬寅，火水同躔畢五度。七月乙酉，土木金水聚於鶉火。八月戊子，土木水聚於星；乙巳，土木金聚於星；己酉，聚於鶉尾兩旬餘。九月丙寅，聚於張。十一月辛卯，土木火聚於鶉尾兩月；庚午，聚於張月餘。十二月戊子，土火同躔張四度；甲寅，同躔張二度。

八年二月辛卯，金水同躔室二度。五月戊子，土木火聚於張；癸卯，土木火金聚於鶉尾；乙巳，土木金聚於張旬餘。七月戊子，土木水聚於鶉尾旬餘；庚寅，聚於張。八月癸亥，火金水聚於大火旬有七日；甲戌，聚於氐。九月壬午，金水同躔氐四度；丁未，同躔亢二度。

九年正月壬午，火水同躔危三度。三月丁亥，火金水聚於降婁。四月丁丑，火金同躔昴三度。五月甲申，火金水聚於實沈旬餘；乙未，金水同躔觜一度。六月庚申，火金水聚於鶉首；癸亥，聚於井。七月庚寅，土金水聚於鶉尾旬餘；癸巳，聚於張。八月甲寅，木水同躔軫十度，木金水聚於壽星兩旬餘；壬申，聚於角。九月丙子，金水同躔角六度。

十年二月己巳，土火同躔翼八度；壬申，同躔翼七度。四月己巳，同躔翼五度。七月甲午，木火同躔亢六度。八月壬寅，土水同躔翼十一度。九月庚午朔，同躔翼十五度。十月癸卯，土金水聚於壽星。

十一年正月壬申，金水同躔斗十二度。三月戊辰，火金水聚於降婁旬餘；壬辰，聚於大梁兩旬餘。閏三月甲辰，聚於胃；丁巳，火水同躔胃九度。七月丁未，土金同躔軫五度。九月庚子，木金同躔尾一度。十月丙子，木水同躔尾九度。十一月己未，木金水聚於星紀月餘。十二月壬戌朔，木水同躔箕四度；癸未，金水同躔斗十一度；丙戌，木金水聚於斗。

十二年七月戊午，金水同躔星二度。八月丙戌，土金水聚於星、壽星旬有七日。九月壬寅，聚於角；己酉，聚於大火旬餘，土金同躔角九度；壬子，木火同躔斗五度。

十三年二月壬戌，火金水聚於降婁浹旬。七月庚子，聚於鶉火兩旬餘；壬寅，火水同躔柳二度；辛亥，火金水聚於柳旬餘。閏七月戊午，同躔柳十二度。八月丙午，土水同躔亢九度。十月丙申，土金水聚於大火。十一月辛亥朔，土火金聚於大火浹旬。十二月乙酉，土火同躔氐八度。

十四年正月丁丑，木金水聚於娵訾兩旬餘。二月戊子，聚於危；庚寅，金水同躔危十八度。六月丁丑朔，同躔井二十八度。八月戊戌，土金水聚於大火旬有七日。九月丁未，聚於氐，土金同躔氐八度；甲寅，土水同躔氐八度；辛未，同躔氐十度。十一月庚午，木火金聚於娵訾浹旬。十二月戊戌，木金同躔室七度。

十五年正月庚戌，木火金聚於降婁旬餘。二月乙未，木金同躔壁五度。三月戊甲，木金水聚於降婁旬有六日；庚戌，金水同躔室十二度。九月乙丑，火金水聚於壽星旬餘。十月己亥，聚於大火。十一月乙巳，土金水聚於析木旬餘；戊申，聚於心。

十六年正月甲辰，土火同躔尾初度；壬子，金水同躔虛六度。三月辛酉，木金水聚於大梁。四月己巳，木水同躔胃一度。九月乙酉，金水同躔亢初度。十月壬子，土水同躔尾四度。十二月丙午，土金同躔尾十度。

十七年二月甲辰，木火同躔畢一度。三月戊寅，木火水聚於實沈。四月甲寅，金水同躔胃十一度。五月壬戌，木金水聚於實沈兩旬；戊寅，聚於觜。六月壬辰，聚於鶉首；丁未，火金水聚於鶉火。七月辛未，聚於鶉尾。八月庚寅，聚於翼旬餘；丁酉，金水同躔翼十度，辛丑，火水同躔翼七度。九月丁丑，同躔角初度。十月己亥，土金水聚於析木；甲辰，土金同躔尾十二度；甲寅，土水同躔尾十三度。十二月丙辰，土火水聚於星紀浹旬。

十八年正月辛酉，土火同躔箕五度。六月癸巳，木水同躔井二十二度。八月壬寅，木金同躔柳二度。十一月甲子，土水同躔箕八度。十二月甲午，金水同躔尾十三度；壬寅，土金水聚於星紀旬有九日；己酉，聚於斗旬餘。

十九年正月戊辰，金水同躔牛六度。三月壬申，同躔奎八度。五月癸巳，木火金水聚於鶉火旬餘；戊戌，聚於柳。八月甲戌，火水同躔角四度。十月癸丑，土金同躔斗七度。十一月己卯，火水同躔心五度；庚子，同躔尾十三度。十二月丙午，土火金水聚於星紀旬餘；庚戌，土金同躔斗十四度；甲寅，金水同躔斗十一度；丙辰，土火金水聚於斗，土水同躔斗十四度；丁卯，火金同躔斗八度。

二十年正月辛卯，土金同躔斗十八度。二月己巳，火金水聚於娵訾旬餘。八月壬寅朔，木金水聚於鶉尾旬餘；丙辰，木水同躔翼七度；庚申，木金水聚於翼；丙寅，聚於壽星；戊辰，木金同躔翼十度。十月乙卯，金水同躔房初度。十二月壬寅，土金同躔斗二十二度；戊午，土金水聚於元枵；己未，土水同躔牛初度。

二十一年七月壬辰，金水同躔柳十三度。八月甲寅，木火水聚於壽星旬有九日。九月丁卯，聚於角；戊辰，木水同躔角二度；辛未，火水同躔角七度。閏九月戊戌，同躔氐五度；己亥，木火水聚於大火旬有七日。十月戊寅，木金水聚於大火；丙戌，木金同躔亢八度。十一月己亥，火水同躔箕四度。

二十二年正月乙未，土火同躔女六度；己亥，土火金聚於女；庚子，土火金水聚於元枵旬餘；丁未，火水同躔虛四度；己酉，火金水聚於虛；辛亥，金水同躔虛三度；庚申，火金同躔危四度；壬戌，火金水聚於娵訾旬餘。二月癸亥朔，聚於危浹旬；癸酉，火水同躔危十度；庚辰，火金水聚於室；乙酉，金水同躔室十五度。三月壬辰朔，火金水聚於降婁。五月丙申，金水同躔井初度。八月甲戌，木金水聚於大火旬餘；戊子，木金同躔氐八度。十月己卯，木水同躔房一度。

二十三年二月辛酉，土水同躔虛八度。十月庚辰，木火同躔尾十二度；癸未，木火水聚於尾。十一月壬辰，聚於箕，木水同躔箕初度；己酉，木火金水聚於星紀；辛亥，木金同躔箕四度。十二月乙卯，火金水聚於斗；己巳，火水同躔牛一度；壬申，木金水聚於斗。

二十四年正月癸未朔，火金同躔女四度；辛丑，土金同躔危五度；乙巳，土火金聚於危。二月癸丑，土火同躔危七度；己未，土火金水聚於娵訾；辛酉，土火水聚於危；乙丑，土水同躔危八度；壬申，火水同躔室一度。三月壬午朔，火金水聚於降婁。五月乙酉，火水同躔三度。九月丁巳，金水同躔亢一度。

二十五年正月丁卯，土水同躔危十八度。七月丁巳，金水同躔張二度。九月庚午，火金水聚於析木。十月丙申，聚於星紀。十一月乙卯，木火金聚於元枵兩旬餘。十二月甲午，土火木金聚於娵訾；乙未，木火金聚於危。

二十六年正月辛丑朔，土金同躔室六度；癸丑，土木火水聚於娵訾旬有八日；乙卯，木火水聚於危；戊午，木水同躔危八度；丙寅，土火水聚於室浹旬。二月辛未朔，土水同躔室九度；壬申，土火水聚於降婁月餘，土火同躔室九度。三月庚子朔，火水同躔奎一度。四月乙未，火金水聚於實沈旬有六日。五月辛丑，聚於畢；癸卯，金水同躔畢九度；己酉，火金同躔畢五度。八月辛卯，同躔柳十度。

二十七年二月甲申，土木同躔壁五度；辛卯，土木金水聚於降婁。三月丁酉，土木金聚於壁浹旬；癸卯，土金同躔壁八度；乙巳，木金同躔壁十度。四月癸酉，木水同躔奎四度。閏五月丙子，金水同躔柳初度。十一月丁亥，同躔斗十五度。十二月辛亥，火水同躔危一度。

二十八年二月乙未，土火同躔奎五度。三月丁卯，木火同躔胃四度；甲戌，土水同躔奎九度；壬午，土木火水聚於大梁；丙戌，木水同躔胃九度。四月甲午，火水同躔畢一度；甲辰，土木金聚於大梁旬餘。六月乙未，火金水聚於鶉首旬有八日；丁酉，聚於井旬有九日。七月己未，聚於鶉火旬餘；丙寅，聚於柳。九月丙子，金水同躔亢三度。

二十九年二月壬寅，土金同躔婁五度。三月丙子，土水同躔婁八度；丁丑，木金同躔畢十一度。四月丁亥，木金水聚於實沈；癸卯，木水同躔參一度。五月甲子，同躔參五度。六月丁酉，同躔井二度。

三十年正月丙子，金水同躔牛二度。閏二月己未，土火同躔胃六度；戊辰，土火水聚於大梁。三月壬午，土水同躔胃八度。四月丁未，土金同躔胃十二度；甲寅，土金水聚於昂，金水同躔昴八度；丙寅，土水同躔昴二度。五月壬辰，木火金水聚於鶉首；甲午，聚於井，火金同躔井二十度；己亥，木金同躔井二十六度。六月己酉，木火金水聚於鶉火旬餘，木火水同躔井二十九度；丁巳，火金水聚於柳；丙寅，金水同躔星七度。七月丁酉，同躔軫二度。

三十一年二月甲寅，同躔壁二度。五月庚辰，土水同躔畢六度。八月甲寅，木金水聚於鶉尾旬有七日；丁巳，聚於張；癸亥，木金同躔張七度。十一月甲午，金水同躔箕五度。

三十二年二月丁未，火金水聚於降婁旬餘。三月戊子，土火同躔畢十一度；辛卯，土火金聚於實沈旬有八日。四月丁未，土金同躔畢十三度。五月甲申，土水同躔參二度。六月癸卯，火金水聚於鶉火。七月癸亥朔，木金水聚於鶉尾旬餘；癸未，木火水聚於鶉尾。八月乙丑，聚於翼淶旬；庚午，聚於壽星旬有六日；庚辰，木火同躔翼十五度；庚寅，金水同躔亢四度。九月庚子，木火金聚於壽星旬有六日；庚戌，火金同躔角五度。十一月戊申，火金水聚於析木。

三十三年五月戊子朔，土水同躔井四度；甲寅，土金同躔井七度。六月丁丑，金水同躔柳初度。八月丁卯，木金水聚於壽星旬有六日；己卯，聚於角；癸未，同躔角八度。九月丙戌朔，聚於大火旬有八日；癸丑，金水同躔心二度。

三十四年四月辛酉，土火同躔井十二度；乙亥，金水同躔畢十二度。五月壬午朔，土火水聚於鶉首；甲申，聚於井；甲午，土水同躔井十六度。六月乙丑，同躔井十五度。七月乙酉，同躔井二十二度；戊子，土金水聚於鶉首；庚寅，聚於井。八月丙辰，土金同躔井二十六度；乙丑，火水同躔翼十一度。九月丁未，木火水聚於大火旬餘。十月癸亥，火水同躔亢九度；癸酉，火金水聚於大火旬有七日。十一月丁酉，木火金水聚於析木旬餘；戊戌，木火水聚於心；壬寅，木火金聚於心；乙巳，同躔心五度。十二月戊午，聚於尾。

三十五年二月辛亥，金水同躔危三度。五月丙戌，土金水聚於鶉首；戊子，聚於井兩旬餘。閏五月癸丑，土金同躔井三十度。六月壬辰，土水同躔柳初度。十一月乙巳，木金水聚於星紀；己未，聚於斗，金水同躔斗十六度。十二月辛巳，木金同躔斗五度。

三十六年正月乙巳，同躔斗十度。六月丙申，土水同躔柳十二度。八月壬午，火水同躔軫十度；庚寅，火金水聚於壽星；丙申，金水同躔軫初度。九月丁卯，火金水聚於大火浹旬。十月壬申，火金同躔氐十度；丙子，火金水聚於氐；丙戌，聚於析木旬有六日；庚寅，火金同躔心一度。十一月庚子，火金水聚於尾；壬寅，木金水聚於星紀；癸卯，金水同躔箕三度；戊申，木金水聚於斗；丙寅，聚於元枵兩旬餘。十二月丁卯朔，聚於牛；乙未，火水同躔斗十七度。

三十七年正月己酉，木火水聚於元枵兩旬餘；丁巳，聚於女。六月壬午，土金水聚於鶉火。七月丙申，聚於星；丁酉，金水同躔星二度；己亥，土水同躔星六度。九月甲辰，土金水聚於鶉尾；丙辰，土金同躔張八度。

三十八年二月丙子，木水同躔危十六度；己卯，木金水聚於娵訾。三月丙申，木金同躔室初度。閏三月壬申，金水同躔婁四度。五月丁丑，同躔井二十三度。六月乙巳，土金水聚於鶉尾兩旬餘；戊申，土水同躔張十度；丁巳，土金同躔張十一度。七月辛酉，土水同躔張十二度。八月辛丑，火金同躔亢六度。九月庚辰，火金水聚於析木。十月丙戌朔，火水同躔心四度。十一月丙辰朔，同躔箕四度。

三十九年正月戊午，同躔女十一度；丙寅，木金同躔壁四度。二月乙酉，木金水聚於壁；丁未，火金同躔室八度；壬辰，木水同躔壁十度。三月乙卯，同躔奎二度；壬申，木火金水聚於降婁旬有六日；辛巳，木火水聚於奎。四月戊子，聚於大梁旬有七日；壬辰，聚於婁；庚戌，木火金聚於大梁兩旬。五月丁巳，木金同躔婁五度。六月丁酉，火金同躔畢十四度。八月丙申，土金水聚於鶉尾；癸卯，土水同躔翼九度。十一月乙卯，金水同躔房三度。

四十年正月癸亥，同躔危三度。二月庚寅，同躔壁一度。四月壬寅，木水同躔昴三度。

六月丁酉，土木同躔翼十三度。七月丁巳，土火金聚於壽星兩旬。九月丙午朔，土水同躔軫三度；辛酉，金水同躔亢五度。

四十一年正月丙戌，火水同躔危十九度。三月戊子，同躔婁六度；戊戌，火金水聚於大梁。四月乙卯，木水同躔參六度；癸亥，木火金聚於實沈；丁卯，火金同躔畢八度。五月癸巳，木金同躔井四度；丙申，金水同躔井八度。六月癸卯，木火金水聚於鶉首；丁未，聚於井。七月己丑，金水同躔張十二度。八月庚子朔，土金水聚於壽星旬有五日；庚戌，土水同躔角一度；己未，土金同躔角二度。九月丁亥，金水同躔氐二度。

四十二年四月己酉，同躔畢十四度。六月己未，土火同躔角七度。七月丙寅，木水同躔柳初度。十月甲寅，土金水聚於大火。

四十三年正月壬申，金水同躔牛五度。二月丁酉，火水同躔畢初度。三月壬戌，火金水聚於降婁；丁丑，金水同躔奎八度；戊寅，火金水聚於大梁旬有八日；庚辰，聚於婁；乙酉，火水同躔婁十一度；庚寅，火金水聚於胃。四月癸巳，火金同躔胃四度；庚戌，火金水聚於實沈旬有七日；乙卯，金水同躔畢九度；戊午，火金水聚於畢。五月癸亥，火水同躔畢三度。六月丁未，同躔井六度。閏六月乙亥，木金水聚於鶉尾；丙子，木水同躔張初度。八月己未，土金同躔氐初度；丁卯，木火水聚於鶉尾浹旬。九月癸丑，土水同躔氐七度。十一月癸巳，金水同躔斗十六度。

四十四年三月甲辰，土金同躔氐十二度。六月乙丑，土火同躔氐八度。八月丁巳，金水同躔張九度；己卯，木金同躔軫一度；辛巳，木金水聚於壽星旬餘。九月丁亥，聚於軫；己亥，土金水聚於大火旬有七日；丙午，聚於氐浹旬；戊申，金水同躔氐三度。十月丙辰，土水同躔氐十六度；己未，土金同躔氐十七度；乙丑，土金水聚於析木浹旬。

四十五年二月丙辰，火金水聚於降婁；丙子，聚於大梁。六月乙巳，金水同躔星二度；庚午，火金水聚於鶉火。七月癸巳，火金同躔柳七度；庚子，火金水復聚鶉火旬有七日。八月己酉，火水同躔星初度。十月己未，土水同躔心三度。十一月癸巳，木火金聚於大火旬餘；戊戌，木金同躔氐六度。十二月戊申，土金水聚於析木旬餘；己未，聚於尾。

四十六年二月丙辰，土火同躔尾六度。三月辛卯，金水同躔壁一度。五月丁亥，同躔畢十度。六月庚辰，同躔柳十二度。八月癸巳，木金水聚於大火。九月庚子朔，木金同躔氐十六度；癸丑，土木金水聚於析木旬餘；甲寅，木水同躔房一度。十一月庚戌，同躔尾一度，土木水聚於尾浹旬；丁巳，土水同躔尾十一度。

四十七年二月丁酉，金水同躔室三度。六月丙寅朔，火水同躔井三十度。七月庚申，同躔張三度。九月庚申，土木同躔尾十四度。十月壬午，火金水聚於大火。十一月丁巳，土木金水聚於星紀旬餘，土金水聚於箕；壬戌，木金水聚於斗旬餘，木金同躔斗三度。十二月甲子，木水同躔斗四度；丁卯，金水同躔斗九度。

四十八年正月壬子，同躔危十三度，土木火聚於星紀月餘。二月甲子，聚於斗月餘；戊辰，土火同躔斗四度。九月乙未，金水同躔亢四度。十二月癸亥，土水同躔斗七度。

四十九年正月壬子，木水同躔女八度。二月丁巳朔，土金同躔斗十三度；癸亥，木金水聚於元枵旬有六日。五月乙卯朔，金水同躔畢七度。六月甲午，火金水聚於鶉火；丁酉，金水同躔鬼一度。七月丙辰，火水同躔張六度；戊午，火金水聚於鶉尾浹旬；辛酉，聚於張；乙亥，火金同躔翼初度。八月戊子，火金水聚於壽星旬有八日；戊戌，金水同躔軫十一度；丙午，火水同躔軫四度。九月庚辰，同躔亢二度。十月辛亥，土金水聚於星紀。十一月癸丑，土金同躔斗十五度；丁巳，土金水聚於斗；丁卯，土水同躔斗十六度。十二月辛丑，土火水聚於星紀旬有六日。癸卯，土水同躔斗二十一度；庚戌，土火水聚於斗。

五十年正月丁巳，土水同躔斗二十二度。十二月癸巳，金水同躔斗四度。

五十一年正月乙卯，土金同躔女初度；戊午，土金水聚於元枵旬餘；乙丑，土水同躔女一度。二月乙酉，金水同躔危十五度；乙未，木金水聚於降婁旬有五日。三月丙午，木水同躔奎三度；丁巳，木金同躔奎六度；癸酉，金水同躔胃二度。四月甲戌朔，木金水聚於大梁浹旬；辛卯，木水同躔婁三度。六月戊子，火金水聚於鶉火。七月丙午，聚於鶉尾旬有八日；戊申，聚於張；庚申，火水同躔張十四度。十一月乙未，火金水聚於星紀兩旬餘；戊午，火水同躔危十一度。十二月庚子朔，火金同躔斗初度；壬寅，火金水聚於斗，金水同躔斗初度；乙巳，火水同躔斗四度；戊申，火金水復聚斗浹旬；戊辰，土火水聚於元枵，土水同躔女十一度。

五十二年正月丙戌，土火金聚於元枵兩旬餘。二月戊申，聚於虛；壬子，土金同躔虛四度。三月丙戌，火金水聚於降婁旬餘。四月戊午，木水同躔畢初度。七月己卯，金水同躔柳十度。八月辛亥，同躔翼六度。十月乙卯，同躔尾五度。

五十三年正月庚午，土金水聚於娵訾；辛未，土水同躔危三度。三月庚寅，木金同躔參四度。五月庚午，木水同躔井二度；乙酉，火金水聚於鶉火。七月己卯，金水同躔柳一度。九月乙亥，火水同躔氐初度。十月壬寅，同躔房二度。十二月乙巳，同躔斗十二度。

五十四年正月乙亥，土水同躔危十度。二月壬寅，土火金水聚於娵訾兩旬餘；癸卯，聚於危旬有七日；乙巳，土水同躔危十四度；庚戌，火金水同躔危十度；乙卯，土金同躔危十五度；丁巳，土火同躔危十五度。三月丁卯，土水同躔危十六度；辛未，火金水聚於室；丙子，聚於降婁旬餘。四月戊戌，金水同躔婁七度。五月壬午，水金水聚於井。閏五月戊戌，金水同躔井二十度。六月辛巳，木水同躔柳六度。十一月戊子，木火同躔星七度。十二月丁巳，同躔星五度；戊辰，土金水聚於娵訾；五十五年二月丙辰，復聚旬有八日；庚申，土金同躔室。庚午，土金水聚於室，金水同躔室一度；甲戌，土水同躔室八度。三月癸卯，土金同躔室十一度。七月壬辰，木水同躔張六度。十月己巳，金水同躔氐十四度。十一月乙未，火金水聚於星紀浹旬；壬寅，聚於斗。十二月己未，聚於元枵兩旬餘；丙寅，聚於女；癸酉，同躔女九度。

五十六年二月壬子，土金同躔壁初度；乙丑，土火金聚於降婁；壬申，土火水聚於降婁旬有五日。三月丙子，聚於壁；丁丑，同躔壁三度。七月壬子，木金水聚於壽星旬有六日；辛巳，木金同躔翼八度。八月乙巳，木水同躔翼十三度；庚午，同躔軫二度。九月丙戌，木金水復聚壽星兩旬餘。十月甲辰，聚於軫。

五十七年三月庚辰，土水同躔奎一度。四月丁巳，土金同躔奎五度。閏四月甲戌，金水同躔胃一度。五月丙午，同躔參二度。六月癸未，木火同躔角三度。七月戊午，金水同躔翼二度。八月甲午，木金同躔亢五度。九月戊申，木金水聚於大火。十月甲申，火金水聚於星紀旬餘；庚寅，聚於斗旬餘。

五十八年正月乙卯，土火金聚於降婁；丙辰，土金同躔奎九度。二月甲申，土金水聚於大梁；丁亥，土水同躔婁一度。三月甲午朔，土火水聚於大梁旬有九日；丁酉，聚於婁旬有六日；辛丑，土火同躔婁三度；乙巳，火水同躔婁六度；戊申，土水同躔婁四度。四月戊寅，同躔婁八度；乙酉，火金同躔畢初度；庚寅，火金水聚於實沈；辛卯，金水同躔昴六度。五月己亥，火水同躔畢十度。八月辛酉朔，火金水聚於鶉火；辛巳，火金同躔柳十四度。十月戊辰，木水同躔心二度。十一月辛丑，木金水聚於析木兩旬餘；壬子，木水同躔尾四度；癸丑，木金水聚於尾旬餘；丙辰，金水同躔尾四度。

五十九年正月己丑朔，同躔斗二十一度。三月壬辰，同躔壁十三度；丙辰，土金同躔胃三度。四月癸未，土水同躔胃七度。九月戊戌，木火金聚於析木；癸卯，火金同躔尾十四度。十月戊辰，木火金聚於星紀旬有七日；壬申，木金同躔箕四度。十二月壬戌，同躔斗六度；己巳，木金水聚於星紀；庚辰，木水同躔斗十度。

六十年二月戊辰，木金同躔斗二十一度。三月戊辰，土火同躔昴四度。四月乙酉，土火水聚於實沈旬有六日；丁亥，土水同躔昴六度；乙未，火水同躔畢十三度。六月癸未，火金水聚於鶉首旬餘；甲申，聚於井旬有八日；己丑，火水同躔井二十二度；癸卯，金水同躔井二十四度；丙午，火金水聚於鶉火兩旬。七月癸丑，聚於柳旬餘。九月丙子，金水同躔氐十度。十二月癸未，木金水聚於元枵浹旬；癸巳，木水同躔女七度。

清史稿卷三十七

志十二

天文十二

日食　月五星淩犯掩距　太白晝見　日變月變

日食　三統、四分，皆有推月食術，而無推日食術。由日食或見或否，或淺或深，隨地而變。不詳其數，立術綦難。故自古以爲尤異，每食，史册必書。後人推日食之術密矣，猶必書者，從其朔也。其見於本紀，無食分及所次宿，備以入志，言推步者考焉。

順治元年八月丙辰朔午時，日食二分太，次於張。五年五月乙丑朔卯時，日食九分强，次於觜觿。七年十月辛巳朔巳時，日食七分太，次於亢。十四年五月癸卯朔寅時，日食六分半强，次於觜觿。十五年五月丁酉朔辰時，日食四分少，次於畢。

康熙三年十二月戊午朔申時，日食九分弱，次於南斗。五年六月庚戌朔申時，日食九分太强，次於東井。八年四月癸亥朔未時，日食五分半，次於胃。十年八月己卯朔申時，日食二分，次於翼。二十年八月辛巳朔辰時，日食三分太强，次於翼。二十四年十一月丁巳朔申時，日食二分少强，次於心。二十七年四月癸卯朔辰時，日食九分太强，次於胃。二十九年八月己未朔卯時，日食二分太，次於翼。三十年二月丁巳朔午時，日食三分少强，次於危。三十一年正月辛亥朔午時，日食五分少强，次於危。三十四年十一月己未朔申時，日食八分半强，次於尾。三十六年閏三月辛巳朔辰時，日食旣，次於婁。四十三年十一月丁酉朔午時，日食四分半强，次於心。四十五年四月戊子朔酉時，日食六分半弱，次於胃。四十七年八月甲辰朔申時，日食五分少强，次於翼。四十八年八月己亥朔卯時，日食五分弱，次於翼。五十一年六月癸丑朔寅時，日食五分太弱，次於東井。五十四年四月丙寅朔酉時，日食六分少弱，次於胃。五十八年正月甲戌朔申時，日食七分，次於危。五十九年七月丙寅朔巳時，日食七分，次於柳。六十年閏六月庚申朔酉時，日食四分，次於東井。

雍正八年六月戊戌朔巳時，日食九分，次於東井。九年十二月庚寅朔卯時，日食八分太，次於南斗。十三年九月丁酉朔辰時，日食八分少强，次於角。

乾隆七年五月己未朔辰時，日食七分强，次於畢。十年三月癸酉朔巳時，日食一分少弱，次於東壁。十一年三月丁卯朔午時，日食七分弱，次於營室。十二年七月己丑朔申時，日食二分少强，次於柳。十六年五月丁酉朔辰時，日食四分太弱，次於昴。二十三年十二月癸丑朔申時，日食八分太强，次於南斗。二十五年五月甲辰朔酉時，日食九分太弱，次於參。二十七年九月庚申朔酉時，日食五分太弱，次於角。二十八年九月乙卯朔辰時，日食七分，次於軫。三十四年五月壬午朔酉時，日食三分半强，次於畢。三十五年五月丁丑朔辰時，日食四分弱，次於昴。三十八年三月庚寅朔未時，日食四分少弱，次於營室。三十九年八月壬午朔辰時，日食三分太强，次於張。四十年八月丙子朔午時，日食四分半强，次於七星。十二月甲辰朔巳時，日食一分太强，次於南斗。四十九年七月甲寅朔卯時，日食二分弱，次於柳。五十年七月戊申朔辰時，日食四分少强，次於柳。五十一年正月丙午朔巳時，日食七分少弱，次於婺女。五十三年五月壬戌朔酉時，日食三分半弱，次於畢。五十四年十月癸丑朔巳時，日食五分太弱，次於氐。六十年正月甲申朔卯時，日食九分弱，次於南斗。

月五星淩犯掩距　天官書言「相淩爲鬬」，又云「七寸以內必之」，謂緯度相迫如交食也。今法，兩星相距三分以內爲淩，月與星相距十七分以內爲淩，俱以相距一度以內爲犯，相襲爲掩。欽天監每年預推月五星入此限者，繕册進呈，本名淩犯書，雍正初年，改名相距書。既憑占候，即課推步，各循本稱，幷志所在之宿。

順治元年七月庚寅，熒惑犯歲星於昴。三年十一月辛酉，月犯歲星於柳。四年二月壬午，掩歲星於觜。六年六月癸巳，熒惑犯歲星於翼。七年五月甲子，月犯歲星於亢。十年十月庚午，熒惑犯歲星於女；十一月己亥，太白犯歲星於女；十二月甲申，熒惑犯歲星於壁。十七年五月壬申，熒惑犯太白於柳。十月甲午，太白犯歲星於軫。

康熙四年六月丁卯，月犯填星於箕。八年十二月丁卯，太白犯填星於虛。十二年三月甲戌，月犯太白於壁。十三年六月戊申，熒惑犯填星於奎。十八年五月己未，月犯歲星於婁。二十一年八月丙申，熒惑犯填星於柳；九月己巳，歲星掩填星於柳。三十年六月戊寅，熒惑犯歲星於婁。三十一年五月丁卯，太白犯熒惑於星。三十三年十一月癸未，犯填星於斗。三十八年十二月丁丑，犯填星於危。四十年二月庚申，犯歲星於虛。五十五年十月戊戌，犯填星於軫。五十七年九月丙申，辰星犯填星於亢。

雍正二年十二月丙申，太白距填星於斗。三年二月壬申，距歲星於危。九年十月癸丑，熒惑距歲星於翼。十二年正月甲申，距歲星於心。

乾隆元年三月乙巳，距歲星於女；壬戌，月距太白於奎；五月己亥，太白距填星於昴；八月戊辰，辰星距太白於翼；十二月乙丑，太白距歲星於女；丁亥，辰星距歲星於虛。

二年正月癸巳，月距太白於室；二月乙酉，辰星距歲星於危；五月己丑，距太白於觜；八月癸亥，距熒惑於張。閏九月乙丑，月距歲星於危；十月癸巳，如之。

三年二月壬辰，太白距歲星於壁；辛丑，辰星距歲星於壁；三月乙卯，距太白於婁；四月乙未，太白距辰星於觜；五月丙寅，熒惑距歲星於奎；丁丑，辰星距填星於井；七月壬子，月距辰星於張。

四年五月庚申，太白距歲星於胃；六月壬午，辰星距填星於井；七月乙巳朔，太白距填星於井；丁未，月距辰星於虛；壬戌，辰星距熒惑於翼；十月癸未；太白距熒惑於氐；乙酉，辰星距熒惑於氐；癸巳，月距填星於井；丙戌，辰星距太白於氐；十一月庚申，月距填星於井；十二月戊子，五年正月乙卯、四月丁丑，如之；五月丙寅，辰星距歲星於觜；六月壬申，月距填星於井；閏六月甲子，距歲星於井；七月壬辰，距熒惑於井；八月壬寅，熒惑距歲星於井；庚申，月掩歲星於井；距熒惑於井；九月戊子，復距；十月甲寅，距歲星於井；丙辰，距熒惑於鬼；十一月辛巳，距歲星於井；甲午，距太白於危；十二月戊申，距歲星於觜；六年正月乙亥，如之；三月庚午，掩歲星於井；壬申，距熒惑於井；五月甲子朔，辰星距太白於觜；丁亥，太白距歲星於井；己丑，辰星距填星於柳；六月甲辰，太白距填星於柳；八月辛亥，距熒惑於亢；

九月壬午，辰星距熒惑於氐；十月丙申，月距太白於箕；壬子，熒惑距辰星於尾；十一月癸亥，月距熒惑於尾；十二月甲寅，辰星距熒惑於牛。

七年五月乙酉，月距熒惑於昴；八月乙丑，辰星距歲星塡星於星，歲星距塡星於星；庚戌，太白距塡星於星；壬子，距歲星於星；十月乙卯，距辰星於氐；十二月癸卯，月距熒惑於張；乙巳，辰星距太白於斗。

八年正月庚午，月距熒惑於星；四月戊申，熒惑距塡星於星；閏四月壬戌，距歲星於張；五月丙午，太白距塡星於張；六月甲寅，距歲星於張；七月癸巳，辰星距塡星於張；庚子，距歲星於翼；八月乙卯，月距熒惑於氐；十一月辛丑，距歲星於軫；十二月壬子，辰星距熒惑於女；己巳，月距歲星於軫。

九年二月辛酉，距塡星於張；癸亥，掩歲星於軫；三月甲申，辰星距熒惑於奎；庚寅，月距歲星於翼；四月戊午，如之；六月乙亥，辰星距太白於柳；七月戊寅，月距塡星於張；丙申，辰星距塡星於張；八月戊申，月距歲星於軫，太白距塡星於翼；壬申，距歲星於角；十月庚戌，辰星距歲星於角；戊辰，月距熒惑於張；己巳，距塡星於翼；十一月辛丑，熒惑距塡星於翼。

十年二月丁未，月距太白於婁；三月甲戌，熒惑距塡星於翼；四月壬子，月距熒惑於翼；

五月戊戌，辰星距太白於畢；癸巳，距塡星於軫；十月壬子，太白距塡星於軫；甲子，辰星距歲星於氐；十一月甲午，太白距歲星於房。

十一年二月己亥，月距熒惑於室；癸亥，辰星距太白於室；三月壬午，距熒惑於奎；閏三月癸卯，太白距熒惑於婁；五月乙巳，辰星距熒惑於觜；六月戊辰，月距太白於星；七月壬戌，距熒惑於柳；八月庚寅，距熒惑於張；九月庚子，辰星距塡星於軫；十二月癸亥，熒惑距塡星於角。

十二年七月辛卯，月距辰星於張；十月庚寅，辰星距太白於翼；十一月辛卯，月距熒惑於女；甲午，太白距辰星於尾；十二月丁巳朔，距歲星於斗；戊午，月距太白於斗。

十三年正月己丑，辰星距歲星於牛；癸丑，月距歲星於女；二月辛未，太白距熒惑於奎；五月壬寅，辰星距熒惑於觜；六月乙卯，月距辰星於井；八月壬辰，距歲星於女；九月己卯，太白距熒惑於軫；十月庚戌，距塡星於氐；十二月癸卯，辰星距歲星於危。

十四年二月甲申，太白距歲星於危；三月戊辰，月距熒惑於斗；乙亥，辰星距太白於胃；六月乙巳，月距辰星於井；十月己卯，距太白於箕；癸卯，辰星距塡星於氐；十一月己巳，熒惑距歲星於室。

十五年正月癸酉，月距辰星於危；三月丁巳，辰星距歲星於壁；四月乙亥，月距熒惑於畢；庚子，太白距歲星於奎；五月壬寅朔，辰星距熒惑於井；己未，熒惑距辰星於井；七月己未，辰星距熒惑於星；九月己未，太白距熒惑於翼；十月戊寅，距辰星於角；十一月戊申，辰星距太白、塡星於心。

十六年正月癸亥，月距熒惑於尾；三月癸丑，太白距歲星於婁；四月己巳，月距太白於昴；閏五月壬辰，距歲星於昴；七月丁亥，距歲星於畢；八月丁酉，距辰星於角；九月壬辰，距太白於角；十月乙未，距塡星於尾；戊申，距歲星於畢；十一月丙子，距歲星於昴；庚寅，距塡星於尾；十二月己未，距太白於箕。

十七年正月庚午，距歲星於昴；二月戊戌，距歲星於畢；四月庚申，距太白於昴；五月甲戌，距塡星於尾；辛巳，太白距歲星於觜；壬午，辰星距歲星於觜；癸未，距太白於觜；六月辛丑，月距塡星於尾；甲寅，辰星距熒惑於星；七月丁亥，太白距熒惑於張；八月庚寅，月距辰星於翼；十月乙卯，距熒惑於氐。

十八年五月辛未，辰星距太白於畢；十一月甲戌，塡星距辰星於斗；十二月丙午，太白距塡星於斗。

十九年正月壬子，辰星距塡星於斗；五月己丑，熒惑距歲星於柳；乙巳，太白距歲星於柳；丁未，辰星距歲星於柳；六月丙辰，太白距熒惑於張；七月甲辰，辰星距歲星於張。

二十年正月丁丑，熒惑距填星於斗；辛丑，月距太白於牛；三月辛巳，太白距熒惑於危；庚子，月距熒惑於室；七月庚寅，辰星距太白於柳；九月己亥，月距歲星於軫；二十一年正月己丑，如之；八月辛酉，熒惑距歲星於角；十一月壬戌，辰星距填星於女。

二十二年正月乙巳，太白距填星於女；辛酉，月距辰星於虛；三月乙卯，距填星於虛；六月丁丑，距填星於女；九月戊戌，如之；十一月壬寅，太白距填星於女。

二十四年十二月乙未，月距熒惑於翼；二十五年正月辛酉，如之；甲戌，太白距歲星於女；二月乙巳，距填星於室；三月甲戌，距辰星於奎；四月癸巳，辰星距太白於胃；十一月辛亥，太白距熒惑於斗；十二月戊寅，距歲星於虛；己亥，熒惑掩歲星於危。

二十六年正月庚午，辰星距熒惑於室；十月癸巳，月距太白於亢。

二十七年五月戊午，辰星距太白於井；己未，月距歲星於婁；七月丁卯，距熒惑於氐；十月辛丑，距填星於壁；十二月丁酉，距歲星於婁。

二十八年四月丁未，太白距填星於婁；五月壬申，距歲星於昴；六月甲寅，辰星距熒惑於井；七月丁卯，太白距熒惑於柳。

三十年二月庚寅，辰星距太白於虛；八月己巳，月距歲星於柳；十月甲子、三十一年三月己卯，如之；六月辛亥，太白距填星於畢；辛酉，辰星距歲星於星。

三十二年五月甲子朔，太白距熒惑於井；丙寅，月距熒惑於井；六月丁未，辰星距熒惑於鬼；七月丁卯，太白距歲星於翼；八月乙丑，月距太白於亢。

三十三年九月丙午，距塡星於井。

三十四年七月丁未，距太白於井；十一月乙未，辰星距歲星於心；乙巳，太白距歲星於心，熒惑距歲星於心；丁未，月距熒惑於心。

三十五年二月庚午，距歲星於尾；四月丁卯，辰星距太白於畢；五月辛卯，月距歲星於尾；丙申，太白距辰星於井；閏五月戊午，月距歲星於尾；六月丙戌、八月庚辰，如之。

三十六年四月丙申，熒惑距塡星於柳；七月己未，太白距塡星於柳；癸亥，辰星距熒惑於翼；十一月丙寅，距歲星於牛；十二月戊辰，太白距歲星於牛。

三十七年正月己未，辰星距熒惑於女；辛酉，距歲星於女；甲子，熒惑距歲星於女；二月己巳，月距太白於壁；八月乙丑，距辰星於翼；庚寅，距太白於柳。

三十八年五月己巳，熒惑距塡星於張；庚辰，月距歲星於壁；八月戊戌，辰星距塡星於張；九月戊辰，月距歲星於室；十月乙未、十二月庚寅，如之。

三十九年正月戊午，距歲星於壁；九月壬戌，太白距塡星於翼；十月丙午，月距塡星於翼；十二月辛丑，距塡星於軫；四十年正月戊辰，如之；三月乙丑，太白距歲星於胃；四月己丑，月距填星於翼；十二月丁巳，辰星距熒惑於虛。

四十一年六月壬戌，熒惑距歲星於井。

四十二年五月戊辰，月距歲星於井；八月甲寅，太白距歲星於柳；十月戊申，辰星距填星於亢；十一月癸亥朔，太白距填星於亢；辛卯，月距太白於尾；十二月甲午，距辰星於斗。

四十三年三月丁丑，距填星於氐；四月乙巳如之；六月辛卯，距太白於氐；丙辰，太白距歲星於星；閏六月丙寅，月距填星於亢；八月辛酉，距填星於氐；九月庚子，熒惑距歲星於張；十月甲申，月距填星於氐；十二月戊寅，距熒惑於氐。

四十四年二月庚申，熒惑距填星於氐；甲戌，月距熒惑於氐；三月辛丑，如之；四月壬午，距太白於胃；九月戊子，辰星距歲星於軫；十一月癸巳，距太白於斗。

四十五年正月己亥，月掩歲星於角；二月壬戌，太白距熒惑於婁；三月癸巳，月距歲星於角；五月癸卯，辰星距熒惑於井；七月壬午，月距歲星於角；九月己亥，辰星距歲星於亢；十月庚午，太白距熒惑於軫；壬申，月距熒惑太白於軫；十二月辛酉，太白距填星於尾；壬申，熒惑距歲星於氐。

四十六年七月辛亥，月距熒惑於斗。

四十七年五月辛丑，辰星距熒惑於井；九月戊申，熒惑距太白於翼；十月丁卯，歲星距塡星於箕；丙子，辰星距太白於氐。

四十八年三月乙未，熒惑距歲星於斗；六月甲子，月距太白於柳；十二月戊寅，辰星距歲星於女。

四十九年二月丙子，距歲星於虛；三月丙戌朔，太白距歲星於虛；五月甲戌，月距歲星於危；八月乙未，距歲星於虛；十二月庚寅，太白距歲星於危。

五十年二月癸未，熒惑距塡星於牛；壬辰，辰星距歲星於室；三月癸丑，月距太白於畢；五月甲寅，熒惑距歲星於壁；戊午，辰星距太白於昴；十月癸未，月距塡星於斗；十二月戊寅，距塡星於牛。

五十一年三月庚戌，距熒惑於參；七月丙午，太白距熒惑於張；九月乙亥，月距太白於尾；丁丑，辰星距熒惑於亢。

五十二年二月庚子，熒惑距塡星於虛；三月丁丑，太白距熒惑於室；五月乙酉，距歲星於畢；七月丙戌，熒惑距歲星於參；庚寅，月距熒惑於參；十月辛亥，距歲星於參；十一月己卯，距歲星於畢；十二月辛亥，太白距塡星於虛。

五十四年閏五月庚戌，距歲星於鬼。

五十五年三月癸卯，熒惑距歲星於柳；八月壬子，月距熒惑於亢；甲戌，太白距歲星於張。九月戊戌，辰星距太白於軫。十一月壬寅，距熒惑於斗。

五十六年十月壬寅朔，距歲星於軫；己巳，月距太白於角；辛未，太白距歲星於角。十一月丁酉，月距歲星於角；戊戌，距太白於氐。

五十七年正月辛卯，距歲星於亢。二月己未，距歲星於角。三月丁酉，距太白於室。五月丙午，距熒惑於翼。十月丁丑，距填星於奎。十一月癸卯，太白距熒惑於牛；甲辰，月距填星於奎。

五十八年正月丙申，距熒惑於危。二月甲戌，辰星距熒惑於壁。九月戊午，月距太白於翼。十月乙酉，距熒惑於翼。十一月丙辰，太白距歲星於尾。

六十年正月辛亥，月距歲星於斗。五月壬戌，太白距填星於畢。七月乙卯，辰星距太白熒惑於柳，太白距熒惑於柳；壬戌，月距歲星於斗。十二月庚辰，太白距歲星於女。

太白晝見　太白見於午位者，康熙元年四月庚午，四年六月甲戌，俱不著時。七年六月癸酉至丁丑，俱未時。九年五月戊午、乙丑，十年六月甲午，十二年六月庚申，十三年十一月丁卯，十五年五月甲申，俱不著時，九月丙戌巳時。十六年十二月辛酉，不著時。十七年五月庚申，巳時。乾隆八年七月庚寅、壬辰，俱未正三刻。十年七月丙子、丁丑，俱辰時。

十三年八月丙午至辛亥，九月癸丑、丙辰、丁巳、己未、辛酉、壬戌、丙寅至辛未、甲戌、己卯，十月丙戌，俱巳時。十四年十二月丙子、丁丑、己卯、辛巳、丙戌至己丑、辛卯、乙未、戊戌、壬寅、癸卯，十五年正月己酉，俱未時。四月庚子，五月壬寅、乙巳、丁未、己酉、壬子、癸丑、丁巳至己未，六月乙亥至丁丑，十八年六月辛亥，俱巳時。二十四年閏六月丁亥、戊子、壬辰，二十九年六月甲申，俱未時。十月庚辰、甲申、辛卯，俱巳時。三十年十一月癸酉、庚辰至甲申、丙戌、己丑、癸巳、乙未至戊戌、庚子、辛丑，十二月乙卯、丁巳、辛酉、戊辰，三十一年正月丙子，俱申時。三十二年閏七月癸卯、丙午、丁未、庚戌、壬子至乙卯，俱未時。丁巳，申時。戊午、庚申，八月壬戌朔，俱未時。十月戊辰至庚辰、壬午至甲申，俱巳時。丁亥至庚寅，俱辰時。十一月辛卯朔、壬辰，俱巳時。癸巳、丁酉、己亥，俱辰時。五十四年十二月戊午、己未、癸亥、丙寅，俱未時。

太白見於巳位者，順治十一年五月辛亥，與日爭明。十七年九月庚辰，康熙四年三月辛卯，俱不著時。七年六月癸酉至丁丑，俱午時。十二年六月辛酉，十八年十一月丙辰，俱不著時。乾隆八年十月辛酉、甲子、丙子至十一月壬午、乙酉，十三年八月乙未，九月壬申、丁丑，十月癸未、甲申、丙戌至己丑、壬辰，乙未、丙申、戊戌至辛丑、甲辰、丁未、戊申，十一月辛亥朔、壬子、甲寅、乙卯、丁巳、己未、乙丑、丁卯、癸酉、乙亥，十五年五月壬戌，十八年六月戊戌，三十二年十月戊辰至庚辰、壬午至甲申，十一月辛卯朔、壬辰，俱辰時。

太白見於未位者，順治九年九月乙未，康熙八年十二月丁卯，十二年正月丁亥，俱不著時。十五年九月丙戌，午時。乾隆元年十二月庚午、癸酉、甲戌、己丑，二年正月庚寅朔、壬辰、癸巳、丁巳，二月辛酉、乙丑、庚辰，三年十月甲申至丙戌、戊戌、己亥、乙巳、丙午、戊申，六年十月己未至辛酉，十一月甲子、戊辰、庚午至壬申，丙子至戊寅、甲申、丙戌、戊子，十二月壬辰、癸巳、丁酉、戊戌、戊申，十年正月辛巳、癸未至丁亥、辛卯至丁酉、壬寅，二月癸卯朔、戊申，俱申時。丙辰，酉時。丁巳、癸亥、己巳、壬申，三月庚辰、癸未，十一年十月丙寅、丁卯、己巳、甲戌至丁丑、壬午、乙酉、己丑至辛卯，十一月癸巳、甲午、戊戌至辛丑，十四年十月乙巳，十一月壬子、癸丑、乙卯、丙寅、丁卯、辛未至甲戌，十二月丁丑、己卯、辛巳、丙戌至己丑、辛卯、乙未、戊戌、癸卯，三十年十月丁巳、戊午、辛酉、丙寅至戊辰，十二月癸卯、甲子，俱申時。戊辰，酉時。三十一年正月癸酉、辛巳、壬午，俱申時。三十二年閏七月丁巳，酉時。八月甲子，五十四年十二月戊午、己未、癸亥、丙寅、辛未、乙亥，俱申時。

太白見於辰位者，乾隆七年六月癸巳、甲午、丁酉、辛丑至癸卯，俱寅卯二時。丁未、戊申、庚戌、壬子、乙卯、丁巳，七月癸亥、戊寅至庚辰、壬午、甲申、乙酉，八月丁亥朔、戊子、庚寅，十年六月丁卯，七月辛巳，十三年九月甲寅，十五年六月戊寅，五十五年七月壬辰、庚子、甲辰至戊申，八月丙辰、己巳，俱卯時。

太白見於申位者，康熙二年七月丙申，連日如之，不著時。乾隆三年九月丙寅、丁卯，二十四年六月丙辰、戊午，閏六月乙酉，三十二年閏七月辛丑，俱酉時。

太白見於卯位者，康熙四年六月丙辰，不著時。

太白見於酉位者，乾隆八年五月辛卯、壬寅、甲辰至丙午，俱戌初。

太白見於辰、巳二位者，乾隆二年七月己亥、癸丑，八月甲子、癸酉、乙亥至己卯，癸未至乙酉，九月丁亥至辛卯、乙未、丁酉、庚子，甲辰至丙午，閏九月丙辰朔、辛酉、癸亥，十年七月壬申、戊寅至庚辰、壬午，十三年八月戊子、丙申至庚戌，九月乙卯、丙辰、戊午、辛酉、丙寅至戊辰，十五年五月丁未、己酉、壬子、癸丑、戊午、己未，六月丙子、丁丑，俱卯、辰二時。

太白見於未、申二位者，乾隆二年正月丙申至戊戌、癸卯，戊午至二月庚申、丙寅、戊辰、庚午，三年九月戊辰、己巳、辛未，五年五月辛亥，八年七月己丑、庚寅、壬辰、甲午、甲辰至丙午、戊申、己酉，十五年正月己酉，三十二年閏七月壬寅、癸卯、丙午至戊申、庚戌，壬子至乙卯、戊午、庚申，八月壬戌朔、丙寅、丁卯，俱申、酉二時。

太白見於巳、未二位者，乾隆十年七月丙子、丁丑，俱卯巳二時。十三年八月辛亥，九月己未、辛未、甲戌、己卯，十五年四月庚子，五月乙巳，俱辰、午二時。

太白見於卯、辰、巳三位者，乾隆十年六月庚午，十五年五月丁巳，十八年六月癸巳、甲午，俱寅、卯、辰三時。

太白見於辰、巳、未三位者，乾隆十三年九月癸丑、丁巳、壬戌、己巳、庚午，十五年五月壬寅，六月乙亥，十八年六月辛亥，俱卯、辰、午三時。

太白晝見不著位者，順治元年六月庚午，九月己酉，三年正月己未，六年八月甲午，七年十二月辛丑，康熙七年九月戊戌、己亥，二十一年十月乙未至戊戌，二十三年五月己卯至庚寅，俱不著時。

日變月變　崇德七年四月庚戌，二日並出，上大下小，須臾大日散沒。順治元年二月癸亥，月中有黑子。七年三月己未，日赤如血。十一年四月庚申朔，日出時色變赤；戊子，日色變白。十四年二月乙酉，日赤如血。康熙元年二月丁卯，日赤如血；戊辰，日出色如血，無光。十三年六月丙午，月生光一道，色蒼白。十九年四月己巳，日赤無光。二十一年六月乙巳戌時，日射青氣二道。乾隆八年三月辛巳，日赤無光。二十九年六月甲申，月見正午。十一月壬子，如之。四十八年六月戊辰，日心中出白圈，向東成圍。五十八年正月壬子，日生赤黃色大半環及大圍圈各一。二月戊子，日生赤黃色大半環。

清史稿卷三十八

志十三

天文十三

虹蜺暈珥

虹蜺異色者，天聰八年三月丁亥朔，天霽無雲，色綠。崇德六年九月己亥，陰氣蔽日，色白，自巽至乾，是晚天霽色黑，自艮兌形如烟。康熙十六年八月庚申，東北；三十六年六月丁巳，東南；四十六年二月癸卯，五十二年八月丙戌，五十五年七月癸酉，俱東北，俱色白。乾隆三十八年八月丁未，東方二道；己酉，西南；戊辰，東方二道。三十一年三月庚寅，東方；五月丁亥，東北；辛卯，東北至東南；甲午，西方；戊戌，東北；六月庚子，東南；壬寅，東北；癸亥，東方；乙丑，東北；丙寅，東南，又東方二道；七月辛未，東南；戊子，東北；八月己酉，西北。　三十六年四月辛巳，東北至東南二道；五月甲辰，東南至東北二道；丁未、庚申，俱東北至東南；壬戌、乙丑，俱東北至東南二道；六月庚午朔，東北；辛未，東南至東北；丙子，東北；乙酉，東南二道；戊戌，七月辛丑，俱東南至東北；甲辰，東北至東南二道；己酉，東北。　四十一年四月丙寅，東北至東南二道；丁卯，東南；五月戊子，西北至東南；丙申，西北；丁酉，東北；六月乙巳，東南；丙辰，東北；丁巳，東南二道，七月辛未　壬申、丁丑，俱東北；甲申，東南；庚寅，東北；八月壬寅，四十六年三月丙申，俱東方。　四月癸丑，東南至東北二道；五月癸未，東北；乙酉，東北至東南二道；己亥，閏五月丙午，俱東北；己酉酉、戊二時，俱東南至東北二道；丙辰，西方；庚申，東北至東南二道；壬戌，東方二道；甲子，東北至東南；丙寅，丁卯申、酉二時，俱東南；戊庚、己巳，俱東北；庚午，東南；六月己亥，東方二道；庚寅，東方；癸巳，東南至東北；七月丁未，東方二道；辛亥，東南二道；丙辰，東南；壬戌卯、未二時，西方；申、酉二時，東北二道；乙丑、丙寅，八月辛未朔，俱東北。　五十一年五月壬戌，東方；戊辰，東南；六月丁丑，東南至東北二道；戊寅酉時，東南二道；戊時，東方；庚辰、庚寅、壬辰，俱東南；癸巳，西南；七月甲辰，東南；閏七月丙戌，東北；己丑，東方。　五十六年五月丙申，東南二道；壬寅，東南；六月癸丑，西南；乙卯、丙辰，俱東南；戊午，東南二道；庚申，東南；丙寅、壬申，俱東南二道，八月壬子，西方二道；戊午，東方二道，俱五色。

虹蜺多道者，康熙六年五月壬子申時，正東四道；酉時，東北。

乾隆元年五月甲午朔，八月乙丑，二年四月乙酉，七月辛丑，俱東方；壬寅，東南；壬子，西北至西南。三年六月庚寅，東南。五年五月丙辰，東方；六月癸巳，閏六月丙午，俱東南。六年三月丙戌，東北至東南；四月戊午，東南；己未，東北至東南俱二道；六月甲午朔，東北至東南四道；乙未、壬寅，七年五月丁亥，俱東南二道。八年閏四月丁巳，東南至東北四道；五月甲申，六月庚戌，七月癸未，九年五月丁酉，六月癸丑，七月甲午，十年五月庚子，六月丙寅，七月乙亥、丙子，十一年四月庚寅，七月癸丑，俱東南；己未，東方。十二年五月庚戌、丁巳，俱東南；六月己巳，東方，庚午，西北，俱二道；八月丙寅，東南至東北四道；辛未，東方。十三年六月丁丑，東南。十四年六月甲午，西南；壬寅，東南；七月丙辰，東北；八月庚辰，東方；九月辛亥，東北。十五年六月甲戌、乙亥、乙酉，十六年四月甲申，六月壬寅、庚申，十七年六月己亥，俱東南；八月庚戌未時，東北；酉時，十八年四月乙未，俱東方。十九年五月戊子，東南；丙午，東方；六月丙辰，東南。二十年四月辛未，東方；六月乙巳，東北；辛未，二十一年五月乙亥，俱東南；七月甲午，西方。二十二年四月己丑，二十三年六月癸未，俱東南。

二十四年六月辛未，西南至西北，二十五年五月甲子、丁卯、戊辰，俱東北至東南；六月壬午，東南；甲申，二十六年六月丙子，俱東方；七月甲寅，東南；八月甲戌，東南至東北；庚辰，二十七年四月壬午，俱東南；丁亥，西方；五月丁酉，閏五月庚寅，六月甲辰，俱東南；戊午，西南至西北；庚申，東北至東南；八月庚子，東南至東北。二十八年五月辛未，六月己亥，俱東南；七月戊寅，東方。二十九年五月甲戌、乙亥，俱東南；六月壬寅、癸卯，七月己卯，俱東方。三十年四月辛酉，東南；五月丁酉，東方。三十一年六月己亥朔，三十二年五月壬辰，俱東南；六月己未，東方；七月丁卯、己巳，俱東北；己卯，東南。三十三年六月辛未，東方；壬申，東北至東南。三十四年六月庚申，西南至西北；己巳，東北至東南。三十五年閏五月癸丑，東北；六月丙子，東北至東南；己丑，東南至東北；庚寅，東北至東南；壬辰，七月庚午，三十七年五月辛亥，俱東南至東北；壬子，東北至東南；六月庚午，東南至東北；乙酉，七月癸卯，俱東北至東南；九月辛酉，東北至東南。三十九年六月辛卯，東南。四十年五月己未，東北至東南；六月乙酉，東南；七月壬午，東方俱二道。四十二年八月丁未，東南至東北四道。四十三年七月壬辰，東北至東南。四十四年三月庚子，東方；五月甲申朔，東南；庚子，東方；乙巳，東南；六月甲寅，東方；七月甲申，東南。四十五年五月辛丑，東北至東南；七月丁丑，西北；庚子，東方；八月壬子申時，東北；酉時，己巳，四十七年五月庚申，俱東方；六月乙亥，東南至東北；壬辰，東南。五十年五月丁卯，七月丁丑，俱東方。五十二年六月戊申，東南；七月戊子，東方；壬辰，東南至東北；癸巳，東南；八月丁未，西南至西北。五十三年四月庚申，五月己巳，俱東南。五十四年閏五月辛丑，西南；六月戊午、壬戌，俱東南。五十五年五月庚子，五十六年三月庚子，俱東北，俱二道。五十八年六月癸亥，東南至東北四道；癸酉，七月癸卯，俱東北至東南。五十九年六月戊辰，東北至東南；七月甲辰，東南，俱二道。

日生暈者，順治元年九月癸巳。二年三月戊戌。三年三月丙子。四年三月甲辰，辛酉。五年閏四月壬子。六年正月壬申；四月丙午，八月丁未。八年閏二月乙丑，丁丑；四月戊辰；七月丁亥。九年正月壬午；二月庚午。十年三月癸未；四月己未；五月甲午兼兩珥；六月乙卯；閏六月甲子，庚辰，辛卯；七月己亥，癸卯。十一年二月壬午；三月丁丑，庚辰，己丑；五月癸卯，七月丙午。十二年正月乙未；二月戊午，乙丑，癸未；三月丁亥，乙未；四月癸亥，庚午，丙子；十月戊午。十三年二月丙辰兼兩珥；四月甲戌；五月甲申，戊戌；十月甲午。十五年三月癸亥；四月癸未。十六年七月甲子，乙酉；十月丁酉兼兩珥。十七年正月己卯；三月壬午；四月丙申。

康熙元年三月壬辰。三年正月己巳兼兩珥，己丑。五年五月乙巳兼抱氣。六年五月壬申兼直氣。七年十一月己未兼兩珥。十二年六月己酉兼抱氣，旋生兩珥。十三年六月戊申兼直氣。十五年二月辛酉兼兩珥、抱氣。二十年四月戊子兼兩珥。

乾隆九年二月丙寅。

十三年四月己巳。

二十八年正月辛酉兼兩珥、抱氣。

二十九年正月乙亥巳時至酉時，辛巳；三月乙丑，辛未兼兩珥、背氣；四月辛卯，壬辰。

三十年閏二月己酉，辛未；三月己亥；六月癸亥巳時至未時；十月壬戌。

三十一年三月庚寅，丙申；四月甲辰，丙午，辛亥；五月辛巳，甲申，丙戌，壬辰；十一月乙酉兼兩珥。

三十三年三月壬寅；五月己丑，壬寅；六月乙丑巳、午二時；七月丙申，庚子，癸丑；九月丙戌；十二月壬午兼兩珥。

三十四年正月甲午；二月丙辰兼兩珥，辛酉，壬戌；三月庚寅，壬寅，己酉；四月癸丑朔巳、午二時，戊辰，戊寅巳、未、申三時；五月丙午兼兩珥；十二月戊寅。

三十五年正月丙戌；二月丙辰；三月戊子兼兩珥、背氣二道，乙未，癸卯；四月戊申朔，壬子，己未兼兩珥，癸亥，甲戌；五月壬午，戊子，辛卯巳時，癸巳兼兩珥，乙未，己亥；閏五月丁未，庚戌，辛亥，乙卯；八月壬午；九月丁卯；十二月甲申。

三十六年正月丙寅；二月乙未；三月丙辰，甲子兼兩珥，乙丑；五月戊申，癸亥；七月丙午；十一月乙巳兼兩珥。

三十七年二月丙戌未時，癸巳；三月壬寅，戊申，己酉；四月辛未，甲戌，丁丑，甲申，乙酉，癸巳；五月丁酉，丙午，丙辰，戊午；六月戊辰，辛未，甲申，丙戌，丁亥兼抱氣；七月乙未午、未二時，丙申；八月戊寅未時，庚寅；九月乙未，戊戌，辛丑；十月甲子，庚寅申時兼兩珥、背氣、抱氣。

三十八年正月甲辰兼兩珥；二月甲戌，壬午，癸未；三月壬辰兼兩珥，戊戌，戊申，乙卯未時，己未；閏三月壬戌，癸亥，辛未，戊寅兼兩珥，癸未，乙酉；四月己丑朔；五月壬戌；戊子；六月丙午；七月丙子，壬辰，丙戌；八月壬辰，辛丑；九月丁巳朔，癸亥，十二月乙酉朔兼背氣，甲辰。

三十九年正月辛酉兼兩珥，辛未巳、午二時；二月丙申兼兩珥，丁酉，辛丑，辛亥兼兩珥；三月壬戌，甲戌，丁丑；四月甲申至丙戌，甲午，辛丑，壬寅，壬子；五月丙辰，壬戌，壬申兼兩珥，己卯；六月丙午兼抱氣，辛亥；七月壬戌，丁卯；八月乙酉；九月辛酉，乙亥午時，己卯；十月壬午兼兩珥，癸巳兼背氣，乙未兼兩珥，壬寅兼兩珥、背氣；十一月庚申，如之；十二月庚辰朔兼兩珥，壬辰、丙午皆如之。

四十年二月己卯朔辰時，庚辰，癸未兼兩珥，戊子如之，己丑巳、午二時，辛丑兼兩珥，乙巳、三月己未皆如之，乙丑至丁卯；四月辛卯，壬辰，丙午；五月辛亥，甲戌；六月甲申，丙申，丁酉兼背氣；七月甲子兼兩珥，戊辰；八月丁丑，己卯，丙申，甲辰未時兼兩珥，乙巳；九月己酉至辛亥，丁卯未、申二時，壬申兼兩珥；十月戊子，辛卯，壬寅；十一月己卯，甲午；十二月辛未。

四十一年正月丁丑，戊寅，己卯兼兩珥，乙酉，丙戌，己丑未時，甲午兼背氣；二月乙巳申時，戊申，己未，庚申，庚午；三月甲申，丙戌，己丑巳時，甲午，乙未兼兩珥，庚子，辛丑；四月壬寅朔，癸卯辰時兼兩珥，丙午如之，己酉，癸丑兼兩珥、抱氣，甲寅至丁巳，己未至辛酉；五月癸未，乙酉，丙戌，庚寅兼抱氣，癸巳，乙未，戊戌兼背氣；六月庚子，甲辰兼兩珥，辛酉如之，丙寅；七月甲戌，己卯，壬午，辛丑，癸卯，丁未，庚戌，丁巳；九月庚辰至壬午；十月辛丑，壬子兼兩珥，癸丑，戊午；十一月庚午、丙子、丁丑、癸未皆如之，乙酉兼抱氣，丙戌兼兩珥，丁酉；十二月甲辰。

四十二年正月己巳申時兼兩珥，庚午如之，壬申，丁丑申時，戊子巳、午二時；二月丁酉朔兼兩珥，癸卯，乙巳巳、午二時兼兩珥，戊申，丙辰，戊午；三月戊辰，己巳，庚午兼兩珥，癸酉如之，甲戌，丁丑申時兼兩珥，戊寅、己卯、乙酉皆如之，丁亥，戊子，癸巳兼背氣、兩珥；四月丙申朔兼兩珥，戊戌，甲辰，乙巳，甲寅，辛酉；五月癸酉，丙子未時，丁丑辰時，己丑；七月甲子朔，辛未午時，丁丑，戊子，壬辰；八月壬寅，甲辰，己酉；九月庚午，辛巳兼兩珥，己丑，庚寅；十月辛丑兼兩珥；十二月甲午、甲辰皆如之，戊申兼抱氣。

四十三年正月乙丑，甲申，丙戌己時至申時；二月癸巳巳、午、申三時兼兩珥，甲午兼兩珥、背氣；三月辛酉朔，己丑；四月壬寅，癸卯，己酉；五月甲子，丁卯巳時至酉時，辛巳；六月壬辰，辛丑，乙巳；閏六月癸未；七月己丑巳、午二時，丁酉，庚子兼戴氣，丙午，丙辰；八月戊辰；十月己巳，壬申；十一月乙巳兼兩珥；十二月丁卯兼兩珥、重背氣，辛未兼兩珥，己卯如之。

四十四年正月乙未兼背氣，丙申，丙午；二月辛未，庚辰；三月丁未；四月丁巳，壬戌兼兩珥，戊辰申時兼兩珥，己巳，壬申，癸酉，甲戌兼兩珥；五月戊子，丁酉，辛亥，壬子辰時兼戴氣；七月丁亥，庚寅，辛亥；八月戊午，辛酉，甲戌，辛巳；九月壬午朔，甲午，癸卯兼兩珥；十月丙辰，壬戌兼兩珥，癸亥、己卯皆如之；十一月乙酉，癸巳；十二月壬子兼兩珥，丙辰兼背氣，辛酉，辛未，甲戌兼抱氣。

四十五年正月壬辰兼兩珥，癸巳兼背氣、兩珥，甲辰兼兩珥，乙巳兼背氣；二月癸丑兼兩珥，辛酉、戊寅兼兩珥，己卯兼兩珥、抱氣；三月戊戌辰時兼兩珥，辛丑，丙午；四月己酉朔，庚申，甲子，庚午巳時至申時，癸酉兼兩珥，丁丑巳時至未時；五月壬午，癸未巳時至未時，戊子，戊戌，辛丑，丁未；六月己酉兼兩珥，己巳；七月己卯，辛巳巳、午二時；八月丁未朔午時，戊辰；九月癸巳，戊戌，己亥兼兩珥；十月庚申如之，甲戌兼兩珥、抱氣；十一月己丑；十二月乙巳朔兼兩珥，戊申兼背氣，庚戌兼兩珥，丁巳。

四十六年正月丁丑，戊寅，庚寅兼兩珥，庚子；二月壬子未、申二時，甲寅兼戴氣、兩珥、抱氣，戊午，乙丑巳、午二時，己巳，癸酉兼兩珥；三月甲戌朔，乙亥，戊寅，乙酉，丙戌午、未二時，戊子，己丑兼兩珥，丙申，壬寅；四月乙巳，戊申辰、巳、午三時，辛亥，戊午兼背氣，己未，庚申，乙丑兼戴氣，辛未，壬申；五月癸酉朔，丙子，戊寅，己卯未時，庚辰至壬午，乙酉，丙戌，戊子兼兩珥，癸巳，甲午兼戴氣、抱氣，乙未，丙申；閏五月甲辰兼兩珥，乙巳如之，丁未，戊申，辛亥，癸丑兼背氣，甲寅，丙辰，丁巳，戊午兼兩珥，辛未如之；六月壬申朔，甲戌，戊寅，甲申至丙戌，辛卯；七月辛丑朔，癸亥；八月癸酉辰時，己丑，庚寅兼抱氣；九月辛丑，甲辰，丙午，丁未，庚申兼兩珥，辛酉，壬戌，甲子兼兩珥；十月辛未，癸酉巳、午、未三時，己卯，庚辰，甲申，丁亥，戊子；十一月丙午兼兩珥、背氣；十二月己卯兼抱氣。

四十七年正月庚子兼兩珥、戴氣，壬寅兼兩珥，丁未兼兩珥、抱氣，丙辰兼兩珥，壬戌如之，癸亥，乙丑午時至酉時，丙寅兼兩珥，丁卯；二月庚午兼兩珥，辛未如之，壬申未時，癸酉兼兩珥，癸未，甲午兼兩珥、背氣，乙未兼兩珥，丙申如之，丁酉；三月庚子，癸卯，甲辰辰時兼兩珥，乙巳，己酉，庚戌巳時至未時，辛酉兼兩珥；四月己巳巳時至申時，庚午兼兩珥，辛未，乙亥，丙子未時，癸巳兼兩珥，己亥如之，辛丑，乙巳兼兩珥，己未，乙丑；六月丙寅朔，壬午兼直氣、背氣、抱氣；七月己酉，丙辰，癸亥，甲子；八月癸未辰、巳、未、申四時，癸巳；九月己亥酉時，戊申，壬子；十月癸酉兼抱氣、兩珥，癸未，戊子兼兩珥、抱氣；十一月丙申巳、未、申三時，己亥；十二月戊子。

四十八年正月丙申巳、午二時，辛丑，甲辰，己未兼兩珥、戴氣；二月壬戌朔兼兩珥，乙丑，庚午，庚辰，丁亥；三月壬辰朔，乙未，丙午兼兩珥，辛亥；四月壬戌，甲子，乙丑，辛未兼兩珥、背氣，壬申，丙子兼兩珥，丙戌如之；五月壬辰，乙未，壬寅兼兩珥、抱氣、背氣；七月甲午，癸丑，丁巳；八月甲戌，壬午，戊子；九月庚子兼兩珥、抱氣，甲辰兼兩珥，乙巳己、午二時，丁巳；十月辛酉，甲申，丁亥；十一月辛亥兼兩珥；十二月己未。

四十九年正月辛卯，癸巳兼兩珥、抱氣，丙申兼兩珥；二月丁巳朔，己未兼兩珥，乙亥，戊寅巳、午二時，壬午兼兩珥；三月丁亥，戊子，戊戌，壬子，乙卯；閏三月丙辰朔，戊午，甲子，乙丑，癸酉兼兩珥，己卯兼兩珥、背氣，甲申兼兩珥；四月壬辰如之，癸巳，丙申未時，庚子，辛丑，乙巳；五月壬戌，甲子，乙丑；六月甲辰，己酉，癸丑；七月己巳，丙子；八月丙申兼兩珥；九月丁丑、十月丙午皆如之；十一月戊午，辛酉，辛未；十二月癸未兼兩珥，甲辰如之，乙巳。

五十年正月壬子午時，壬戌，丙寅，庚午，壬申未時，甲戌兼兩珥，丁丑如之，戊寅；二月辛巳朔兼兩珥，丙戌兼背氣，己亥兼戴氣，甲辰午時，戊申兼兩珥；三月甲寅，丁巳，壬戌兼兩珥，甲子如之，乙丑未時，丙子兼兩珥，戊寅；四月丁亥巳時至未時，戊子至庚寅，乙未兼兩珥，丙申，甲辰，丙午；五月甲寅，戊午兼兩珥，己未，甲子，乙丑，戊辰，丁丑辰時；七月戊辰，己巳，丁丑；八月丁亥午時至申時，癸巳，辛丑；九月甲寅，丙辰，戊午，丁卯巳時至未時；十月戊寅兼兩珥，己卯如之，庚辰，壬午巳時至申時，壬辰，戊戌，庚子辰、午、未、申四時，壬寅兼兩珥；十一月戊辰如之；十二月辛卯，辛丑，癸卯。

五十一年正月丁未兼抱氣，癸丑，壬申；二月丁丑，戊子兼兩珥，己丑，庚寅，辛卯兼兩珥，癸卯；三月戊申，壬子，甲寅，丁巳，癸亥，己巳，癸酉；四月乙亥兼兩珥，丙子至戊寅，庚辰，壬午至甲申，丙戌至戊子，辛卯，乙未，丁酉；五月乙巳至丁未，己酉，癸丑，庚申，癸亥，甲子，丙寅，辛未；六月甲戌，戊戌；七月甲寅，乙卯；閏七月辛巳，壬辰，己亥，庚子，八月己酉；九月丙子；十月壬寅；十一月己卯，戊子兼兩珥，甲子；十二月丁未，己巳。

五十二年正月辛未兼兩珥，癸酉，辛巳兼兩珥、直氣，丙戌，甲午，乙未兼兩珥；二月辛丑，甲辰兼兩珥，丙午，己酉巳時，壬子，癸丑，乙丑兼兩珥，丁卯；三月丁丑，壬午兼兩珥，癸未，戊子兼兩珥，庚寅如之，癸巳，甲午；四月庚戌，癸丑，甲寅，戊午，己未，甲子；五月丁卯朔，甲戌，丁丑，庚辰至壬午，丙戌至己丑，辛卯，癸巳；六月辛丑，乙巳，壬子至乙卯，癸亥；七月辛未，乙亥，癸未，丁亥；八月戊戌，乙卯；九月戊辰，己巳，甲申，癸巳，甲午；十月壬寅，甲寅兼兩珥，癸亥；十二月乙未，丁酉，庚子辰、巳、未、申四時兼兩珥、背氣。

五十三年正月丙寅兼兩珥，戊辰，甲戌兼兩珥，庚辰，癸未，戊子兼兩珥、背氣，己丑，庚寅兼背氣、兩珥，辛卯；二月丙申辰時至未時，辛丑兼兩珥，乙巳，丁未，辛酉；三月甲戌，辛巳，丙戌，戊子，庚寅，辛卯；四月乙未至丁酉，戊戌巳、午二時，壬寅兼兩珥，癸卯，癸丑兼兩珥，戊午，己未；五月癸亥，丙寅兼兩珥、背氣，壬申，甲戌，乙亥，辛巳，丁亥，戊子；六月壬辰朔兼兩珥，戊戌，己未兼兩珥；七月乙丑，辛未，丁丑，乙酉，戊子；八月壬辰，庚子，辛丑，甲辰，乙巳，丙辰；九月乙丑，丁卯，乙亥兼抱氣、兩珥；十月乙巳兼兩珥，丁未，癸丑；十一月辛酉，己巳巳、未二時兼兩珥，壬午，癸未；十二月癸巳兼兩珥，辛丑，癸卯，辛亥。

五十四年正月戊午朔，丁亥；二月辛丑，壬寅，庚戌，癸丑；三月丙寅午時至申時，己巳午時，庚午兼兩珥，壬午兼背氣，丙戌；四月丁亥，庚寅，乙未，己亥，乙巳午時，癸丑，甲寅；

五月戊午兼直氣，乙丑至丁卯，乙亥，庚辰；閏五月丙戌朔，丁亥，辛卯，癸巳，甲午，丙申，庚子，丁未；六月乙卯朔，丁卯，甲戌，癸未；七月乙酉朔，乙未，丁未，戊申，壬子巳時至申時，癸丑；八月庚辰，壬午兼兩珥；十月庚申，己巳；十一月丁亥未、申二時，乙巳；十二月丙辰兼兩珥、抱氣，甲戌，丁丑兼兩珥。

五十五年正月壬午朔，壬辰；二月丁卯，甲戌，丁丑；三月壬辰，丁未兼兩珥；四月乙丑，甲戌兼兩珥；五月辛巳朔；六月壬子兼抱氣，庚申，戊辰；七月丙戌，庚寅兼背氣、兩珥，癸巳，戊戌，己亥兼兩珥、抱氣，辛丑兼兩珥；八月己酉朔，甲子，己巳；九月戊寅朔至庚辰，甲申，乙酉，癸卯兼兩珥，丁未；十月乙卯，乙丑兼兩珥、背氣，戊辰，己巳，辛未，壬申兼兩珥、背氣、抱氣，乙亥；十一月乙未兼兩珥、背氣，丙申，丁酉午時，壬寅兼兩珥；十二月戊申如之，己酉兼兩珥、抱氣，丙寅兼兩珥，戊辰兼兩珥、背氣、抱氣，辛未兼兩珥。

五十六年正月庚辰如之，壬午，癸未，丙戌，庚寅兼背氣，癸巳兼兩珥、抱氣、背氣，甲午，乙未，丁酉兼兩珥，己亥；二月丁未午時，己酉兼兩珥、抱氣、背氣，甲寅，癸亥，甲子，丙寅，己巳，庚午，壬申；三月丙子，丁丑，辛巳，甲申，丙戌兼兩珥，丁亥，戊子兼兩珥，庚寅，辛卯兼兩珥、直氣，壬辰，癸巳，丙申，戊戌，己亥，辛丑，甲辰至四月丙午，戊申，辛亥，癸丑申時，甲寅辰時，庚申，壬戌卯、辰、午、未、酉、戌六時，甲子，丁卯至己巳，甲戌；五月戊寅，癸未，乙酉，丙戌兼背氣，丁亥，戊子，庚寅，壬辰兼背氣，癸巳，乙未，丁酉兼兩珥，己亥兼兩珥、背氣，庚子兼兩珥，辛丑如之，癸卯；六月丙午兼抱氣，丁未兼兩珥，壬子，甲寅，丙辰，己未，庚申，壬戌兼抱氣；七月丙子，甲申，丙戌，辛丑；八月丙寅；九月辛巳申時，乙酉兼兩珥、背氣，丙戌兼背氣，丙申，己亥兼背氣，辛丑；十月乙巳，丙午，庚戌，甲子，辛未；十一月己卯辰時，庚寅兼兩珥、背氣，辛卯，壬辰兼兩珥，己亥；十二月壬寅兼兩珥，癸卯兼抱氣，甲辰兼兩珥，庚申、壬戌皆如之，癸亥。

五十七年正月丁丑兼抱氣、兩珥，癸未申時，乙酉兼兩珥、抱氣，丙戌兼兩珥，丙申、己亥皆如之；二月癸卯至乙巳，丁未未時兼兩珥，辛亥如之，壬子兼兩珥、背氣，丙辰，丁巳兼兩珥，戊午；三月庚午朔，辛未巳時至申時，甲戌，戊寅，辛巳，丁亥，戊子兼兩珥、抱氣，癸巳，甲午兼兩珥，丙申至四月己亥朔，壬寅，甲辰，乙巳，丁未，戊申，癸丑，甲寅，戊午，辛酉，壬戌，戊辰；閏四月己巳朔兼背氣，乙亥，丙子，己卯，癸未兼抱氣，甲申兼兩珥，乙酉，丁亥，戊子，壬辰，癸巳卯時至未時，甲午兼兩珥，乙未，丁酉；五月乙巳，丙午，癸丑兼背氣，乙卯己、午二時，丙辰至己未，庚申兼兩珥，癸亥兼兩珥、抱氣，丙寅，丁卯；六月庚午，癸酉兼兩珥、抱氣，甲戌，戊子，乙未，丁酉；七月甲辰，戊申，癸丑，癸亥兼背氣，乙丑兼兩珥；八月丁卯朔，辛未，甲戌兼兩珥，丙子，丁丑；九月乙巳申時，己酉兼兩珥、背氣，庚戌兼背氣，癸亥如之，乙丑；十月己巳，庚午，辛未辰時，甲戌，戊子，乙未；十一月壬子；十二月乙亥兼兩珥，己卯。

五十八年正月丙申兼兩珥，甲辰，丁未兼兩珥、背氣，壬子兼兩珥、抱氣、背氣，癸丑兼兩珥，丙辰，丁巳兼兩珥，戊午兼兩珥、抱氣，己未午時；二月甲子朔兼兩珥，丁卯，戊辰兼兩珥，己巳，庚午兼兩珥，壬申如之，乙亥至戊寅，辛巳兼兩珥、抱氣，壬午，丁亥兼兩珥，戊子兼兩珥、抱氣，壬辰、癸巳皆如之；三月庚子，壬寅，甲辰己、未二時，乙巳巳時至申時，庚戌兼兩珥，己未；四月甲子，戊辰兼兩珥、背氣、抱氣，己巳辰、未二時，庚午未時，辛未兼兩珥，壬申，甲戌，辛巳兼背氣、兩珥，癸未，辛卯；五月癸巳，甲午，丁酉至己亥，辛丑至癸卯，乙巳至己酉，辛亥兼兩珥，丙辰，戊午；六月丙寅兼背氣，辛未如之，己卯，甲申，乙酉，庚寅；七月乙未，癸卯，甲辰，甲寅，庚申至八月壬戌，乙丑兼抱氣，辛未，壬申，甲申兼兩珥，丁亥如之，戊子；九月乙未兼背氣，壬寅，癸卯兼兩珥，乙巳，己酉兼兩珥；十月癸亥，乙丑，己卯，癸未，乙酉，戊子；十一月丙午，庚戌，戊午；十二月丁卯，甲戌，丙子，丁丑兼兩珥背氣，甲申兼兩珥，乙酉，戊子，五十九年正月辛卯皆如之，甲辰兼兩珥、背氣，丙午，己酉兼兩珥；二月庚申，甲子兼兩珥，丙寅，丁卯兼兩珥、抱氣，庚午至癸酉，皆兼兩珥，甲戌午時至申時，庚辰，辛巳，乙酉至三月己丑，甲午，丙申兼兩珥，戊戌，癸卯，甲辰，戊申兼兩珥，己酉，甲寅至丙辰；四月庚申，甲子兼兩珥、背氣二道及抱氣，丙寅，戊辰，己巳，壬申，甲戌，乙亥兼兩珥，己卯，辛巳；五月丁亥，己丑，壬辰，乙未，戊戌，庚子至壬寅，戊申，己酉，辛亥，癸丑，乙卯；六月辛酉，甲子，己巳兼兩珥；七月丙戌朔，癸巳，癸卯，癸丑，甲寅；八月戊午至庚申，癸亥，癸未；九月乙酉，丁亥，己丑，辛丑；十月乙卯朔，丙辰兼兩珥，庚午，癸酉，甲戌；十一月己丑兼兩珥、背氣、抱氣，戊戌，辛丑，庚戌兼兩珥；十二月乙卯，乙亥。

六十年正月己丑，壬辰，乙未午、申二時，癸卯兼兩珥，乙巳；二月壬戌，丙寅，壬申，癸酉，丙子兼兩珥、抱氣，丁丑兼抱氣，戊寅；閏二月丙戌兼兩珥，辛卯，癸巳，丙申，辛丑，癸卯，丁未，己酉兼兩珥，庚戌如之，辛亥；三月乙卯，丁巳，己未，壬戌未時至申時，甲子，乙丑，戊辰兼兩珥，辛未，壬申，戊寅午時；四月丙戌兼兩珥，庚寅，丙申，庚子，丁未，戊申；五月戊午，壬戌，癸亥，辛未，甲戌兼兩珥、抱氣，丙子至戊寅；六月庚辰，戊子，庚寅，辛卯巳、午二時，丙申，丁酉；七月辛亥，戊辰，癸酉，丙子；八月庚辰，壬午，庚寅，乙未，庚子；九月庚申，丙寅，丁卯，辛未；十一月辛亥，己未，庚申兼抱氣，甲子，丁卯，乙亥；十二月壬午，壬辰，戊戌，己亥兼背氣。

日生重暈者，乾隆十二年正月己酉兼兩珥。十三年十月丁酉三重兼兩珥、背氣、抱氣。

二十二年三月甲辰兼兩珥。二十九年十二月辛卯。三十年正月壬戌兼兩珥、背氣，壬申兼兩珥；六月癸亥辰時兼兩珥、背氣、抱氣。三十一年三月癸酉兼兩珥、背氣；十月甲辰兼背氣。三十六年三月丁未。四十二年二月丁巳申時兼背氣；六月丁酉。四十三年二月戊戌兼兩珥、背氣、戴氣。四十四年五月丙戌酉時兼兩珥，壬子巳時。

日生交暈者，康熙十七年正月丁酉兼兩珥，背、抱、戟、紐四氣。二十八年十二月己丑兼兩珥、背氣、左右戟氣。三十年三月甲辰兼兩珥、背氣。

月生重暈者，順治三年正月丙寅三重；四月乙酉如之。十年閏六月辛巳。乾隆三十五年五月甲子。三十八年正月壬子。

日生兩珥者，順治元年六月乙酉；十二月戊午。二年十月壬辰兼背氣。四年正月乙巳；十二月己丑。九年十一月壬午。十年正月甲午兼抱氣；二月丁未，乙卯申時；六月戊午；七月乙巳；八月己巳兼抱氣；十一月戊午兼背氣。十一年正月辛丑兼抱氣；六月丙寅；九月癸巳兼背氣；十二月辛巳，十二年四月辛巳兼背氣；十月癸酉。十三年二月辛亥；四月甲寅。十四年三月庚午；六月壬辰。十七年二月庚戌。

康熙二年五月甲申。四年正月己亥兼抱氣。五年正月戊戌如之；四月辛未兼背氣、抱氣；六月癸亥兼背氣二道。六年二月甲子兼抱氣。九年十二月丙申如之。十年正月丁巳兼背氣；十二月甲申兼抱氣。十一年三月丙寅；七月庚午兼直氣。十二年二月庚申。十三年正月丙寅兼背氣，庚辰兼抱氣。十四年正月庚午如之；十一月己酉兼抱氣、背氣。十五年二月乙丑兼背氣。十六年三月丙戌；四月丁未朔兼背氣、抱氣。十八年十一月辛亥如之。十九年正月丙申兼抱氣。二十二年二月丁酉兼抱氣、背氣。二十四年十月甲辰兼背氣。二十五年十二月乙丑如之。二十六年二月甲寅兼背氣、抱氣。二十九年正月甲辰兼抱氣、背氣、戟氣。三十一年十二月丙戌兼背氣、抱氣。三十四年三月己卯。三十八年二月壬戌兼背氣、抱氣。三十九年正月壬寅。四十三年正月甲寅。四十四年十二月丙申。四十九年五月庚午。五十二年二月癸亥。五十四年二月丙申。五十六年九月丁卯。五十七年六月戊戌兼抱氣。五十八年正月乙亥兼抱氣、背氣；十二月己酉兼背氣二道。六十一年六月壬申兼背氣、抱氣。

雍正二年三月甲申。四年正月己亥兼背氣。五年正月庚戌如之。六年三月丁巳。十年二月辛丑兼抱氣。十一年八月丙辰兼抱氣、背氣、左右直氣。十三年二月甲辰兼抱氣。

乾隆元年正月庚子，甲辰，丙午，戊申，辛亥，甲子；二月乙丑朔，戊辰，庚午，壬申，戊寅，辛巳辰、巳二時，丁亥，辛卯，壬辰；三月乙未朔，丁未，癸丑，丁巳；四月庚午，丙戌；五月庚子；六月庚午；七月戊戌兼抱氣，甲寅；八月辛未，戊寅，丁亥；九月壬辰朔，辛丑，戊午；十一月庚子；十二月丙子兼抱氣，癸未。

二年正月乙未兼背氣，辛丑，甲辰，己酉；二月丁卯，庚辰；三月辛卯，丁未兼抱氣；四月己未朔，丁卯卯、申二時；五月乙卯；六月壬戌，甲申；七月丁未兼直氣；九月乙卯；閏九月庚辰；十月甲午，辛丑，丙午；十一月甲子，己巳；十二月丙戌。

三年正月庚辰；二月丁酉，己亥；三月戊寅；四月己丑，庚戌；六月丙戌。

四年正月丙寅；二月丙戌，丙申，丙午兼背氣；三月乙丑；四月甲申，五月丙辰，辛酉寅、卯二時，甲子；六月辛巳，丙申，甲辰兼抱氣；七月壬子；八月丁丑；十一月乙卯，庚申。

五年三月辛酉，丙寅，四月癸酉，丙子；五月庚子朔，壬寅，癸卯，癸丑，戊午；六月甲戌；九月乙酉；十月癸卯，乙巳，壬戌至甲子，丙寅；十一月癸酉，甲申，戊子，庚寅，甲午；十二月壬子，乙卯。

六年正月庚午，乙亥，丙子，甲申兼背氣，丁亥如之，甲午，乙未；二月丙申朔兼抱氣，丁酉兼背氣，壬寅，乙酉兼背氣、抱氣，甲寅，丙辰，丁巳，甲子；三月丙寅朔兼抱氣，己巳，壬午，癸未；四月乙未朔，己亥，癸卯；五月癸酉，六月辛丑；七月乙丑卯時，乙酉，丙戌；八月丁酉，癸卯，甲辰；九月甲子，壬申，癸酉，己卯，辛卯；十月壬辰朔，丁未，己酉；十一月癸亥，丁卯；十二月甲辰，辛亥，癸丑，甲寅。

七年正月戊辰，己巳，甲戌，甲申兼背氣、抱氣，戊子，己丑；二月辛卯朔兼抱氣、背氣，丁酉如之，己亥，丁未兼抱氣及背氣二道，戊申，己酉申時，丁巳；三月庚申朔兼抱氣，辛酉卯、辰二時，壬戌，戊辰，戊寅，壬午酉時，癸未；四月乙巳，丙午，丙辰；五月己未朔，辛酉至癸亥，甲戌至丙子，己卯，丙戌；六月己丑，乙卯；七月壬申，庚辰；八月丁亥朔，丙申，丁酉辰時，己亥，癸卯，丙午，庚戌；九月壬戌，丙寅，癸酉，乙亥，癸未，甲申；十月戊子，己亥，辛丑；十一月丙辰朔，庚申，辛酉，癸亥兼背氣、抱氣，丁卯，辛未，壬申，甲申；十二月丙戌朔，壬寅，乙巳辰時。

八年正月癸酉，甲戌，庚辰，壬午，癸未；二月丙戌，丁亥，甲午，辛丑，壬寅，己酉至辛亥，甲寅；三月乙卯朔，壬戌，甲子，丁卯，甲戌，丁丑，己卯；四月丁亥，辛卯，壬辰，丙申，甲辰，丙午至戊申，辛亥，癸丑；閏四月甲寅朔，庚申，壬戌，甲子卯、未二時，己巳，癸酉，甲戌，戊寅；五月癸未朔，庚寅，甲午，戊戌，辛丑，癸卯，戊申，辛亥；六月丁巳，甲子，乙丑，己巳，乙亥，戊寅；七月丁未；八月辛亥朔，甲寅，乙卯，戊午；九月庚寅，壬辰，丙申，己亥，丙午；十月辛亥，丁巳，戊午，庚申，壬戌，乙丑，戊辰；十一月庚辰朔，癸未，甲申，丁亥，庚寅，乙未，戊戌，辛丑，甲辰至丙午；十二月庚戌朔，辛亥，癸丑，甲寅，丁巳，辛酉至甲子，庚午，壬申，乙亥兼抱氣，丙子。

九年正月壬午，甲申，乙酉，丁亥，壬辰，乙未，丁酉至辛丑，癸卯，甲辰；二月癸丑兼抱氣，丙辰，乙丑，己巳，辛未兼背氣、抱氣，丙子；三月戊子，壬辰，戊戌，庚子，丁未；四月辛亥，乙卯，庚申，丙寅，辛未；五月己卯，庚辰，甲申；六月戊申，辛未；七月癸卯兼抱氣；八月癸丑，丁卯；九月壬午，辛丑；十月丙辰；十二月甲寅兼背氣。

十年正月甲戌，乙亥，己卯兼抱氣，庚辰，甲午；二月丁未，庚戌，辛亥，丁卯；三月丙子，丁丑；四月癸丑；五月壬申朔，甲申；六月辛酉；九月庚寅；十一月癸巳；十二月乙巳，戊午。

十一年正月庚午，壬午兼抱氣，丁亥；二月辛丑兼背氣，乙巳，己酉兼背氣；三月丁亥；閏三月戊午；四月癸巳；十二月壬午，癸未兼背氣。

十二年正月甲寅，乙卯；三月己酉，丁巳；六月壬戌，癸亥申、酉二時兼背氣；十一月癸巳，丙辰；十二月壬戌。

十三年二月庚申，辛酉，乙丑；三月甲辰；六月辛巳；九月壬子朔兼背氣、抱氣，癸亥；十月壬寅；十一月戊午兼背氣；十二月己丑。

十四年正月戊寅；二月辛卯，丁酉；三月庚申，乙丑，丁丑；四月甲申兼背氣、抱氣，戊戌兼抱氣；五月甲寅，乙卯；七月戊午；八月庚寅；九月丁未；十一月甲子，庚午，甲戌；十二月乙亥朔，丙子，戊寅兼背氣，癸未，乙酉。

十五年正月庚戌申時，戊午，己未兼背氣；二月乙亥兼抱氣，戊寅，丁亥，己丑，辛卯兼背氣；三月甲辰朔如之，丙辰；四月甲申；七月壬寅兼抱氣，甲寅；八月乙酉兼背氣，丙戌；十月庚午朔；十一月甲子，乙丑兼背氣。

十六年正月癸亥；二月己巳朔，癸未；四月壬申，閏五月丁丑；十月辛丑兼背氣、抱氣，壬戌；十一月乙亥。

十七年正月乙丑，丁卯，甲戌，壬辰；二月乙未，辛丑兼背氣，乙卯；五月辛酉朔；七月己未朔；十月戊戌，丁未；十一月甲子兼抱氣。

十八年正月壬午未時，丙戌；二月丁酉；十二月丙申。

十九年正月辛未，癸酉，戊寅；二月丙戌；十一月乙未，己亥；十二月甲寅。

二十年正月己亥；二月戊午；十二月戊申。

二十一年正月戊寅，癸巳，乙未；二月辛亥，戊辰；五月壬午；十一月壬子。

二十二年乙亥，四月丁卯，癸酉；七月庚戌；十月乙丑，乙酉；十一月丙辰，丁巳；十二月己未朔。

二十三年正月戊戌兼抱氣；二月癸酉；三月辛丑；六月癸酉，甲戌；八月甲寅朔；九月辛亥；十一月壬辰，己酉兼抱氣、背氣，辛亥兼抱氣；十二月辛酉。

二十四年正月乙酉，二月戊午，丁丑；七月乙亥；十月丙午；十二月甲午兼抱氣，己亥。

二十五年正月戊辰；二月己卯，壬寅；五月庚戌，癸丑；六月辛巳，丙戌，戊戌，壬寅；七月戊申，壬戌兼背氣；十一月壬寅；十二月丙戌。

二十六年正月甲辰；三月庚戌，辛亥酉時，戊午；四月壬申，己丑，癸巳；五月乙巳，丙午，甲寅，乙卯；六月壬申；十二月己卯，丙戌，壬辰，癸巳。

二十七年正月壬寅，丁巳；二月戊寅；三月丙申，己酉，癸丑；四月丁卯兼抱氣，戊辰；十月戊申兼抱氣；十一月丁丑；十二月乙未，庚子，戊午。

二十八年正月乙丑，戊辰，庚辰，癸未，甲申，戊子；二月癸巳，甲午，庚子，壬寅，戊申，甲寅，丙辰；三月辛酉；四月戊子朔，庚子，甲寅；六月辛卯，壬寅；八月己丑，辛卯，癸巳；九月丁巳卯時；十月丁亥；十一月戊午，乙丑兼抱氣、背氣；十二月乙酉，癸卯兼背氣，甲辰兼背氣、抱氣、戴氣，丁未至己酉。

二十九年正月己未，壬戌，庚午，乙亥辰時；二月庚寅，壬辰，癸巳，丙申；三月丙寅兼背氣，戊辰，壬申兼背氣；四月庚寅；五月戊午，甲子兼抱氣、背氣；六月辛巳朔，甲辰；七月戊午；八月壬午；十二月壬辰。

三十年二月癸巳，丙申；閏二月癸酉；三月庚寅；四月壬子；六月癸亥卯時兼背氣、抱氣，甲子，丁卯；七月丁亥兼抱氣、背氣；九月丙申，辛丑；十月甲子；十一月己亥；十二月甲辰兼戴氣，戊申，己巳。

三十一年正月辛未朔，丁丑，甲申，庚寅；二月甲辰，庚戌，癸丑；三月辛未，四月丁未，戊申，戊辰；五月甲戌；七月丙戌兼抱氣；九月庚午，己卯；十月辛丑，壬子兼抱氣，戊午，庚申；十一月己巳；十二月甲辰，辛亥兼抱氣，壬子。

三十二年正月己巳，辛巳兼戴氣，己丑，壬辰；二月甲辰，己未，庚申；三月乙酉，辛卯；四月癸亥，五月丙寅，丙子；十月甲子兼抱氣，乙丑兼直氣，丙寅，癸酉；十二月辛巳。

三十三年正月辛亥，丙辰；三月辛卯，丙申，丙午；五月庚子，辛丑，辛亥；六月丁卯；七月己丑；八月乙丑；九月庚寅兼戴氣、背氣；十月癸亥，甲子；十一月戊戌，甲辰，壬子。

三十四年正月丁酉，壬寅，丁未；二月甲寅，乙卯，甲子兼背氣、抱氣，乙丑，庚午；四月癸丑朔酉時，壬申，丙子，戊寅寅時；五月壬午朔，丁亥，丁未；十二月庚申兼背氣，丁卯。

三十五年正月甲申，甲辰，丁未；二月戊申朔，戊午；三月甲申；四月戊午，庚申；五月辛卯申、酉二時；六月己亥，七月庚戌，八月乙亥，癸卯；九月辛亥，癸丑辰時，戊辰，己巳；十一月丙午兼抱氣，十二月乙酉，丙申。

三十六年正月癸丑，丙辰，戊午，甲子，戊辰，庚午，辛未兼背氣；二月丙子如之，戊寅，庚辰，甲申，乙酉，甲午，戊戌；四月丁丑，庚寅；五月丁未，甲寅；六月丁酉；七月癸卯酉時，丁巳；九月庚子，戊午申時，庚申兼抱氣；十月甲戌，乙亥丙申；十一月丁酉朔，丙辰；十二月壬申，壬午，庚寅，壬辰。

三十七年正月庚戌，壬子兼背氣，戊午，乙丑；二月庚午，辛未，丁丑兼抱氣，戊寅兼背氣，丙戌申時，己丑；三月庚子，甲辰，丁巳；四月丙寅朔，庚午；六月壬午；七月己未；八月辛未，戊寅卯、辰二時；九月癸丑；十月癸未，庚寅辰、巳二時；十一月甲午，庚戌兼抱氣；十二月壬戌如之，辛未兼抱氣、背氣，己卯，己丑。

三十八年正月庚子，丙午，乙卯；二月甲子，壬申，甲申兼戴氣；三月癸巳，丁酉，丙午，丁未，己酉；閏三月丙寅，辛巳；四月甲辰，乙卯；六月己酉；九月庚申兼抱氣，戊寅，己卯兼背氣，癸未；十月辛卯兼背氣，乙巳，丙午兼背氣，乙卯；十一月壬戌，己巳，壬申，癸酉；十二月丁亥，壬寅，丁未。

三十九年正月丙辰，辛未申、酉二時，丁丑，己卯兼背氣，庚辰，辛巳兼背氣，癸未；二月己亥，乙巳；三月庚申，己巳，己卯；五月己未；六月甲申；九月庚申，乙亥未時兼背氣；十月己亥。

四十年正月甲寅；二月己卯朔巳、午二時，庚子，甲辰；三月辛亥，甲寅，丁丑兼背氣；四月庚辰，甲申，丁亥，戊子，庚子，辛丑，乙巳；五月己巳；八月甲辰辰時；九月乙卯，辛酉，丁卯卯、辰二時；十月丙子，庚辰，癸未，甲辰；閏十月丁未兼背氣，丁巳，丁卯，辛未兼背氣；十一月丙子如之，庚辰，戊子，己丑；十二月甲辰朔，甲子。

四十一年正月乙亥，己丑辰時，庚寅，丙申；二月乙巳辰時，丁未，庚戌，戊午，戊辰；三月辛巳，戊子，己丑卯、辰二時，戊戌；四月丁未兼抱氣；六月乙巳，丙辰；九月丙戌；十月辛酉兼背氣，甲子如之；十一月甲申，庚寅；十二月庚子，戊申，庚申。

四十二年正月己巳未時，丁丑巳、午二時兼抱氣、背氣，戊子申時；二月庚子，乙巳申時兼背氣，丙午兼抱氣，癸丑至乙卯，丁巳酉時兼抱氣，辛酉，壬戌兼背氣，癸亥；三月丁丑卯時，壬午，甲申，辛卯兼抱氣；四月丁酉，戊申，己酉，乙卯，己未；五月丙子酉時，丁丑卯時，丁亥，壬辰；六月壬寅，甲寅，丁巳，庚申；七月庚午，辛未卯、辰二時兼抱氣，己丑；八月丙午；十月辛亥；十二月戊戌，甲寅兼抱氣，丁巳，辛酉。

四十三年正月丁卯，己卯，庚辰；二月辛丑申時，庚申兼背氣；四月辛卯朔，戊申兼背氣，壬子；五月癸亥，丁卯卯時；七月己丑卯時兼背氣；十月辛酉；十一月丁亥朔，戊戌，辛丑兼抱氣、背氣，甲辰兼背氣；十二月戊辰，庚午，壬午。

四十四年正月癸巳，乙巳，辛亥；二月己卯；三月乙未，乙巳；四月戊辰卯時，癸未；六月庚申兼抱氣，壬戌，丁卯，戊辰，己卯；七月丙申卯時，乙巳；九月壬寅，乙巳；十月戊午，辛酉，甲戌。

四十五年正月甲申，甲午兼背氣；二月甲子，丁卯；三月丁亥，戊戌卯時兼抱氣，己亥；四月己未兼背氣，癸亥兼戴氣，乙丑，丁卯，乙亥兼背氣，丁丑辰、申二時；五月癸未卯時，丙午；六月甲寅，戊辰兼背氣；七月辛巳卯時，辛卯，丁酉申時，戊戌，辛丑兼抱氣；八月丁未朔卯時兼背氣；九月丙子朔，丁亥兼背氣，己丑兼抱氣；十月癸酉辰時；十一月庚辰，己亥，甲辰；十二月丁未，己未，乙丑巳時，辛未，壬申兼背氣。

四十六年正月己丑，辛卯，戊戌；二月戊申，壬子辰、巳二時，癸丑，辛酉，乙丑卯時；三月丙戌申時；四月戊申酉時，乙卯；五月己卯卯時；閏五月庚午兼背、抱、直三氣；六月丙申兼背氣；七月丙午兼抱氣；八月癸酉申時兼戴氣；九月庚子朔兼背氣、抱氣，癸卯，甲寅；十月癸酉辰時；十二月己丑兼背氣，癸巳。

四十七年正月戊戌朔兼抱氣，乙丑辰時；二月壬申辰時兼抱氣，丁丑如之，戊寅兼抱氣、戴氣，丁亥；三月戊戌朔，丙午，庚戌卯、辰二時，甲寅；四月己巳辰時，丙子申時；五月甲子；九月己亥辰時；十月丙子，丙戌，丁亥兼背氣；十一月甲午朔，丙申辰時，癸卯至乙巳，己酉兼抱氣，戊午如之；十二月辛巳，己丑。

四十八年正月丙申辰時，辛酉；二月辛未，甲申，乙酉兼背氣；三月丁未，己未；四月庚寅；九月乙巳辰時，壬子；十一月庚子，壬子巳時；十二月乙丑，丙子。

四十九年正月庚寅，壬辰，丁未；二月戊寅卯、辰二時；四月庚寅，甲午；六月庚戌；九月壬戌；十月癸巳；十一月壬子朔，壬戌；十二月辛卯。

五十年正月壬子巳時，甲子，戊辰，辛未，壬申酉時；二月甲申，乙未，甲辰辰時，乙巳，丁未；三月乙丑酉時；四月癸未，甲申兼背氣，丁亥辰時；六月壬辰，乙未；九月乙丑，丁卯辰時；十月壬午如之，己亥，庚子巳時；十一月丙寅。

五十一年正月己酉；四月己卯；五月庚午；十月甲寅；十一月辛未朔，辛卯；十二月辛丑，壬子。

五十二年正月甲申兼背氣；二月辛酉；五月庚寅；七月辛巳；十月乙未朔，丁巳；十一月丁卯。

五十三年正月庚午，甲申；二月丙申申時，甲辰，丙午；三月庚午，庚辰；四月戊戌酉時，乙巳；五月戊辰，庚午兼背氣；七月壬戌，甲子；九月辛巳辰時，甲申；十二月己丑。

五十四年二月丁未；三月丙寅卯、辰二時，己巳如之；四月乙巳酉時，丙午兼抱氣；五月壬申，癸酉，己卯；六月丙寅；八月丁卯；十月戊辰，丁丑兼背氣，辛巳如之；十一月甲申，丙戌，丁亥辰、巳二時，己丑，庚寅；十二月庚申，辛酉，庚午申時，丙子。

五十五年二月辛未，庚辰；三月丁亥，丙申；四月甲寅；五月庚寅，壬寅；六月癸丑，己巳；七月庚子；九月甲午；十一月壬辰，丁酉未時；十二月庚戌。

五十六年正月乙巳；二月丁未未時，壬戌；四月癸丑酉時；十月壬戌；十一月癸酉兼抱氣，乙卯巳時，丁亥，丁酉；十二月乙丑。

五十七年正月癸未巳、午二時兼抱氣，甲申，甲午，乙未；二月乙卯，丙寅；三月辛未辰時，庚辰，甲申，丙戌；閏四月辛卯，癸巳申時兼背氣；五月壬戌；七月乙巳；十月丙戌。

五十八年正月辛酉；二月己卯兼抱氣，辛卯兼背氣；三月甲辰卯時，乙巳卯、辰二時；四月庚午申、酉二時，癸酉；八月庚寅；九月丙辰，己未，庚申；十月壬申巳時；十一月己酉兼背氣；十二月庚午。

五十九年正月庚戌；七月戊子；十月丁卯。

六十年正月乙未辰、巳二時，甲辰申時，丁未；閏二月甲辰；三月丙子，戊寅卯、辰二時兼抱氣、背氣；七月庚戌朔，壬申兼抱氣；八月辛巳；十月辛卯；十二月丁酉。

日生戴氣者，順治二年十一月辛亥。乾隆三十二年七月乙亥。三十三年九月甲辰。三十五年九月癸丑午時。四十二年二月己亥。四十四年二月乙丑辰時兼背氣。四十七年八月癸未午時。四十九年四月丙申巳時。

日生冠氣者，康熙十四年九月乙巳。乾隆三十三年六月戊寅。

日生抱氣者，順治十年二月乙巳，乙卯午時。十一年正月庚子，辛酉兼直氣。十五年二月戊寅。十七年五月甲戌上下二道。

康熙十四年六月乙亥。

雍正三年正月己未。

乾隆元年二月辛巳午時，己丑，庚寅；九月甲辰；十一月甲寅。二年二月戊寅；四月丁卯巳時。三年七月戊辰。四年三月壬戌；五月辛亥，辛酉申時，丙寅。五年二月丙申；六月辛未。六年正月辛巳；二月庚子；九月庚午；十一月丙寅。七年二月己酉未時，戊午；三月辛酉巳、午二時上下二道，癸亥，壬午卯時；四月丙申；五月壬午，乙酉；八月丁酉巳時，戊戌；十一月乙酉。八年二月戊子；閏四月甲子辰時；五月己丑。九年二月丁巳。十年四月戊辰；八月壬子；十一月丁酉。十二年六月癸亥卯、辰二時。十三年三月丙午，丁未；十月己酉。十四年四月辛丑；五月癸酉，丙子；六月壬午，己丑兼背氣；七月庚戌。十五年正月庚戌巳時兼背氣；二月乙酉，乙未。十六年二月丁丑；四月癸未。十八年正月壬午午時。十九年正月丙寅。二十四年六月戊午，庚申。二十五年九月庚申，戊辰。二十六年三月辛亥申時。二十七年四月丙寅，己丑。二十八年三月庚辰；六月甲辰；七月癸未巳時；八月丁酉；九月丁巳巳時。二十九年正月戊午兼背氣；五月庚午；十一月壬子。三十年正月乙卯；二月乙酉；六月辛未兼背氣；九月辛卯；十二月己未。三十一年正月戊寅；二月戊辰；三月戊寅；四月辛丑；五月甲午兼直氣；六月甲子，乙丑；八月甲辰，辛酉；九月戊辰朔。三十二年六月己未兼背氣；七月壬申；九月壬寅。三十三年正月辛卯；六月庚申，乙丑辰時，庚午；七月乙未；十一月乙酉朔。三十五年正月丙午；閏五月丙午朔。三十六年四月己卯；六月甲申兼背氣；七月癸卯申時；九月戊午未時。三十七年七月乙未申時；八月丙戌；十月壬午。三十八年正月甲午；三月乙巳，乙卯巳時；六月甲午；八月丙午。三十九年九月乙卯。四十年二月壬午，己丑未時；七月辛酉。四十一年四月癸卯巳時；五月丁亥；六月丁未；九月壬辰。四十二年三月庚辰；四月甲子；六月壬戌；八月庚子；十月乙未。四十三年正月甲戌，丙戌酉時；二月癸巳未時，庚子，辛丑巳、午二時；五月戊辰。四十四年二月乙丑巳時；三月丙申；四月辛巳；五月丙戌申時；七月丙申酉時。四十五年四月庚午辰時；七月丁酉如之。四十六年正月辛巳；閏五月辛酉，壬戌。四十七年正月甲辰；二月庚寅；三月甲辰未時；五月壬子；七月丁酉；十月庚午。四十八年六月戊辰；八月癸未；十一月辛丑，壬子未時。四十九年三月己丑。四月丙申午時兼背氣。五十年八月丁亥酉時。五十一年六月丙子，己丑。五十二年正月壬辰；三月丙子，丙申；六月辛酉；八月戊午。五十三年四月丁未，丁巳；七月癸亥，戊寅；八月癸卯；九月辛巳巳時。五十四年正月庚辰；四月丁酉，辛丑；七月壬子酉時；十二月庚午未時。五十五年正月甲辰。五十六年四月甲寅申時，壬戌如之；八月癸亥。五十七年二月丁未午時；五月己亥兼背氣；乙卯卯時。五十八年四月己巳巳時；十一月壬寅。五十九年二月甲戌巳時。六十年三月壬戌辰時，己巳；六月辛卯辰時。

日生背氣者，順治十四年三月辛未。康熙四十五年十二月己丑。五十九年二月丁未。乾隆四年正月丙辰。七年七月庚申。十四年七月辛亥，乙丑；十二月丙申。十七年五月乙酉。二十五年七月辛酉。二十七年六月壬寅。二十八年七月己未，癸未申時；九月戊寅。二十九年八月己丑。三十年十月乙卯，己巳，壬戌。三十一年正月乙亥。三十四年六月丙寅；八月壬子。三十五年九月癸丑未時。三十七年十二月戊寅。三十八年正月壬寅；十二月丙午。三十九年正月丁卯。四十三年二月己亥；六月甲寅。四十五年十月癸酉未時；十二月乙丑辰時。四十六年六月癸酉；十一月丙寅；十二月戊寅，乙酉。四十七年三月壬寅，壬子。四十八年五月壬子。五十年五月丁丑卯時；八月戊子；十二月戊寅。五十一年七月戊午；十二月癸卯，辛亥。五十二年十一月癸酉。五十三年三月戊辰；十一月己巳辰時。五十四年六月壬戌。五十五年六月庚午。五十六年二月戊申；三月戊寅；六月戊申，甲子；七月丁亥；九月辛巳未時；十月丁未。五十七年閏四月戊寅；九月乙巳未時；十月辛未巳時。五十八年正月乙未如之；四月己巳酉時。五十九年六月丁卯。六十年正月甲辰未時；五月己卯。

日生直氣者，乾隆六年二月庚申；七月乙丑午時。七年十二月乙巳未時。八年正月丁巳。五十二年二月乙酉酉時；十二月庚子午時。五十七年六月丙子左右二道，辛卯；八月戊辰。五十八年十月壬申申時左右二道。

清史稿卷三十九

志十四

天文十四

客星　流隕　雲氣

客星　太祖丁未年九月丙申，彗星見東方。

天命三年十月丙寅，彗星見東方，尾長五丈，每夜漸移向北斗，十九日而沒。

順治九年十一月庚寅，異星蒼白氣見於參，西北行入畢。

康熙三年十月己未朔，有星茀於軫，見東方；丁卯，尾長七八寸，蒼色，指西南；丁亥，尾長三尺餘，指西北，逆行至翼；十一月戊戌，尾長五尺餘，指北方，至張；庚子，至井；癸卯，往西北行至昴；乙巳，尾指東北，至胃；庚戌，至婁，尾指東，青色；十二月壬戌，至奎，體小，尾長二尺餘。四年二月己巳，東南方有異星見於女；甲戌，尾長七寸，指西南，蒼白色；丁丑，尾長尺餘，往東北順行至虛；辛巳，至室，體漸大，尾長八尺餘；乙酉，至壁，尾長五尺餘。七年正月甲子，西南白光，長六尺餘，尾指東南，占曰天槍；二月乙亥，漸長至四丈餘，尾掃天苑、九斿、軍井；丁亥，沒。十二年二月癸巳，異星見於婁，大如核桃，色白，尾長尺餘，指東方；甲午，仍見。十五年正月戊子，異星見於天苑東北，色白。十六年三月癸卯，東北方有異星見於婁，體色光明潤澤，尾長尺餘，指西南，占曰含譽。十九年十月戊子，彗星見右執法，色白，尾長尺餘，指西方，東行甚速；壬寅，近太陽不見。十一月丙辰朔，尾跡夕見西方；壬戌見星體，色蒼白，尾長六丈餘，寬二尺餘，指東北。二十一年七月己巳，彗星見北河之北，色白，尾長二尺餘，指西南，往東北行甚速；壬申，入午宮，尾長六尺餘。二十二年閏六月庚戌，異星見於五車北八穀東，色白，往西南逆行；戊辰，入五車。二十三年五月甲申，異星見太微垣，東屬軫，色白明大，往東北順行；乙酉，行四度餘，至右攝提下。二十五年七月庚寅，異星見東方，近地平，色白，東行不急；丁酉，凡行十六度，至柳，微有尾跡；壬寅，至星，漸沒。二十七年十月己酉，異星見奎，色白，凡三夜。二十九年八月己酉，異星見箕，色黃，凡二夜。

雍正元年九月己丑，異星見弧矢下，色白，體微，芒長尺餘，指西北，逆行至井。

乾隆二年六月丁卯，異星出右更東，色白，屬婁，向西南行；丙子，仍見。七年正月丁亥，異星見東南方；戊子，出地二十七度餘，大如彈丸，色黃，尾長四尺餘，指西南，屬丑宮，在天市垣徐星外，逆行四旬餘不見。八年十一月己亥，彗星見奎、壁之間，大如彈丸，色黃白，尾長尺餘，向東指，屬戌宮，逆行至九年正月辛卯，凡五十三日，行二十九度餘。十三年三月癸丑，異星見東方，大如榛子，色黃，尾長二尺餘，向西南指，在離宮第三星南，順行至四月甲寅朔，行三度，尾長尺餘，體小光微；壬戌，至螣蛇；乙丑，至王良；丙寅，不見。十四年五月甲寅，瑞星見東方，大如雞卵，形長圓，色黃白，光瑩潤澤，行不急，出天津，入匏藁，占曰含譽。二十四年三月壬辰，彗星見東南方；甲午，出虛第一星下，大如榛子，色蒼白，尾長尺餘，指西南，順行；癸卯，體小光微，尾餘三四寸；戊申，全消。四月戊辰，彗星見西南方，在張第二星上；己巳，離張六度，大如榛子，色蒼黃，尾光散漫，長二尺餘，指東南，順行；壬申，形跡微小；丁丑，更微；己卯，漸散；五月壬午，全消。十一月戊辰，異星見東南方，在井第四星下，大如榛子，色蒼黃，向西北行；癸酉，行四度，在胃，微有尾跡；十二月丁丑朔，全消。三十四年七月甲辰，彗星見東南方，在昴下；丁未，大如彈丸，色蒼白，尾長三尺，指西南，順行甚速；八月丁卯，與太陽同宮不見；十月辛亥，見西方，在列肆第二星下，體勢微小，尾長一尺；丙子，全消。三十五年閏五月己酉，異星見東南方，在天弁第一星西，大如彈丸，色蒼黃；癸丑，向北行三十二度；乙丑，不見。十一月乙丑，彗星見東南方，長尺餘；丙寅，在柳第二星下；戊辰，色蒼白，尾指東南，每日向西北行十餘度；庚午，微暗；辛未，全消。

流隕　隕星如斗者，太祖戊子年九月辛亥朔夜，時征王甲城，士馬皆驚。

流星如盆者，乾隆十四年九月壬申，出婁宿，色赤，入天苑，有光，有尾跡。

流星如盌者，順治四年十一月庚辰，自天中西北行入蜀，有聲，色赤，光燭地，鷄犬皆驚。五年九月辛巳如之，聲如雷。十五年六月辛未，自西北至東南，有聲，色赤，不著光、尾跡。

流星如盞者，順治四年五月戊午寅時，自西北至西南，色青白，有光。七年八月甲午，自東南至東北，色赤黃，入斗，不著光、尾跡。八年四月己酉，自氐宿南行，色青白；五月戊寅，自亢宿西南行，色白，衆小星隨之，入翼；九年三月丙子，自中天西南行，色赤，入畢；俱有光，有尾跡。九月丙申，自中天入紫微垣，色赤；十年八月丙寅，自中天入天市垣，色青赤；俱有光。十二年四月甲子，自亢宿入危，色赤黃，有光，有尾跡。癸酉，出房宿，色青黃，入尾；十六年七月甲申，出牛宿，東北行，色赤黃，至蜀沒；俱不著光跡。康熙二年八月丁巳，自虛宿入紫微垣，小星隨之；三年九月戊申，自中天入奎；俱色赤；六年正月戊寅，出鬼宿，色青，隨後有聲，入土司空；七年二月戊子，出大角，色赤黃，入箕；十二年九月甲午，出勾陳，色青白，至蜀沒；俱有光、有尾跡。十六年九月己亥酉時，自正北下行，色赤白，尾跡如蛇，有光。十九年六月癸酉酉時，自西南向東北，聲如雷，尾跡如匹布。二十五年十一月壬午，出左樞，色白，至蜀沒，尾長竟天。十二月戊寅，出軫宿，色青黃，入騎官。二十九年二月丁亥，出河鼓，色黃，入尾。乾隆十九年正月丁巳一更，出奎宿，西北行；二十二年三月戊申一更，出西北方，下行；俱色青。二十四年閏六月甲申五更，出土司空，下行；三十五年九月戊辰三更，出室宿，西北行；俱色赤，俱入雲。三十六年二月己丑昏，出上弼，下行，色黃，不著入。三十九年十月丙戌二更，出天廩，西行；四十年九月丁未一更，出壘壁陣西，下行；四十一年三月丁丑昏，出翼宿，西南行；十月丁卯曉，出平道，下行，俱色赤。十二月癸丑，出天苑，下行；四十二年八月壬戌一更，出右旗，西行；俱色白。五十四年十二月己卯昏，出參宿，下行；五十五年九月壬寅一更，出五車，西行；五十六年三月庚寅五更，出天津，下行；五十七年五月丙辰一更，出天棓，東北行；五十八年九月己亥五更，出婁宿，西南行。五十九年十月丙寅曉，出張宿，下行；六十年閏二月戊戌三更，出大角，西北行；俱色赤，俱入雲，俱有光、有尾跡。

流星如飲鐘者，康熙八年九月乙卯巳時，出午位，色赤黃，入巳位，不著光、尾跡。

流星如杯者，乾隆十八年七月甲戌三更，出奎宿，東南行，色赤，入雲，有光，有尾跡。

流星如桃者，順治五年八月癸巳朔，自中天東北行，不著色，入天闕。十三年正月癸卯，自奎宿入天中，色黃白，俱有光、有尾跡。康熙二年八月乙巳，自中天至心，不著色、光、尾跡。四年六月壬申，出建星，入南斗；辛巳，出天棓，入河鼓；又出閣道，入離宮，俱色赤。壬午，出庶子，入開陽，色赤黃。九月甲申朔，出女宿，入羽林軍，小星隨之，不著色。十二月壬申，出南河，入柳，小星隨之；五年正月己酉，出參旗，入天苑，俱色青白。二月戊午，出五車，至蜀沒；五月乙酉，出勾陳，入大陵，俱色赤；十月戊午，出少宰，入天棓，色黃；俱有光、有尾跡。六年二月庚戌，出氐宿，入大角，色黃，有尾跡。八年四月癸亥，出天弁，入氐，色青白，有光，尾跡先直後曲，留東，咸結爲雲氣，如魚形，向東散。十年正月己未，出勾陳，入華蓋，色黃白，有光。十一年七月辛未，出東井，入畢，色青黃，有光，有尾跡。十三年三月甲申辰時，自西北至西南，色白，有光。十五年九月丁未，出外屏，入墳墓，色青黃，有光，有尾跡。十六年四月丁未朔，出紫微垣，在雲中，往北行，不著色，映地有光。十七年九月辛丑，出昴宿，入閣道，色青白，有光，有尾跡。十八年七月己未，出勾陳，入文昌，色青黃，有光。十九年五月壬辰，出攝提，入房，色青黃；閏八月己酉，出外屏，入建星，前小後大，色赤黃；十二月甲午，出勾陳，入大陵，色青；俱有光、有尾跡。二十一年正月戊辰，出大陵，入壁，色青白，有光。二十二年二月丁丑，出明堂，入軫，色青白，有光，有尾跡。二十三年二月己丑，出七星，入地，小星隨之，色青，有光。二十九年二月丁亥，出郎位，入軒轅；八月乙亥，出參宿，入弧矢；三十二年二月癸卯，出房宿，入尾；俱色青。三十三年三月壬戌，出女宿，入危，色赤；三十六年十月丙辰，出五車，入弧矢，色白；俱有光、有尾跡。

流星如鷄子者，乾隆十二年十月戊辰二更，出閣道，東北行，色青；十四年二月乙酉昏，出王良，下行，色赤；五月庚申曉，出織女，西北行，色青；俱入雲，有光，有尾跡。

十五年正月壬申二更，出天槍，西北行，色青，入雲，有光。五月戊午曉，出天船，下行，色青，入雲；八月戊子曉，出天狼，東行，色赤，入柳；十六年八月丙申二更，出斗宿，下行，色青，入雲；十七年六月丁巳昏，出女牀，西北行，色赤，入天理；戊午昏，出織女，東南行，色青，入河鼓；十八年六月乙酉曉，出河鼓，南行，色白，入雲；俱有光、有尾跡。己酉昏，出東南雲中，下行，色赤，入斗，有光。

十九年正月癸亥曉，出南河，下行，色赤；二十年五月甲午昏，出亢宿，東南行，色青；俱入雲。

二十一年六月甲子一更，出河鼓，西北行，色赤，入貫索。七月辛未三更，出宗正，西行，色青。十一月丙申四更，出文昌，西北行；二十三年七月戊子二更，出王良，下行；十一月壬辰一更，出左樞，西北行；十二月辛酉五更，出南河，下行；俱色赤。

二十四年正月癸未朔二更，出弧矢，西南行，色青；二月庚辰一更，出柳宿，西南行，色赤；俱入雲，俱有光、有尾跡。閏六月乙酉五更，出天倉，下行，色赤，入雲，有光。七月丙寅二更，出奎宿，下行；己巳二更，出勾陳，下行；二十五年六月辛丑昏，出王良，南行；俱色赤；七月己酉一更，出危宿，下行，色青；俱入雲，有光，有尾跡。

二十六年二月己卯昏，出外屏，下行，色黃，入雲，有光。辛卯二更，出五帝座，東南行，色青，入雲，有光，有尾跡。九月丁巳二更，出虛宿，下行，色赤，入雲，有光。

二十七年正月乙未朔二更，出中台，東北行，不著色。癸丑曉，出天棓，下行，色赤。

二十八年二月庚戌一更，出西方雲中，下行，色黃；六月壬子一更，出天廚，西南行；九月戊寅四更，出天市垣市樓，東行；二十九年四月庚寅昏，出四輔，西北行；七月辛酉曉，出閣道，南行；俱色赤。八月庚辰朔一更，出天錢，下行，色青；三十年閏二月庚午二更，出軒轅，東北行，色赤；俱入雲，有光，有尾跡。六月丁卯昏，出東北雲中，東南行，色黃；一更出天津，東行，色赤；俱入雲，有光。七月壬午曉，出王良，西行，色青。九月庚子五更，出王良，下行；十月戊辰五更，出中台，東南行；俱色赤，俱入雲。

三十一年六月甲子曉，出壁宿，西南行，色赤，入羽林軍。十月庚子二更，出天津，下行，色青。丙午五更，出壁宿，西行；曉出南河，下行；己未曉，出軍市，東行；十一月甲戌五更，出文昌，下行；三十二年二月甲寅五更，出角宿，東南行；俱色赤，俱入雲，俱有光、有尾跡。六月庚申昏，出西南雲中，下行，色赤，入雲，有光。閏七月癸巳曉，出八穀，東北行；九月庚申二更，出瓠瓜，西南行；十月癸亥二更，出天津，下行；己巳一更，出昴宿，東南行；庚午五更，出五車，北行；俱色赤。

三十三年七月己丑曉，出河鼓，西北行，色黃。乙卯一更，出斗宿，下行；八月辛酉一更，出左樞，下行；俱色青。乙亥一更，出天槍，下行；九月丙午五更，出壁宿，下行；俱色赤。丁未二更，出天苑，下行，色黃。庚戌曉，出五車，西南行；十月壬戌二更，出五車，下行；十一月乙酉朔曉，出天狼，下行；俱色赤。

三十四年三月戊子曉，出庫樓，下行；五月丁亥二更，出天廚，下行；俱色青。七月辛卯三更，出開陽，下行，色赤。辛丑昏，出左旗，西南行，色黃。八月乙卯曉，出天苑，下行，辛未昏，出斗宿，下行；俱色青。十二月癸酉五更，出井宿，下行；三十五年正月壬寅曉，出螣蛇，東行；癸卯五更，出帝座，西南行；二月辛亥一更，出北河，東南行；丁卯五更，出大角，西北行；三月丙申二更，出大角，東北行；七月丁未二更，出天市垣梁星，西北行；九月乙丑曉，出五車，下行；辛未二更，出天棓，下行；十月丙子曉，出軒轅，東南行；三十六年正月庚午二更，出南河，下行；俱色赤。十月戊辰朔五更，出畢宿，南行，色黃。十一月壬戌五更，出鬼宿，西北行；三十七年七月丙辰昏，出天弁，下行；俱色赤。十一月甲辰曉，出柳宿，東南行，色蒼白。十二月庚辰五更，出貫索，下行，色黃。三十八年正月庚子曉，出氐宿，西行，色赤。九月乙丑昏，出天桴，南行，色蒼白。丁丑二更，出參宿，下行；十月乙巳一更，出女宿，下行，俱色黃。戊申一更，出壘壁陣，西行，色赤。

三十九年三月乙丑曉，出角宿，下行，色黃。七月戊寅昏，出勾陳，西行；九月庚午二更，出八穀，下行；癸酉二更，出天囷，下行；俱色赤。十月乙酉二更，出右樞，下行，色白。丙戌五更，出奎宿，下行，色赤。丁亥五更，出天廩，南行；十二月辛巳昏，出漸臺，下行；俱色黃。四十年四月乙巳昏，出勾陳，西行；五月甲戌昏，出上台，下行；六月戊寅五更，出虛宿，下行；甲辰五更，出瓠瓜，下行；七月丙辰五更，出王良，下行；丁巳昏，出勾陳，南行；戊午二更，出奎宿，西行；俱色赤。八月丙子朔四更，出奎宿，西行，色蒼白。丁丑三更，出昴宿，下行，色黃。九月丙午朔三更，出天廩，下行，色赤。己巳三更，出羽林軍，下行，色蒼白。十月癸巳一更，出昴宿，下行，色白。甲午三更，出五車，南行；十二月丙辰一更，出卷舌，北行；俱色黃。辛酉昏，出北河，西南行；四十一年三月癸酉一更，出五車，東南行；戊子二更，出帝座，下行；俱色赤。四月己巳二更，出尾宿，西行，色白。五月甲戌曉，出離宮，南行，色赤。戊戌昏，出女宿，下行；曉出閣道，下行，俱色白。六月壬寅曉，出天津，西南行；戊申一更，出室宿，下行；俱色赤。乙丑二更，出天津，西南行，色青。七月甲申四更，出畢宿，下行；壬辰四更，出霹靂，下行；癸巳二更，出奎宿，南行；甲午昏，出閣道，下行；俱色赤。一更出昴宿，下行，色白。己亥一更、五更俱出奎宿，南行；九月乙未昏，出左旗，西北行；俱色赤。十月乙巳曉，出屛星，下行，色白。甲子三更，出庶子，下行，色黃。乙丑三更，出左樞，西北行，色白。丁卯五更，出右執法，下行；四十二年三月己巳昏，出北斗天樞，西北行；俱色赤。甲午昏，出軒轅，西北行，色白。四月戊申曉，出左旗，東北行。五月甲戌一更，出天市垣鄭星，東行；六月癸卯四更，出離宮，西南行；俱色赤。七月己巳二更，出女宿，下行，色黃；三更出天紀，南行，色赤；曉出天船，南行，色黃；出參宿，下行，色白。庚午二更，出貫索，下行，色赤。丙戌二更，出天市垣蜀星，西北行，色白。癸巳一更，出左樞，西行。八月庚戌四更，出天囷，北行；癸丑二更，出天溷，下行；俱色赤。十二月戊午二更，出天倉，下行，色黃。

四十三年二月丙辰五更，出七公，東北行，色赤。丁巳一更，出奎宿，下行，色黃。四月丙辰二更，出右旗，下行；五月丙寅曉，出奎宿，西南行；俱色赤。六月戊寅二更，出閣道，西行，色黃。八月乙丑五更，出井宿，東南行；十月乙亥三更，出卷舌，北行；十一月戊子曉，出右攝提，西南行；俱色赤。壬辰一更，出上衞，西行，色白。癸丑曉，出翼宿，南行，色黃。丙辰二更，出昴宿，西北行；十二月戊辰二更，出文昌，北行；癸酉一更，出天樞，西行；戊寅一更，出天權，下行；二更出勾陳，下行；四十四年正月辛丑一更，出天權，西北行，俱色白。甲辰四更，出南河，下行，色赤。戊申一更，出上衞，下行，色黃；四月辛巳五更，出天市垣趙星，西行，色赤；俱入雲。六月丙子二更，出西北雲中，東南行，色白，入室宿。八月戊寅一更，出羽林軍，下行，色白。九月庚戌曉，出軍市，下行，色赤。

四十五年二月庚申一更，出參宿，西行，色黃。丁丑三更，出軫宿，西行；七月乙未三更，出天津，北行；八月壬子曉，出上衞，下行；俱色赤。庚午二更，出王良，西南行，色黃。九月辛卯曉，出畢宿，西南行；十月甲寅昏，出織女，下行；俱色赤。己未二更，出天樞，西行，色白。十一月辛巳二更，出王良，東南行，色黃。四十六年五月庚寅一更，出河鼓，下行，色赤。六月辛卯二更，出勾陳，西南行；乙未昏，出房宿，西行；俱色黃。九月丙寅二更，出文昌，下行；丁卯二更，出婁宿，西南行；十月辛未二更，出玉井，下行；俱色赤。丙申五更，出天樞，下行，色黃。戊戌曉，出玉井，下行；十一月癸卯三更，出大角，南行；甲辰曉，出畢宿，北行；俱色赤。

四十七年六月己巳昏，出貫索，西南行，色白。乙未四更，出奎宿，西南行，色赤。七月戊戌一更，出壁宿，南行，色黃。九月壬寅曉，出郎位，下行；癸卯昏，出貫索，下行；十月己巳三更，出昴宿，東行；俱色赤。

四十八年四月壬戌三更，出瓠瓜，下行，色白。乙丑一更，出五帝座，西北行；五月庚子四更，出天棓，東北行；七月丙午昏，出文昌，下行；九月庚寅一更，出天船，下行；十月甲戌一更，出土司空，下行；四十九年正月丁亥朔曉，出天槍，東北行；甲寅一更，出天槍，下行；閏三月壬午二更，出天津，下行；四月丁酉一更，出開陽，西北行；六月丁亥五更，出壘壁陣東井，西行；壬辰二更，出危宿，下行；甲辰昏，出天棓，下行；七月丁巳昏，出開陽，下行；俱色赤。十二月壬午二更，出織女，下行，色白。

五十年三月己卯五更，出左執法，下行；五月甲戌二更，出天津，下行；八月壬午曉，出瓠瓜，下行；庚寅四更，出牛宿，下行；戊戌五更，出勾陳，西行；十月乙巳四更，出五車，東南行；五十一年閏七月丙申一更，出天廚，西南行；十月辛丑朔昏，出危宿，下行；己未一更，出王良，東南行；丙寅四更，出大陵，下行；五十二年五月戊子五更，出螣蛇，南行；八月己亥三更，出五車，下行；辛亥五更，出壁宿，西南行；辛酉二更，出天倉，下行；五十三年四月乙巳二更，出文昌，下行；六月辛丑二更，出箕宿，下行；己未三更，出奎宿，下行；七月壬戌五更，出織女，下行；己巳二更，出壁宿，下行；丁亥三更，出貫索，下行；十月乙未四更，出井宿，下行；五十四年五月己未昏，出天棓，下行；閏五月戊戌曉，出尾宿，下行；辛丑昏，出天津，下行；五十五年四月癸丑四更，出文昌，下行；五月癸未昏，出天棓，下行；俱色赤。六月癸亥五更，出尾宿，下行，色白。七月壬午二更，出帝座，西北行；丙戌四更，出五車，下行；八月丁巳一更，出王良，下行；戊辰曉，出文昌，下行；十一月甲申昏，出墳墓，下行；十二月丁卯一更，五十六年四月丙午曉，俱出文昌，下行；己酉曉，出郎位，下行；五月丁酉五更，出貫索，下行；七月丁丑三更，出室宿，下行；壬午曉，出奎宿，西南行；癸未昏，出文昌，下行；二更出天津，南行；三更出壁宿，下行；五更出危宿，下行；乙未昏，出文昌，下行；八月壬申曉，九月戊寅四更，俱出天倉，下行；丁亥昏，出文昌，下行；十月壬寅朔五更，出軒轅，東南行；癸丑四更，出畢宿，下行；俱色赤。十一月己卯昏，出墳墓，下行，色黃。十二月辛酉昏，出文昌，下行；五十七年三月丁酉五更，出貫索，東北行；六月戊寅昏，出織女，西北行；丁亥昏，出亢宿，下行；庚寅曉，出室宿，下行；壬辰五更，出五車，下行；甲午曉，出昴宿，下行；九月辛丑五更，出天倉，下行；辛亥昏，出文昌，下行；乙丑曉，出軒轅，東南行；十月丙子四更，出畢宿，下行；五十八年三月戊申曉，出室宿，下行；六月甲申二更，出大陵，下行；戊子五更，出天紀，下行；七月甲午四更，出七公，下行；丙申二更，出貫索，下行；戊申昏，出織女，西南行；甲寅昏，出貫索，下行；丁巳一更，出危宿，下行；八月戊辰三更，出室宿，東南行；九月甲午一更，出閣道，下行；己酉昏，出壁宿，下行；辛亥昏，出斗宿，下行；丁巳一更，出室宿，東南行；十月壬午二更，出危宿，下行；五十九年六月乙酉一更，出王良，下行；十月乙卯朔一更，出天棓，下行；己巳四更，出五車，東北行；六十年二月丁巳昏，出王良，下行；七月庚午二更，出昴宿，下行；俱色赤，俱入雲，俱有光、有尾跡。

流星如李者，康熙七年四月乙亥，出右執法，入翼；十二月癸酉，出參宿，入軍市；俱不著色。八年十月己丑，出伐星，色青白，入天狼。九年六月庚戌，出離宮，入虛；十年九月戊寅，出室宿，入羽林軍；俱不著色，俱有光、有尾跡。十二年八月丙午，出螣蛇，色青白，入心，微有尾跡。十四年十一月戊子，出張宿，色青白，入天廟，有光。十六年八月甲寅，出常陳，色青赤，入氐。十七年正月丙子，出參宿，色青白，入九斿。十八年十月庚午，出右旗後，小星隨之，色青赤，入候星。二十一年六月乙巳，出天市垣，色青白，入心、尾之間。十一月戊申，出東井，色赤黃，入上台。二十四年三月戊辰，出建星，色白，入壘壁陣。二十五年九月壬午朔，出胃宿，色赤，入東壁。二十六年七月癸未，出壘壁陣，色青白，入天紀，自東南至西北竟天；二十八年二月乙卯，出東次將，色白，入氐；三十年十月丁未，出胃宿，色白，入天倉；三十一年正月己卯，出貫索，色青，入亢；九月癸丑，出東井，色白；入天苑，三十二年七月辛亥，出王良，色黃，入五車；三十五年十月甲辰，出少微，色青，入庶子；三十八年十一月乙未，出勾陳，色赤，入王良；四十七年九月戊戌，出內屏，色青，入文昌；五十三年八月壬申，出蜀星，色赤，入尾；己卯，出牛宿，色青，入南海，五十六年十二月丁未，出畢宿，色青，入天倉；俱有光、有尾跡。六十年十一月丙午未時，自西北至東南，色赤，有尾跡。雍正元年三月壬午，出左樞，色青，入天津；二年四月庚戌，出左執法，色赤，入角；俱有光、有尾跡。

流星如核桃者，乾隆八年八月乙卯未正，出東北雲中，下行，色黃，入雲，微有尾跡，以晝見。其餘乾隆年間一千五百有餘，皆以昏、曉及夜見。

流星如栗者，康熙十一年五月壬子，出天厩，入奎，有光，有尾跡。

流星如彈丸者，康熙十七年五月庚申辰時，出西南，色赤，有光。七月戊午酉時，出西北，色青。乾隆元年五月壬戌午正，自西南方下行，色黃。七月癸卯戌初初刻，出東北，高五十餘度，下行至二十餘度沒，色白，有光，有尾跡，皆以晝見。其餘順治年間五，康熙年間六十二，雍正年間一十三，乾隆年間三千一百有餘，皆以昏、曉及夜見。

流星如榛子者，乾隆年間一十四，皆以夜見。

雲氣　太祖壬子年九月癸丑，東方有藍、白二氣。癸丑年九月庚辰，日傍有青、紅二氣，對照如門，祥光四暎。乙卯年三月甲戌，有黃氣亙天，人面暎之皆黃。十月戊申，有紅、綠祥光二道夾日，又有藍白光一道，掩暎日上如門。天命三年正月丙子，有黃氣貫月中，其光寬二尺許，約長三四丈。四月壬子，有藍、黑氣二道，自西而東，橫亙於天。五月乙卯，有紅、綠、白三氣，自天下垂，覆營左右，上圓如門。九月甲寅，東南有白氣，自地沖天，末偏銳如刀，約長十五丈，凡十六日而滅。五年三月癸丑夜，有藍、白二氣，自西向東，繞月之北，至南而止。

天聰五年八月丁卯，明兵來攻阿濟格貝勒，大霧不見人，忽有青藍氣自天沖入敵營，霧忽中開如門，我兵遂克。崇德六年九月辛巳黎明，東方有金光大如斗，內復有金光一道直如椽，沖天而起。

順治元年六月庚午酉時，有白氣自西南至東北。十月壬辰，五色雲見日上。三年正月壬戌，北方雲中有赤光如火影。四年五月庚戌，有白氣自西南至東北。十月壬辰，五色雲見日上。十二月壬辰如之。八年十二月壬子夜，有白氣從艮至乾。十年六月丙申，青赤氣生日上下。十二年六月庚午，北方有青黑雲氣，變幻如龍。

康熙三年十二月甲戌，金星生白氣一道，長三丈餘。五年二月庚申亥時，中天蒼白氣四五道。三月庚寅酉時，東南黑氣一道。六年八月己亥，有白光一道，自東至西。七年正月甲子酉時，西南白光一道，尾至東南入地，約長六尺餘，十餘日漸長至四丈餘，掃天苑、天斿、軍井。八年六月甲申，西北直氣一道。十一年二月甲午，五色雲見中天，歷巳至申。乙未如之。六月戊子，五色雲見日上。十二月癸卯，五色雲見日旁。十二年正月庚辰，西北至東南，蒼白氣經天如匹布。十三年六月己巳夜，東北蒼白雲一道。七月甲戌，白氣一道貫日，自南至北，長六丈餘。十五年三月乙酉，五色雲見中天。七月戊戌、庚戌皆如之。十六年三月甲辰，五色雲見日傍。七月癸未、十七年二月戊辰皆如之。六月辛巳，青氣一道，寬五尺餘。壬午，蒼白氣一道，青氣三道，寬尺餘。癸未，青氣一道，寬六尺餘，俱自西北至東南。十八年八月乙丑，正北黃黑雲一道，變赤黃色，寬四尺餘，長數丈。十九年十一月戊午至辛酉，西南蒼白氣一道，寬尺餘，銳指東北，長三丈餘，漸長至四丈餘。二十年六月辛卯，東北青氣六道。十月癸未，正北黑雲一道，穿北斗，約長三丈餘。二十四年十月丙午，日上蒼白雲暎出五色鮮明。三十五年五月戊辰，五色雲見中天。四十一年二月甲寅酉時，西南白雲一道，長二丈餘，寬尺餘，穿天倉、天苑，入地平，至丁巳，長三丈餘。六十一年十一月癸卯，五色雲見日上。

雍正元年九月丁丑朔，五色雲見中天。十月辛未、二年正月辛巳皆如之。五年八月辛亥丑時，正北黑雲一道，東西俱至地平，寬尺餘。七年三月戊辰，五色雲見日旁。十一月丙申，慶雲見於曲阜，環捧日輪，歷午、未、申三時，於時上發帑金修建闕里文廟。八年正月辛巳，五色雲見日下。六月辛丑子時，正北至東南，黑雲一道，寬尺餘。九年九月乙酉丑時，西北至東西，白雲二道，寬尺餘。十三年正月，雲南奏報，年前十月二十九日，大理等府五色雲見；廣東高州府如之。

乾隆元年十月壬戌未時，五色雲見日上及旁。癸亥未時，乙丑辰、巳二時皆如之。二年正月辛卯子時，西南至東北，黑雲一道，寬一尺。三年七月己巳卯時，西北白雲一道，寬三寸，長一丈餘，往西南行。四年三月乙丑寅時，東南雲一道，寬尺餘，長數丈。丙寅巳時，北方白雲一道，寬七八寸，長三丈餘。八月乙未，北方白雲一道，寬尺餘，自東至西。五年三月丁巳亥時，東南白雲一道，寬尺餘，長三丈餘。五月辛酉亥時，東南黑雲一道，寬尺餘，長二丈餘。七年正月戊寅子時，月下白雲一道，寬尺餘，長三丈餘。二月丁酉午時，五色雲繞日。戊申巳時，見日旁；亥時，北方白雲一道，寬二尺餘，自東至西。八月己酉子時，東方白雲一道，寬尺餘，長五尺。甲寅巳時，五色雲捧日。九月甲子午時繞日。十月庚寅辰時、丁酉辰時、八年三月丙辰辰時皆如之。己巳巳時見日上，丁丑酉時如之。閏四月辛酉夜子時，月上白雲一道，寬尺餘，自西北至東南。戊寅辰時，五色雲見日旁。六月甲子酉時，見日上。戊辰未時，繞日。甲戌巳、午二時如之。七月丁酉子時，繞月。戊戌子時，北方白雲一道，寬尺餘，自東至西。乙巳午、申二時，五色雲繞日。八月丁卯，見月上。戊辰亥時，繞月。十月丙辰巳時，見日下。丁巳申時，繞日。壬戌巳時，見日下。九年正月乙巳辰時至午時，見日上。五月癸未戌時，繞月。十一年七月乙巳亥時，中天白雲一道，長丈餘。十二年六月辛酉丑時，西南至正東，黑雲一道，寬三尺餘，俱至地平。丁亥，五色雲繞日。十四年二月庚辰子時，東南黑雲一道，寬二尺餘，長十丈餘。十一月戊申卯時，東方白雲一道，寬尺餘，長丈餘。十八年二月丁亥朔申時，五色雲見日上。十九年四月丙申子時，中天白雲一道，自東南向西，寬尺餘，長二丈餘。二十一年五月辛巳亥時，東南白雲一道，寬尺餘，長數丈。閏九月乙卯丑時，東北至西北如之。

清史稿卷四十

志十五

災異一

傳曰：天有三辰，地有五行，五行之沴，地氣爲之也。水不潤下，火不炎上，木不曲直，金不從革，土爰稼穡，稼穡不熟，是之謂失其性。五行之性本乎地，人附於地，人之五事，又應於地之五行，其洪範最初之義乎？明史五行志著其祥異，而削事應之附會，其言誠韙矣。今準明史之例，並折衷古義，以補前史之闕焉。

洪範曰：「水曰潤下。」水不潤下，則爲咎徵。凡恆寒、恆陰、雪霜、冰雹、魚孽、蝗蝻、豕禍、龍蛇之孽、馬異、人痾、疾疫、鼓妖、隕石、水潦、水變、黑眚、黑祥皆屬之於水。

順治九年冬，武清大雪，人民凍餒；遵化州大雪，人畜多凍死。十年冬，保安大雪帀月，人有凍死者；西寧大雪四十餘日，人多凍死。十一年冬，灤河大雪，凍死人畜無算。十三年冬，武強大雪四十日，凍死者相繼於塗；昌黎、灤州大雪五十餘日，人有陷雪死者。

康熙三年三月，晉州驟寒，人有凍死者；萊陽雨奇寒，花木多凍死。十二月朔，玉田、邢台大寒，人有凍死者；解州、芮城大寒，益都、壽光、昌樂、安丘、諸城大寒，人多凍死；大冶大雪四十餘日，民多凍餒；萊州奇寒，樹凍折殆盡；石埭大雪連緜，深積數尺，至次年正月方消；南陵大雪深數尺，民多凍餒；茌平大雪，株木凍折。十一年三月，文水大雪嚴寒，人多凍死。冬，昌化大雪，平地深三尺。十五年十一月，咸陽大雪深數尺，樹裂井凍。十六年九月，臨淄大雪深數尺，樹木凍死；武鄉大雨雪，禾稼凍死；沙河大雪，平地深三尺，凍折樹木無算。二十二年十一月，巫山大雪，樹多凍死；太湖大雪嚴寒，人有凍死者。二十四年四月，定陶烈風寒雨，人有凍死者。二十七年，郝昌大雪，寒異常，江水凍合。二十八年冬，衢州大雪，寒異常。二十九年十一月，高淳大雪，樹多凍死；武進大寒，木枝凍死。十二月，廬江大寒，竹木多凍死；當塗大雪，橘橙凍死；阜陽大雪，江河凍，舟楫不通，三月始消；宜都大雪□樹，飛鳥墜地死；竹谿大雪，平地四五尺，河水凍；三水大雪，樹俱枯；海陽大寒，凍斃人畜；揭陽大雪殺樹；澄海大雨雪，牛馬凍斃。三十年冬，房縣酷寒，人多凍死。四十二年春，房縣雨雪大寒。五十五年冬，高淳大雪盈丈。五十七年七月，通州大雪盈丈。十二月，太湖、潛山大雪深數尺。五十八年正月，嘉定嚴寒，太湖、潛山大雪四十餘日，大寒。

雍正五年冬，屯留大雪嚴寒，井凍。

乾隆五年正月，嵊縣大雨雪，奇寒；福山大寒。九年正月，曲沃大寒，井中有冰。十三年十二月，上海大寒雨雪。十六年三月，武强大雪，平地深尺許，人畜多凍死。二十二年正月，豐順雨雪大寒，人畜凍斃。二十四年冬，永年大寒。二十六年冬，福山大寒，樹多凍死；文登、榮成大雪寒甚；婁縣大寒，河冰塞路；臨朐大寒，井水凍；餘姚大寒，江水皆冰。五十七年六月，房縣大寒如冬。五十九年七月，湖州寒如冬。

嘉慶元年正月，青浦雨雪大寒，傷果植；灤州大寒井凍，花木多萎；永嘉大風寒甚，冰凍不解；湖州大雪，苦寒殺麥；義烏奇寒如冬；桐鄉大風雪寒。十二月，金華大雪，麥幾凍死。三年五月初五日，青浦大寒，廚竈皆冰。十年十二月，棗陽大雪，結寒冰厚五尺。十九年秋，招遠、黃縣大寒，海凍百餘里，兩月始解。二十四年十二月，南樂大雪，平地深數尺，人畜多凍死。

道光十一年冬，元氏、南樂大雪，井凍，冰深四五尺。十一年十二月朔，撫寧大雪，平地深三尺，飛鳥多凍死。二十一年正月，登州府各屬大雪深數尺，人畜多凍死。冬，高淳大雪深五尺，人畜多凍死；黃川大雪深數尺，經兩月始消，民多凍餒；羅田大雪深丈餘，民多凍餒。

咸豐八年七月，大通大雪厚二尺，壓折樹枝，穀皆凍，秕不收。九年六月，青浦夜雪大寒；黃巖奇寒如冬，有衣裘者。十一年十二月，臨江府及貴溪大寒，樹多凍折；蒲圻大雪，平地深五六尺，凍斃人畜甚多，河水皆冰。

同治元年六月，崇陽大寒。冬，咸寧冰凍奇寒。四年正月十四日，三原大風雪，人多凍死；棗陽雨雪連旬，樹多凍死。十六日，鍾祥、鄖陽大雪；漢水冰，樹木牲畜多凍死。十二年十一月，三原大雪六十餘日，樹多凍死。

光緒二年五月，遂昌奇寒，人皆重棉。

順治四年三月，獻縣、肅寧昏霧，四晝晦。十四年十月二十八日，東陽大霧，竟日不散。十五年正月朔，潛江大霧，晝晦。

康熙元年三月初八日，臨榆昏霧竟日。十六年，清河陰霧四十餘日。二十年三月，桐鄉恆陰。二十二年三月，蕭縣重霧傷麥。三十年正月，江浦大霧蔽天。四十三年八月，慶雲昏霧障天。六十一年六月，濰縣濃霧如煙。

雍正二年十二月十五日，掖縣大霧。

乾隆元年十一月二十一日，海陽大霧。二十六年八月初四日，獨山州宿霧冥濛，近午始霽。三十三年二月十六日，梧州大霧。

嘉慶元年三月二十六日，宜城昏霧，晝晦。四年十二月朔，蓬萊大霧竟日，氣如硫磺。十五年正月，榮成大霧。

道光六年五月，肅州大霧。二十九年正月，雲夢晝晦六閱月，天氣陰霾。三十年正月朔，登州陰霧。

咸豐元年十二月除夕，泰安、通渭大霧。二年正月二十四日，陵川大霧，晝晦。

同治元年正月庚寅，青浦大霧，著草如棉，日午始散。二年正月二十四日，陵縣大霧，晝晦。三月十六日，涇州大霧，通渭、泰安大霧，至四日乃止。六年二月，日照大霧。

光緒十一年，邢台大霧。

順治元年四月，棲霞隕霜殺麥。二年八月，垣曲隕霜。六年四月，莊浪隕霜殺麥。七年四月，靈台隕霜殺麥。十五年四月，東昌隕霜殺麥。六月，高唐隕霜。十六年三月，滎河隕霜殺麥。十七年春穀雨後，岳陽霜屢降；萬全隕霜殺麥。

康熙二年四月二十三日，高苑隕霜殺麥。六月，雒南、商南隕霜三次。三年四月二十一日夜，清河風霜幷作。二十三日，新城、鄒平、陽信、長清、章丘、德平隕霜殺麥。二十四日，益都、博興、高苑、寧津、東昌、慶雲、雞澤隕霜殺麥。十一年四月，樂安隕霜殺麥。五月，通州隕霜殺麥。七月，岢嵐州、吉州隕霜殺禾。十二年正月四日，壽光隕霜殺麥。十四年四月，平度、掖縣、萊陽、昌樂、安丘、館陶、濱州、蒲台隕霜殺麥。五月，冠縣隕霜殺麥。十五年四月，武强隕霜殺麥。十七年春，碭山、潁上、銅山隕霜殺麥。十八年三月，無極隕霜殺麥。十九年四月，榆社隕霜殺菽。六月，沂州隕霜。八月，高州大雪。二十一年三月，太平隕霜殺麥。二十二年七月，靜樂隕霜殺禾。二十三年四月，儀徵、靜寧州隕霜殺麥。二十六年七月，西寧隕霜。二十七年三月，臨潼隕霜殺麥。七月，岳陽隕霜殺禾。二十九年三月，商州隕霜。四月，長治隕霜。三十年五月，長治隕霜。八月，武進隕霜殺稼。五月朔，平遠雨雪。六月，龍川隕霜殺禾。三十三年八月，懷來隕霜殺稼。三十四年七月，盂縣隕霜殺禾。八月十五日，嵐縣、永寧州、中衞、絳縣、垣曲隕霜殺禾。三十五年八月，靜寧、介休、沁州、沁源、臨縣、陵川、和順、延安各處隕霜殺稼。三十六年七月，樂平、保德州隕霜殺禾。八月，岳陽隕霜殺禾；沁、涿霜災。九月，龍門大雪；西鄉隕霜殺稼。三十七年七月，陽高隕霜殺禾。四十四年三月，碭山、湖州大雪。六月，桐鄉、湖州大雪；狄道州隕霜殺禾。

四十七年二月，鶴慶隕霜殺麥。四十八年七月，德州隕霜殺禾。五十年正月，潮陽隕霜。五十六年二月，涇陽隕霜殺麥。七月，通州大雪盈丈。五十九年七月，安定隕霜殺禾。八月，德州隕霜殺禾。六十年五月，臨朐隕霜殺麥。

雍正元年八月，懷安隕霜殺禾。二年八月，江浦隕霜殺稼。六年七月，甘泉隕霜殺禾。八年八月，沁州隕霜殺禾稼。九年八月，沁州復隕霜殺禾稼。

乾隆四年四月，通州隕霜殺麥。八年七月，無爲大雪。八月初一日，東光隕霜殺禾。十年七月，廣陵隕霜殺禾。十二年六月丙子，蘇州雨雪，己卯、庚辰又微雪。十三年四月，同官隕霜殺麥。十六年四月，同官隕霜殺麥。九月，龍川隕霜殺禾。二十年七月，正寧隕霜殺禾。八月，葭州隕霜殺禾。二十七年七月，會寧、正寧隕霜殺禾。二十八年五月，和順隕霜殺稼。三十一年三月，高邑隕霜。五十一年五月，通渭隕霜殺麥。五十二年七月，宣平隕霜殺菽。五十五年三月，平度、鄒平、臨邑隕霜殺麥。四月，范縣隕霜殺麥。五十六年三月，壽光、安丘、諸城隕霜殺麥；平陰隕霜殺麥，數日後復發新苗。

嘉慶十年三月，東平、濟寧、莘縣隕霜殺麥。十三年四月，靖遠、樂清隕霜殺禾。十四年立夏前三日，江山雨雪。十九年八月，望都隕霜殺稼。二十二年八月，涿州、望都隕霜殺稼。二十五年八月，貴陽隕霜殺稼。

道光十二年四月，諸城隕霜殺麥。七月，望都、寧津隕霜殺禾。十五年四月，黄縣隕霜殺麥。十八年八月，元氏隕霜殺禾。十九年八月，狄道州隕霜殺禾。二十年七月，臨朐隕霜殺禾。二十二年四月初八，秦州隕霜殺麥。

咸豐九年二月，沁源隕霜殺麥。

同治九年二月，沁源隕霜殺麥。

光緒二年八月初八日，寧津、東光、臨榆隕霜殺禾。十八年四月，化平川廳隕霜。二十八年八月，莊浪隕霜殺禾。

順治元年，沙河大雨雹。二年三月，平樂雨雹，大如鵝卵。五月二十四日，武鄉雨雹，大如鵝卵；南雄雹，拔木。四月，文安大雨雹，傷麥。四年五月，岑溪雨雹，大如碗。五年二月，丘縣大雨雹。三月，海豐雨雹，小者如雞卵，損麥。閏三月三日，崑山雨雹，大如斗，破屋殺畜。六年六月，臨淄大雨雹；壽光大雨雹，平地深數尺，木葉盡脱。九月，定遠廳雨雹，傷麥。十月十五日，咸寧大雨雹，所過赤地。七年五月，應山大雨雹；信陽雨雹，傷麥。六月，武鄉雨雹，其形如刀。八年二月十六日，順德雨雹，大如斗，擊斃牛馬。五月，丘縣大雨雹；汾西雨雹，大者如拳，小者如卵，牛畜皆傷，麥無遺莖。七月，黎城雨雹，大如鵝卵。九年四月二十三日，潞安雨雹，大如雞卵，屋瓦俱碎；長治雨雹，大如雞卵。五月十六日，臨縣雨雹，大如雞卵，積地尺許；嵐縣大雨雹，傷禾；膠州雨雹，大如雞卵。六月，臨縣雨雹，陽曲雨雹，大如鵝卵。十年四月四日，貴池雨雹，大如碗，屋瓦皆碎；武寧雨雹如石，殺鳥獸；崇陽雨雹，人畜樹木多傷。五月，海寧雨雹，大如雞卵，屋無存瓦，樹無存枝；涇陽雨雹，大如拳；永壽雨雹，大如拳，小如卵，積地五寸，二日始消，大傷禾稼。十月十日，袁州雨雹，大如栲栳者甚多，有一雹形如杵，長可一丈一尺有奇。十一年二月十五，蒼梧大雨雹。三月，松滋大雨雹。五月，長樂雨雹；漢陽雨雹，大如雞卵，平地深一尺。六月，雒南大雨雹，積地尺許，人不能行。十四年六月初三，猗氏大雨雹；霸、薊等七州，寶坻等二十一縣雨雹。十五年三月，寧波大雨雹，擊斃牛羊，桑葉盡折；鎮海大雨雹。閏三月朔，上虞、龍門大雨雹，倏忽高尺許，或如拳，有巨如石臼，至不能舉，人畜多擊死。十六年閏三月初四，順德大雨雹。四月，蕭縣大雨雹，殺麥。六月，清澗雨雹，大如鵝卵。八月，膠州雨雹，傷稼。九月，新河雨雹，傷數十人，至三月始消。十七年四月壬寅，清河雨雹，大如斗。十一月，鶴山雨雹，大如雞卵。十八年正月二十七日，順德大雨雹，傷人畜；揭陽雨雹，大如拳，屋瓦皆碎。三月初六，萍鄉雨雹，其狀或方或圓，或如犂，屋瓦皆碎。八月，懷安雨雹，大如雞卵，厚盈尺。冬，清澗雨雹，大如鵝卵，有徑尺者，積數尺。

康熙元年三月二十一，海寧大雨雹；河間雨雹，大如斗。五月，懷安大雨雹，人畜有傷；龍門大雨雹；榆社大雨雹，人畜多傷。二年正月二十八，望江雨雹。二月，安陸雨雹。三月朔，襄陽雨雹。四月十六日，鎮洋大雨雹。六年六月，香河雨雹，大如碗，平地深數尺，田禾盡傷，屋瓦皆碎，遠近數十里。八月，保安州大雨雹，傷人畜；宣化大雨雹，傷禾；懷來大雨雹，傷人畜。七年五月，新安雨雹，大如甌，屋舍禾稼盡傷。十二年三月，行唐大雨雹。七月，盧龍雨雹，大如斗。十七年三月，連山雨雹，大如拳，擊死牛畜。十八年正月，惠州雨雹，大如拳。十九年七月，陽曲雨雹，大如雞卵，有大如磑碾者，擊死人畜甚多。二十六年四月，平湖雨雹，大如升，小如拳。六月二十四日，文縣雨雹，大如雞卵，剖之，內有小魚、松苔。三十三年二月，開平大雨雹。五月，汶上雨雹，大者徑尺，擊死數人。三十四年三月，江夏雨雹，大如豆，中有黑水。三十六年閏三月，黃安大雨雹。四月，湖州大雨雹，三十七年正月十六，靈川雨雹，大如雞卵；安南雨雹，大如拳，麥無收。三十九年七月，元氏大雨雹。四十年二月，鶴慶大雨雹。四十二年三月，桐鄉大雨雹，損菜菽；湖州大雨雹；龍門大雨雹，或如拳、如臂、如首，或長或短，或方或圓，積深二三尺，壞民居無算，虎豹雉兔斃者甚多；崖州大雨雹，如霜，著樹皆萎；蒲縣雨雹。四十三年六月，翁源大雨雹；蒲縣雨雹，傷禾。七月，定襄雨雹，傷禾。四十四年三月，桐鄉大雨雹；湖州大雨雹。八月，密雲雨雹，傷禾。

四十六年二月，湖州雨雹。三月初四日，陵川雨雹；瓊州雨雹，大如拳。六月，東明大雨雹，麥盡傷。四十八年二月初六日，荔浦雨雹，大如鵝卵，積地尺許。夏，大埔雨雹，白如繭，積地數尺；江浦、來安雨雹。五月十六日，雞澤大雨雹，傷人百餘。秋，代州雨雹。五十一年五月，解州雨雹；沁源雨雹，大如雞卵。七月，黄岡雨雹，擊斃人畜。五十二年三月二十七日，全州大雨雹，屋瓦皆飛。五十三年五月，固安西雨雹。七月朔，平大街雨雹，傷禾。五十四年三月，江浦雨雹，大如升，傷麥。五十五年夏，新樂雨雹，大如碗；浮山雨雹，大如雞卵，田禾盡傷；崇陽雨雹。五十七年三月，龍川雨雹，大如斗，壞民舍，牛馬擊斃無算。五十九年六月，雞澤雨雹，大如雞卵，傷禾。六十年三月，連平雨雹，毁民舍；鎮安、慈谿、上虞、餘姚雨雹，小者如碗，大者如斗。七月，柏鄉大雨雹，如雞卵，傷禾。六十一年四月，平定、樂平冰雹。五月，安丘大雨雹。十一月初十日，香山雨雹。十二月，贛州雨雹，大如雞卵，傷牲畜。

雍正元年正月，鶴慶大雨雹。三月，融縣雨雹。二年五月，福山雨雹，大如雞卵。八月，秦州雨雹，擊斃牛馬鳥雀無算；東安雨雹，傷稼。三年正月，定州大雨雹。三月，崑山大雨雹。夏，長寧雨雹，大如雞卵，傷鳥獸甚多。四年正月，甘泉雨雹，大者如斗，小者如升，屋舍盡毁。三月，吳川雨雹。五月，舒城雨雹，大如斗。六年五月，商南大雨雹，損屋舍。

七年四月，惠來大雨雹，如雞卵，傷禾。高平、岑溪雨雹，樹皆折。七月，靜寧州雨雹，大如碗。八年六月，安遠大雨雹，擊斃禽畜甚多。八月，海寧、沁州大雨雹，毁屋舍。十年二月，連州大雨雹，損麥。八月，白水雨雹。九月，湖州、桐鄉大雨雹。十一年三月，海寧雨雹；桐鄉雨雹，傷麥。八月，陽信雨雹，大如雞卵，深三尺餘，田禾盡損。冬，嘉興雨雹，傷麥。十二年三月，無爲大雨雹；鶴慶大雨雹；蒲圻大雨雹。四月，湖州雨雹，損麥。

乾隆元年二月，廣州大雨雹。三月，滎經冰；方山大雨雹。五月十七日，青城雨雹，大如胡桃。六月，郿西雨雹，鳥獸多擊死。七月二十五日，南和大雨雹；平鄉大雨雹，毁房廬，傷田禾；懷安雨雹，傷禾。九月，長子大雨雹，片片著禾如刈。十一月，京山雨雹。三年正月十四日，武寧雨雹，大者重四五斤。四月，白水大雨雹，傷麥。四年三月，北流雨雹；富平、臨清雨雹，傷禾。四月丙戌，蘇州大雨雹，損麥；崑山大雨雹，損麥。五年六月，絳縣雨雹，傷禾。六年秋，廣靈雨雹，傷稼。七年三月，畢節雨雹，大如雞卵。四月，涿州雨雹，大如雞卵。八年四月初五日，安州雨雹，大如雞卵，深三尺。初九日，崑山大雨雹，損麥。閏四月，高邑大雨雹。七月，高苑大雨雹，傷麥。十年五月，涿州雨雹。初八日，青城雨雹，大如酒杯。六月丁未，同官雨雹，大如彈；戊午，又雨雹，壞廬舍無算。八月，慶陽大雨雹，傷禾。十一年三月，禮縣大雨雹。四月，金鄉、魚台、莒州雨雹，大如雞卵，傷麥。五月，曲沃雨雹，大如車輪。十二年六月十一日，高平、文鎭大雨雹，傷稼。七月二十五日，安化雨雹，傷禾。十三年正月初二日，鶴慶、信宜、象州、恩縣、遂安雨雹，大如斗，傷麥。四月初四日，上海雨雹，傷麥豆；崑山大雨冰雹，擊死人畜無算。五月十一日，泰州、通州大雨雹，壞屋。十三日，滕縣大雨雹，大如臼，民舍損壞無算。六月，樂平雨雹，傷稼。秋，懷來、懷安、西寧、蔚州、保安雨雹成災。十二月，忠州、西鄉大雨雹，傷禾。十四年二月初七日，忠州雨雹。四日，太平雨雹。六月朔，高邑大風雹。十月，樂平、稷山雨雹，傷禾。十一月，正定府屬雨雹，傷稼。十五年五月，彭澤大雨雹，重三十餘觔。五月初四日，宜昌大雨雹。六月十五日，膠州、濱州大雨雹，傷人畜禾稼。八月戊子，白水雨雹，傷稼。九月，鄖縣、房縣大雨雹，傷人畜。十二月，信豐大雨雹。十六年三月，榮成大雨雹。十八年四月二日，定番州大雨雹，壞民舍百餘間。二十年三月，黃岡雨雹，長三十餘里，大者徑尺。四月初三，玉屏大雨雹，壞屋。五月十七日，高平大雨雹，人有擊斃者。二十一年六月，潮陽大雨雹，週遭二十餘里，禾稼多傷。二十二年八月，即墨大雨雹，深尺許。二十三年三月，龍川大雨雹；東湖雨雹，大如卵，積盈尺者十餘里。四月二十九日，永平大雨雹，形如鉢，人有擊斃者。五月，中部雨雹，大如卵，厚尺許；莊浪、環縣大雨雹。六月十六，長子大雨雹，十一日方止。二十三年三月，宜昌雨雹，大如卵，積地盈尺。四月，陵川雨雹，大如雞卵，深盈尺。十一月，武寧大雨雹，重五六觔。二十八年十月，羅田雨雹。二十九年二月，慶元大雨雹。三十年三月，臨邑大雨雹，鳥獸死者相枕藉。六月二十四日，樂平雨雹，傷稼。三十一年五月，鄞縣冰雹。三十二年五月，邢台大雨雹，深尺許。三十三年四月，莒州大雨雹。三十五年五月二十三，東平大雨雹。三十九年二月，樂平雨雹，傷麥。五月，黃縣大雨雹，厚積數寸。四十年三月十七日，屏山大雨雹。四十二年六月二日，壽陽雨雹，深者四尺，淺者二尺，月餘方消。四十三年五月，房縣雨雹，或方或圓，或如磚，傷人畜無算；合肥大雨雹。四十四年四月，平度大雨雹。五月，黃縣雨雹，傷麥。四十七年四月戊子，寶雞雨雹，傷麥。五月，文登大雨雹，傷禾。五十年二月二十三，瀘溪雨雹。三月，潛江雨雹。五十四年五月初四，洛川大雨雹。五十五年二月，荊州大風雹。四月初六，青浦雨雹，大如拳，擊死一牛。八月，江陵大雨雹。五十六年二月，永安州大雨雹。十月初八日，東光大雨雹。五十七年五月三日，泰州大雨雹；莒州雨雹，大如鵝卵，厚三尺，傷禾稼；禹城、陵縣、壽光大雨雹。七月，黃縣大雨雹，傷禾。五十八年三月，武寧雨雹，壞民舍。五十九年四月，黃州雨雹，大如盌，人畜多擊斃。十二日，江山大雨雹。

嘉慶元年正月，平谷大雨雹，形如雞卵。四月，邢台雨雹，大者如斗。二年六月，中部雨雹，大如卵，小如杏，傷人畜；枝江雨雹，大如雞卵，鳥獸擊傷。十二月，雲和冰雹，大如斗，屋瓦皆碎。三年四月，宜城雨雹，大如雞卵。四年四月，襄陽大雨雹。五年四月，白河縣雨雹，大如雞卵，深尺餘。五月，滕縣雨雹，大如碌碡。七月，延安大雨雹，屋瓦皆碎，秋禾無存。六年五月，博興大雨雹，壞官民廳舍。十年八月，中部雨雹，大如卵，積地五寸。十一年，灤州大雨雹，平地積尺許。十二年二月，貴陽雨雹，大如馬蹄。四月，沂水大雨雹，如盃者盈尺，有大如碌碡者。八月，武强大雨雹，有如鵝卵者，屋瓦皆碎，禾葉盡脫；邢台雨雹。十三年春，武强大雨雹。十四年四月，薊州雨雹，傷麥；襄陽大雨雹；荆門州大雨雹。六月，南樂雨雹，大如雞卵。十五年三月，宜都雨雹，傷麥。八月，章丘雨雹；東光雨雹。十六年三月，枝江大雨雹。十七年三月，宜都雨雹，禾盡傷。秋，博野雨雹，成災。二十一年四月，棲霞雨雹，傷麥；定遠廳大雨雹，鳥獸多斃。二十二年五月，滕縣雨雹，平地深半尺，禾黍盡傷。二十三年五月，蘇州大雨雹；湖州大雨雹。

道光四年五月，日照大雨雹，傷禾。十月，曲陽大雨雹盈尺。五年四月八日，羅田雨雹，損麥豆無數；蘇州雨雹。五月，臯蘭大雨雹。八月初九，復雨雹。六年四月十七，雲夢雨雹，大如拳。七年十二月，宣平雨雹，折樹碎瓦。十三年五月癸未，臨朐雨雹，大如馬首。秋，博野等十三州縣雨雹。十月二十四日，宜城雨雹。十四年四月三日，三原雨雹，傷禾。初六，諸城雨雹，傷麥。十六年二月十六日，湖州大雨雹。四月二日，光化大雨雹。十七年七月十三日戊子，平谷大雨雹，如雞卵，秋禾盡平，屋瓦皆碎。十八年五月，通渭大雨雹。七月十八日丁巳，灤州雨雹，大如卵，秋禾盡損。十九年三月，元氏雨雹，厚尺許。二十年四月，黃安大雨雹，傷稼。七月二十六日，隨州大雨雹，傷稼。二十一年八月，陵縣大雨雹。九月又雨雹。二十三年五月二十二日，孝義廳大雨雹，狀如磚，有重數十觔者，人畜觸之卽斃。七月十二日，雲和雨雹，大如斗，屋瓦皆碎，損傷人畜甚多。二十五日，安定雨雹，大如雞卵，山巔有徑尺者，數日不化。二十六日，隨州大雨雹，禾稼多傷。二十五年正月，崇陽大雨雹。四月，安丘大雨雹，損麥，三日不消。二十七年春，龍川大雨雹。夏，黃巖大雨雹。二十九年四月，應山雨雹，大如拳，鳥雀多擊死。六月，興山大雨雹，傷稼。七月，西寧大雨雹。三十年三月，黃岡雨雹，大如瓜，小如彈丸，壞稼傷人。

咸豐元年三月甲子，大雨雹，傷人畜，壞屋宇；懷來大雨雹。五月丙午，東光大雨雹，屋瓦皆毀，傷人畜。三年三月，崇仁雨雹，大者如盌，小者如拳，屋瓦盡毀。四年四月，黃安雨雹，重十餘觔，損麥。九年七月，黃岡雨雹，大如卵。十年七月，羅田大雨雹，傷禾無數；麻城雨雹，大如雞卵，擊斃牛馬；黃安大雨雹，樹俱折。十一年十一月，麻城、羅田、宜都雨雹，大如雞卵，傷禾稼，損屋舍。

同治元年六月，東湖大雨雹，擊斃牛馬無算。六月，狄道州雨雹，大如雞卵，禾蔬盡傷。

二年五月，元氏雨雹，大如拳，禾稼盡傷，田廬俱損。六月，孝感雨雹，大如雞卵。四年正月十三日，日照大雨雹，傷禽獸；武昌、黃□、宜都雨雹，大如雞卵。二月，青田大雨雹，損麥。四月，均州雨雹，大如雞卵，破屋折樹。五月，房縣大雨雹，數百里禾稼盡傷。五年正月，均州大雨雹，積地深數尺。四月，隨州、江陵大雨雹，損麥。五月，通渭、泰安大雨雹，傷牛馬。六年七月，懷來、青縣大雨雹，秋禾損。九月十六日，高淳雨雹，大如拳，損屋舍。七年三月十八日，黃安、江夏大雨雹，鳥獸多擊死。八年五月十一日，肥城雨雹，平地深尺許，大如鵝卵。八月十三日，灤州大雨雹，闊十五里。九月，泰安大雨雹。九年三月十四日，潛江雨雹，大如雞卵。五月二十三日，階州大雷電，雨雹如注。十年二月，青田大雨雹。四月，上饒大雨雹。五月二十二日，階州、白馬關大雨雹，平地水深數尺，淹斃二百餘人。十一年二月，新城大雨雹。三月十一日，嘉興大雨雹；柏鄉大雨雹，重者十七觔；湖州大雨雹；景寧雨雹，大如盌；青田尤甚。十三年三月，黃岡雨雹，大如升，數十里麥盡損。四月乙未，青浦雨雹，有重至十餘觔者。

光緒元年四月二十二日，邢台雨雹，大如核桃，積地二寸許。二年四月，惠民大雨雹，鳥雀多擊死。三年四月十五日，沔縣雨雹，大如雞卵。六年夏，均州雨雹，大如雞卵。八年四月十一日，均州雨雹，大如鵝卵，袤百餘里，廣十餘里；二十五日，復雨雹，災尤重。八月，皋蘭雨雹，大如雞卵。九年七月初四日，山丹雨雹，大如雞卵。九月初二日，孝義廳雨雹，大如雞卵。十年五月二十五日，興山大雨雹，傷稼。八月，灤州大雨雹。十二年五月二十日，莊浪大雨雹，無極大雨雹。十四年六月十三日，新樂大雨雹，三十村禾盡損。十五年五月，化平川廳雨雹如蛙形，傷禾稼。十九年五月，狄道州雨雹，大如碗。二十二年九月，南樂大冰雹。二十四年四月二十四日，涇州雨雹，大如雞卵。五月，河州大風雨雹，平地水深三尺。二十五年五月初五日，海城雨雹，大如雞卵，擊死牛羊一千有餘。二十六年八月，南樂大雷雨雹。三十年七月，山丹大雨雹，傷禾。三十一年七月二十四日，洮州雨雹，大如雞卵，傷禾。

順治二年正月初一日，上元大雪雷雨。三年五月初一日，齊河雷火焚孔子廟；夏，陽城大雷，人有震死者。十二月初二日，吳川雷鳴，岑溪大雷雨。五年十月，揭陽大雷雨霹靂。六年正月十一日，潞安雨雪雷電。五月初九日，石門大雷雨；安丘雷擊二人。十一月二十五日，鎮洋大雷電。七年正月二十七日，震澤大雷電。八月，河源雷震大成殿。冬至後二日，解州雷鳴。十二月除夕，上元大雪雷電。九月，涇陽雷震，十月朔，雷；江陰雷；蕭縣雷。十二月二十八日，膠州雷。除夕，崑山雷，臨邑雷震。九年正月朔，黃陂震雷大雪，蘄水震雷大雪，應山大雷電。二月二十六日，石門雷震死三人。十月十五日，杭州大雷電。十六日，揭陽雷大震。十一月十四日，上海大雷，凡震三次；青浦雷。十二年九月，震澤雷電大雨。十月二十五日，香山雷鳴；二十七、二十八日，復鳴。十二月十三日，遂安雷震柏山庵。十三年二月二十九日，鍾祥震雷。十月，安丘雷震大雨。十四年正月十四日，遼州雷電大震。十一月十一日，永安州大雷電。十八日，杭州大雷電，銅陵雷。三十日，咸寧大雪雷電。十五年十一月，咸陽大雪雷鳴。十六年十二月，高淳大雷。十七年十一月，鶴山大雨雷電。十八年正月十七日，陽信、海豐大雷。

康熙元年二月，鶴慶雷鳴。三年正月，通州迅雷達旦，望江雷擊南城樓。五年十二月，封州雷鳴。六年正月，南樂迅雷。十二月，開平大雷雨，鳳凰洲雷鳴，揭陽雷，澄海雷鳴，欽州雷電。七年八月，平遠州雷擊右營守備署。八年二月十四夜，思州雷火起大成殿北角。十一月，西充大雷電。十二月，黄巖大雷。九年正月，烏城大雷電。十二月，蘇州雷電。七月，東陽大風雨雷電。十二年正月初六日，富陽大雷電。十月十四日，貴州雷，東流大雨。十月，婺源雷震儒學櫺星。十二月，雷震孔子廟戟門。十三年正月，蘇州雷，青浦雷，嘉定震雷自四鼓達旦。十二月除夕，桐鄉雷電交作。十六年正月初一日，湖州雷震大雪。十七年正月，巢縣雷。十八年正月朔，蘇州震雷，沛縣雷。十九年正月朔，蘇州雷。二十年正月，宿州雷雨雹。二十一年正月，宿松雷電。二十二年正月，解州雷電，石門雷電。二十三年正月，丹陽雷電雨雪，含山大雷電，兗州雷震。二十四年正月十七日，巢縣雷。二十五年十一月，信宜雷鳴。二十八年正月，沛縣雷電。十一月初九日，義烏大雷電。十二月十六日，巢縣大雷。三十一年正月，武進雷電。三十三年正月初十日，巢縣雷。十二日，瓊州雷鳴。十四夜半，萊縣大雷電。十二月，青浦雷電大雨。三十四年正月初一日，瓊州雷。三十六年正月初一日，崑山雷，青浦雷。三十七年十二月除夕，開平雷鳴。三十八年十二月初三日，吳川雷大震，次日又震。三十九年正月，解州雷。四十二年十二月，湖州雷。四十三年正月二十日，蘇州雷鳴。十一月二十八日，欽州雷鳴，揭陽雷鳴。十二月，澄陽雷鳴，普宣雷鳴。四十五年正月，巢縣大雷。四十九年正月初七日，香山雷鳴。十一月二十一日，景寧雷鳴。五十年十一月，大埔雷。十二月，陽春雷鳴。除夕，平樂雷電霹靂，驟雨達旦。五十三年十二月，涇州大雷電，福山大雷雹，湖州雷鳴。五十四年正月朔，大埔雷鳴。十一月，阜陽雷鳴。五十五年十月，通州雷。十一月，銅陵雷震。五十六年正月，湖州雷。十月二十五日，香山雷鳴。五十九年七月，南籠大雷雨。九月，通渭縣暴雷，震死一人。六十年十一月，潮陽雷鳴，岑溪雷鳴。六十一年十一月，順德大雷，廣寧雷電。十二月，欽州雷電大作，風雨暴至，吹塌城垣二十餘丈；陽春大雷雨，揭陽雷鳴，澄海雷鳴。

雍正十二年二月初八日，蒲圻大雷電。十月，揭陽雷鳴。

乾隆元年三月，邢台雷震府學奎星樓，海陽震雷霹靂。二年十一月，贛縣大雷電。十二月二十五日，普寧雷鳴。九年二月十一日，崑山雷擊馬鞍山浮圖末級。十月十五日，岐山雷電風雨。十年四月十五日，橫州雷擊大成殿西柱。十二年四月二十五日，順潭村狂風迅雷大作，樹木盡拔，倒屋二千餘間，壓斃三十餘人。十月朔，膠州雷。十三年十二月初八日，上海大雷。十四年十二月，信豐大雷電雨雹，畢節大雷電。十六年十月，平度、海鹽震雷。十七年五月十一日，長子大風雷。十一月二十七日，揭陽雷鳴。十八年十二月，宜都大風雨雷電。二十年正月，贛榆大雷電雨雪。二十二年除夕，龍川雷鳴。二十四年十一月十一日，荊門州大雷。二十八年十月初四日，武進大雨雷電。三十五年十二月，嘉善雷電。三十六年十二月戊寅，蘇州大雷電，湖州雷電。三十九年十月，陽湖大雷。四十年十一月初六日，房縣大雷電。四十六年十二月十二日，桐鄉雷電。五十五年十二月二十四日，黃岩大雷雨，蘇州大雷電。除夕，雲夢大雪大雷。五十七年十二月乙巳，南陵雷電交作。五十九年十二月，江山大雷電。

嘉慶六年正月，陽湖雷。七年正月十七日，東光雷電。十年十一月，滕縣大雪聞雷。十九年十二月，滕縣雨雪聞雷。二十年二月，湖州雷電大雪。二十三年二月，金華雷電。

道光三年正月十四日，湖州雷。二月十五日，監利大雷。五年冬至後一日，章丘雷。七年十二月，湖州大雷雪。十二月，崇陽大雨雷電。十二年十二月，麗水雷電大雪。十三年十二月，宜城雷電雨雹。十八年十月，太平大雷。十一月二十九日，雲夢大雷。十二月除夕，湖州大雷電；青浦大雷電；隨州大雷。十九年正月，湖州大雷，棗陽雷鳴，雲夢雷鳴。十二月，文登大雷。除夕，靖遠雷電大雨。二十年正月十六日，武定大雷震。二十一年正月三十日，定遠雨雪雷鳴。二十二年冬至夜，滕縣雷鳴。二十三年十月，應城雷電。二十四年十月，崇陽雷。十二月，鄱陽大雨雷電，麗水雷電，卽墨雷電。二十五年正月，崇陽大雷電。七月，榆林雷震。二十六年五月二十五日，滕縣雷火焚城南樓，貴陽雷。二十七年冬，武昌雷震，黃岡大雷。二十九年六月，武昌雷震。

咸豐二年八月，崇陽雷鳴。四年正月十三日，平鄉雨雪雷鳴。十月初六日，應山雷。八年十一月二十三日，南安雷震。十一年十月初一日，東光雷電。十一月十二日夜，宜都大雷。

同治元年冬，方山雷震北峰塔。二年正月初十日，定遠廳雷鳴。三年正月，青浦雷。四年正月十三日，平鄉雨雪雷鳴，震教堂；東光大雨雪雷電；永嘉大雷電；太平雪中聞雷；武昌震雷；黃岡震雷；隨州雷電；麻城震雷；棗陽大雨迅雷；陵縣大雷電；日照大雷電；房縣雷；曹縣大雷電；菏澤大雷電。五年正月初八日，均州雷電，鄖縣大雷電，房縣雷。十四日，孝義廳大雪雷電。十一年十一月，臨榆大雨雷震。

光緒元年八月甲戌，青浦雷震南門塔。五年十一月十五日，京山大雷雨，安陸大雷電；夜，蘄水雷電四次。八年八月二十八日，玉田大雷，自二更徹夜。十一年十月二十日，東光聞雷。十二年十一月二十八九兩夜，德安大雷。十三年正月，德安大雷而雨。

順治八年二月，柴胡塞出大魚，長十丈餘，形似海豬。

康熙元年正月朔，台州見二巨魚鬭於江內，三日，其一死，肉重四百餘觔。三年三月，萊陽羊圈口潮上巨魚，長六丈餘，聲如雷，旋死。五年三月三日，綏德州天雨魚。十一年，海康鯨魚入港，長五丈，闊二丈，以千人拽之岸。十五年十二月，海豐有大魚，長十丈餘，形如車輪，頭似馬首。二十一年六月，綦江縣雨魚。二十二年四月，海寧海濱有魚長二十餘丈，無鱗，有白毛，土人呼之爲海象。二十六年四月，文縣雨魚。三十四年七月，嘉定有二巨魚鬭於海，聲如雷，其一死者虎首人身，長丈餘，腥聞數里。四十二年八月，青浦龍安橋下有二大魚上游，形如船，旁有小魚無數。四十七年二月初，台州有巨魚至中津橋，向人朝拜，十二日隨潮而逝。

乾隆五年，黃縣海出大魚六丈，其骨專車四。十三年，涪州彈子溪巨魚見，長約丈餘，相傳歲歉則上，是歲果大荒。二十六年三月二十三日，平湖海濱來一大魚，其聲如牛，長六丈七尺，徑一丈四尺。

咸豐四年五月，黃巖有巨魚數十入內港，色黃如牛，大者重五六觔。六年六月，平湖金門山一魚死海濱，取得一齒，形如鈎，重十三觔。十一年，平湖鯉魚數十頭從空飛過。

順治三年七月，延安蝗；安定蝗；欒城蝗，蔽天而來；元氏蝗，初蝗未來時，先有大鳥類鶴，蔽空而來，各吐蝗數升；渾源州蝗。九月，洪洞蝗，宣鄉蝗。四年三月，元氏、無極、邢台、內丘、保定蝗。六月，益都、定陶旱蝗，介休蝗，山陽、商州雹蝗。七月，太谷、祁縣、徐溝、岢嵐蝗；靜樂飛蝗蔽天，食禾殆盡；定襄蝗，墜地尺許；吉州、武鄉、陵州、遼州、大同蝗；廣靈、潞安蝗；長治飛蝗蔽天，集樹折枝；靈石飛蝗蔽天，殺稼殆盡。八月，寶雞蝗，延安蝗，榆林蝗，涇州、莊浪等處蝗。九月，交河蝗，落地積尺許。五年五月，衡水蝗。六年三月，陽曲蝗，盂縣蝗。五月，陽信蝗，害稼。六月，德州、堂邑、博興蝗。七年七月，太平、岢嵐蝗，介休、寧鄉蝗。十年十一月，文安、府谷蝗。十三年正月，徐海蝗。三月，玉田大旱蝗。五月，定陶大旱蝗。七月，昌平、密雲、新樂、臨榆蝗，灤河蝗，東平蝗。冬，昌黎大雨蝗。十五年三月，邢台、交河、清河大旱蝗，害稼。

康熙四年四月，東平、眞定、日照大旱蝗。五年五月，蕭縣蝗；任縣飛蝗自東來蔽日，傷禾；日照、江浦大旱蝗。六年六月，杭州大旱蝗；靈壽、高邑大旱，蝗，害稼。八月，東明、灤州、靈壽蝗。八年八月，海寧飛蝗蔽天而至，食稼殆盡。九年七月，陽□大旱蝗，食稼殆盡。麗水、桐鄉、江山、常山大旱蝗。六月，寧海、天台、仙居大旱蝗，定陶大旱蝗，虹縣、鳳陽、巢縣、合肥、溧水大旱蝗。七月，全椒、含山、六安州、吳山大旱蝗，濟南府屬旱蝗害稼，麗水蝗，桐鄉、海鹽、淳安大旱蝗，元城、龍門、武邑蝗。十一年二月，武定、陽信蝗害稼。三月，獻縣、交河蝗。五月，平度、益都飛蝗蔽天，行唐、南宮、冀州蝗。六月，長治、鄒縣、邢台、東安、文安、廣平蝗。定州、東平、南樂蝗。七月，黎城、芮城蝗，昌邑蝗飛蔽天，莘縣、臨清、解州、冠縣、沂水、日照、定陶、菏澤蝗。十六年三月，來安蝗，三河、內丘蝗。十八年正月，蘇州飛蝗蔽天。夏，全椒蝗。七月，寧津、撫寧、五河、含山蝗。二十一年，信陽、莒州蝗。二十三年四月，東安蝗，永年蝗。二十五年春，章丘、德平蝗。六月，平定、無極、饒陽、井陘蝗。二十六年，東明、藁城蝗。二十九年五月，臨邑、東昌、章丘蝗。七月，平陸、武淸蝗。三十年五月，登州府屬蝗。六月，浮山、翼城、岳陽蝗，萬泉飛蝗蔽天，沁州、高平落地積五寸，乾州飛蝗蔽天，寧津、鄒平、蒲台、莒州飛蝗蔽天。七月，昌邑、濰縣、眞定、盧龍、平度、曲沃、臨汾、襄陽蝗，平陽、猗氏、安邑、河津、蒲縣、稷山、絳縣、垣曲、中部、寧鄉、撫寧等縣蝗。三十一年春，洪洞、臨汾、襄陵、河津，夏，浮山蝗。三十三年五月，高苑、樂□、寧陽蝗。三十六年，文安、元氏蝗。三十八年，遵化州、晉州、盧龍、撫寧蝗。三十九年秋，祁州、盧龍、撫寧蝗。四十三年，武定、濱州蝗。四十四年九月，密雲、盧龍、新樂、保安州蝗。四十六年，邢台、肅寧、平鄉蝗。四十八年秋，昌邑、盧龍、昌黎蝗。五十年夏，莘縣、鄒縣、廬州蝗。五十三年秋，沛縣、合肥、廬江、舒城、無爲、巢縣蝗。五十七年二月，江浦、天鎭蝗。五十九年，膠州、掖縣蝗。

雍正元年四月，銅陵、無爲蝗，樂安、臨朐大旱蝗，江浦、高淳旱蝗，棲霞、臨朐蝗。三年冬，海陽、普宣蝗。十三年九月，東光、獲鹿、蒲台蝗。

乾隆三年六月，震澤、日照旱蝗。四年六月，東平、寧津蝗。五年八月，三河飛蝗來境，抱禾稼而斃，不爲災。九年七月，阜陽、亳州、滕縣、滋陽、寧陽、魚台蝗。獻縣、景州蝗。十三年夏，蘭州、郯城、費縣、沂水、蒙陰旱；諸城、福山、棲霞、文登、榮成蝗；高密、棲霞尤甚，平地湧出，道路皆滿。十五年夏，掖縣飛蝗蔽天。十六年六月，諸城、交河、祁州蝗；河間蝗，有鳥數千自西南來，盡食之。十七年四月，柏鄉、雞澤、元氏、東明、祁州蝗。七月，東阿、樂陵、惠民、商河、滋陽、范縣、定陶、東昌蝗。十八年秋，永年、臨榆、樂亭蝗。二十年六月，蘇州大雨蝗。二十三年夏，德平、泰安蝗，有羣鳥食之，不爲災。二十四年夏，高郵大旱，蝗集數寸。二十八年三月，臨邑、靜海、灤州、文安、霸州、蒲台飛蝗七日不絕。二十九年夏，吳川大旱，蝗損禾；東昌、安丘蝗。三十年三月，黃安、寧陽、滋陽蝗。三十三年七月，武清、慶雲蝗。三十七年二月，景寧飛蝗蔽天，大可駢三尺；淄川、新城蝗；鳳陽旱蝗，三十九年二月，安丘、壽光、沂水蝗。八月，文登蝗。四十三年三月，黃安、南陵旱蝗。九月，武昌蝗；江夏縣、潛江大旱蝗。四十九年冬，濟南大旱蝗。五十年六月，日照縣大旱，飛蝗蔽天，食稼；蘇州、湖州、泰州大旱蝗。五十一年五月、七月，房縣、宜城、棗陽、陽春旱蝗；羅田、麻城大旱蝗。五十二年四月初二日，麻城蝗，積地寸許。七月，黃岡、宜都、麻城、羅田、荊門州蝗。五十三年六月，平度縣大旱，飛蝗蔽天，田禾俱盡。五十六年六月，寧津、東光大旱，飛蝗蔽天，田禾俱盡。五十七年五月，武城、黃縣、高唐旱蝗。五十八年春，歷城旱蝗，有蟲如蠶，附於蝗背，蝗立斃，不成災。七月，安丘、章丘、臨邑、德平蝗。

嘉慶七年，蓬萊、莘縣、高唐、鄒平、諸城、即墨、文登、招遠、黃縣蝗。十年春，博興、昌邑、諸城蝗；臨榆蝻生。夏，滕縣飛蝗蔽天，食草皆盡。秋，昌邑蝗，食稼；寧海蝗。十九年，菏澤、曹縣、博興蝗。

道光三年，莘縣、撫寧蝗。四年，東平、清苑、望都、定州蝗。五年七月，清苑、定州飛蝗蔽天，三日乃止；內丘、新樂、曲陽、長清、冠縣、博興旱蝗。六年二月，灤州、撫寧蝗。十四年五月，潛江、棗陽旱蝗，雲夢旱蝗。十五年春，黃安、黃岡、羅田、江陵、公安、石首、松滋大旱蝗。五月，均州、光化蝗。七月，濱州、觀城、鉅野、博興、穀城、應城蝗。八月，安陸、玉山、武昌、咸寧、崇陽蝗；黃陂、漢陽大旱蝗。十六年夏，定遠蝗，紫陽蝗，宜都、黃岡、隨州、鍾祥旱蝗。七月，穀城、鄖縣、鄖西蝗。十七年春，應城蝗蝻。五月，鄖縣旱蝗；秋，復旱蝗。十八年夏，鄖縣蝗，應山大旱蝗，博興旱蝗。八月，東光蝗，不爲災。十九年九月，應山蝗。二十三年三月，鄖西旱蝗。二十五年七月，光化、麻城蝗。二十七年夏，應城蝻生，元氏旱，霑化蝗。十月，臨邑蝗。

咸豐四年六月，唐山、灤州、固安、武淸蝗。五年四月，靜海、新樂蝗。六年三月，靑縣、曲陽蝗。六月，靜海、光化、江陵旱蝗，宜昌飛蝗蔽天，松滋蝗。八月，昌平蝗，邢台蝗，香河、順義、武邑、唐山蝗。七年春，昌平、唐山、望都、樂亭、平鄉蝗；平谷蝻生，春無麥；靑縣蝻孖生；撫寧、曲陽、元氏、淸苑、無極大旱蝗；邢台有小蝗，名曰蠕，食五穀莖俱盡；武昌飛蝗蔽天；棗陽、房縣、鄖西、枝江、松滋旱蝗；宜都有蝗長三寸餘。秋，咸寧、漢陽、宜昌、歸州、松滋、江陵、枝江、宜都、黃安、蘄水、黃岡、隨州蝗，應山蝗，落地厚尺許，未傷禾；鍾祥飛蝗蔽天，亙數十里；潛江蝗。八年三月，撫寧、元氏蝗蝻生。六月，均州、宜城蝗害稼，應城飛蝗蔽天，房縣、保康、黃巖蝗害稼。秋，淸苑、望都、蠡縣、歸州蝻孖生。十月，黃陂、漢陽蝗。十一月，宜都、松滋蝗。十年六月，棗陽、房縣蝗。

光緒三年夏，昌平、武清、灤州、高淳、安化旱蝗。秋，海鹽、柏鄉蝗。四年九月，靈州蝗。七年六月，武清蝗。七月，臨朐蝗。八年春，玉田蝻生。九年夏，邢台蝗。十七年三月，寧津旱蝗傷稼。三十三年五月，山丹蝗。

順治五年，杭州民家猪生三耳八足；蒙陰縣民家猪產象，旋卒。九年八月，香山寺前猪生二人頭，隻眼，頭上一角，人身猪足，無毛。

康熙元年八月，天門民家猪生一豕，一身、二首、八蹄、二尾。十二年九月，揭陽民家猪產麒麟。十八年二月，棲霞民家猪生異獸，旋斃。五十一年，深澤縣民家豕生子，大物，大倍別子，色白，無毛，二目騈生頂上。

雍正五年，博山民家猪產象，長鼻，白色。

嘉慶十年，欒清民家豕生象。十八年，黃巖民家豕生象。

同治三年，新閩民家豕生象，未幾卽斃。

光緒元年，豕生象，色灰白，無毛。十三年，皋蘭民家豕生一象。

順治六年十一月，儀徵有四龍見于西南。十一年，淶水縣興雲寺梁上有蛇，身具五彩，十日後變爲白色；六月十五日，狂風驟雨，霹靂不絕，殿中若有龍鬬，及霽，蛇乃不見。

康熙元年七月二十九日，嘉興二龍起海中，赤龍在前，青龍在後，鱗甲發火，過柴家埭，倒屋百餘間，傷一人；九月初九夜半，火龍見。二年四月十六日，崇明龍見；三台東南出一蛇，長數丈，腰圍約三尺，身有鱗甲，赤光。三年五月二十一日，京山龍見，鱗甲俱現。七月朔，鎭洋大風海溢，有龍下麖場，傷數人。八月初四日，天晴無雲，黃龍見于東南。七年七月，咸寧有龍遊于縣署前，雨霽，不能升躍，市人繫其頸以游於市。十二年六月，深澤馬鋪民家龍起，大風雨，破壁而去。十二月十八日，丹陽見兩龍懸空，移時始去。十三年夏，永嘉龍見；萬載大水，龍出。十七年六月，咸寧大墓山有龍突現頭角，三日，鱗甲晃如赤金，白晝飛騰，穿山爲河，傷民畜。十八年十月十五日，鎭洋龍見于東南。二十一年十月，青浦、興化龍見。二十六年六月，黃縣龍晝見于朱家村，煙霧迷濛，火光飛起。三十六年三月，畢節龍見赤水河。四十年八月，獨山州南羊角村有龍見。四十一年六月初九日，鰲泉有白龍躍于平地，飛去。四十五年五月初六日，金山之巖有龍出，金光閃爍。四十七年，靈州井中有龍，時見其首尾，數日，忽大雨霹靂，騰空而去。六十年六月，金壇學宮前懸一龍，腥氣逆鼻，焚香禱之，騰空而去。七月十三日，南籠大雷雨，龍見于城西。

雍正二年七月，北流飛龍見。十二月，木門海子起煙霧，有蛟龍飛出之狀。五月，横州有龍起。七年春，安定文葦塔見一龍騰空而去。九年四月，安南有龍見于東北。六月，青浦龍見于沙灘。

乾隆二年二月，潮陽白龍見。三年正月，枝江龍見于城西。九月，青浦龍鬬於泖，自西南至東北入海。五年五月，高郵大風，有白龍舞空中，鱗甲俱現。六年六月十三日，崑山東鄉設網村有白龍捲去民房十七家。二十五日，席家潭有白龍捲去周家莊大舟幷二人，墜巴城鎮三里岸渚，復捲去鎮民盛某，擲地，身無恙。九年六月十二日，浮山有龍飛入民間樓舍，須臾煙起，樓盡焚。七月壬辰，建□天頓黑，有白龍尾垂二丈餘。十二年八月，高州龍見于小華山。十四年七月初五日，高淳龍起於永豐圩下，首尾鱗甲俱現。十五年七月，正寧秦家店有龍破屋而升，俄大雷雨。十九年秋，濟南亘治河有龍鬬。二十年五月二十日，澄海狂風驟雨，有雙龍自東而來，由蓬州所東門經過，冲倒城垣五十七丈，民房三百餘間，有壓斃者。二十一年六月，招收、龍井地方有龍自空冉冉而下。二十六年五月二十七日，葭州赤龍見于張體兩川園中。六月初七日，高平火龍見于石末村。七月十四日，泰安蛟起夏輝村西河，高二丈，彩色灼爛，横飛東南，風雲隨之。二十九年四月十三日，天門烏龍見，頭角爪甲俱現。四十三年三月，安丘龍見。四十六年八月十二日，莒州羣龍見于吳山東北。

五十五年五月，定海舟山龍起，漂沒田廬，淹斃人口；越三日，龍斬三段，尾不見，其鱗巨如葵扇。五十六年六月，莒州赤龍見于龍王峪，先大後小，長數丈，所過草木如焚。六十年春，青浦有白龍自東至金澤鎮南，去地祗三四尺，所過屋瓦皆飛。

嘉慶六年，東湖修孔子廟，見白龍乘風飛去。九年，曲陽濟瀆河水暴發，見龍車數乘涉水而沒，水退。十四年五月，有龍戲于瑞州城隍廟江均河，水立丈餘。二十年六月，黃岡柳子巷蛟起，傷一百四十餘人，衝沒田宅無算。二十一年六月，蛟見于嬰武水。

道光四年七月，麻城龍見于月望岩。五年七月甲辰，武進龍見于芙蓉湖。六年六月初五日，宜都蛟起，壞民居，溺人無算。七年五月初十日，房縣汪家河水溢，蛟起，壞民田無算。九年十一月二十二日，滕縣見青龍，長約數十丈，鱗甲俱現。十年六月，松滋城原寺出龍，過洋州上升。七月十二日，永嘉起蛟，裂山而出，漂沒田廬，淹斃人畜無算。十六年七月甲申，武進有龍陷地成潭。二十八年五月，監利龍見于洪湖。七月二十三日，太平五龍同見空中，是夜颶風大作。

咸豐二年五月十七日，枝江天無片雲，有白龍降于瓦窰湖，蜿蜒行數里，忽騰去。三年七月初七日，西鄉白龍見，長數十丈。七月十五日，黃陂龍見于聶口，鱗甲宛然，擁船隻什物於空中。十一月，西寧西納川降孽龍，臭聞數里。五年七月二十三日，石首風雷大作，頃之二龍接尾而上。六年五月，鄱陽縣兩頭蛇見。七年五月初八日，來鳳縣曾氏塘風雨驟至，有物長丈餘，乘風入塘，形似牛，身備五色，目灼灼有光，水噴起。八年六月十七日，雲夢有龍入城，壞廬舍無數，繞城東北去。十年三月，麻城龍見。五月，松滋天鵝塘出龍，行陸地，所過禾稼盡偃。十一年冬，平湖有二龍鬭于海。

同治三年，蘇州有龍鬭。四年正月，宜城龍見于芳草洲。六年五月初五日，高淳見三龍。十年三月二十二日，湖州有龍鬭，狂風驟雨，拔木覆舟。五月十二日，高淳龍見。七月底，城有蛟起于井中。

光緒十九年正月，靈台龍見于井中。二十一年十月，大通龍見于惠廣寺。

順治十年四月，吳川有山馬二：一渡石塹，一自城東南角入。

康熙三年七月，畢節民家馬生駒，五足。五年六月，孝豐有馬見于魚池鄉之安市，毛鬣如凡馬，背有肉鞍，往來田間，月餘不知所終。十五年五月，南樂生員趙豪馬生雙駒，一牝一牡。二十六年，平遠州民家馬產雙駒。

雍正八年二月，江津縣民家馬產雙駒。

乾隆二十一年夏，豐順湯坑寨有白馬成隊，夜出食禾，驅之不見。

道光二十九年二月，定州中谷村民家白馬產二青騾。

同治元年，西寧鎮海營騾馬同胎而生。

順治八年，歙縣民吳全妻呂氏一產四男。

康熙元年，萊陽民徐維平妻生男四目、四手、四足。十一年，晉州民郭好剛妻馮氏一產四男。十三年，東陽民某姓兄弟，其婦俱孕，及產，一產鮎魚，魚頭蛇身；一產獼猴，手爪俱備。十六年，畢節民彭萬春女七歲出痘，及愈，變爲男。十七年春，清河民家生子無首，兩目在乳，口在臍，殆形天類歟？二十五年五月，忠州民雷氏女化爲男，後爲僧。三十二年，德州民王邦彥妻一產四男。三十四年，長治民張自富妻王氏一產三男。三十七年，保安州民岳戍妻李氏一產三男。三十八年，潞城民常通妻一產三男。三十九年，湖州陸氏婦產一男，兩首四臂。四十一年，西寧縣賈文舉妻一產四男。四十四年夏，石首縣民張若芝妻一產三男。四十六年，吳縣民譚某家女子化爲丈夫。五十三年，廣元民婦產二蛇，無恙；萊陽縣民高萬言妻一產四男。五十四年六月，東平州民孫子芳妻一產三男。五十六年，東流民檀上元妻洪氏一產三男；潁上民張某妻一產三男。五十七年，信陽州民邢序妻一產三男。五十八年，興化縣民趙自顯妻一產三男；趙城民賈則宜妻一產三男。五十九年，邯鄲民王某妻一產三男。六十一年，鉅野縣民史徧妻一產三男。

雍正元年，鄆縣民某妻一產三男，青州民李福奎妻一產二男一女，高密民劉巨卿妻一產三男，巢縣民馬少步妻龐氏一產三男。二年秋，南陵民毛起美妻一產三男，汾陽民賈三聘妻一產三男，簡州民王之佐妻一產三男。三年二月，齊河民甄養武妻一產三男，潞城民秦述賢妻郭氏一產三男，襄垣民郝世惠妻武氏一產三男，陽城民張國澤妻劉氏一產三男。四年，陶縣民徐來振妻一產三男，襄陵縣民栗星奇妻一產三男。五年，東河縣民劉虎妻一產三男，陽城民李珍妻一產三男。六年，定興縣民任萬通妻、楡次民劉志龍妻俱一產三男，東山村民家產婦生魚，亭山縣民田禹妻一產三男。七年，錢塘縣民邵學桂妻吳氏、天台縣民褚伯賢妻劉氏、蕭山縣民高耀妻俱一產三男，新建縣民周義士妻夏氏一產三男，彭澤縣民羅翰聲妻宋氏一產三男，合肥民龔紹衣妻陳氏一產三男，安邑縣民馮維明妻薛氏一產三男，施縣民王進祿妻崔氏一產三男。八年，商縣民孫作聖妻一產三男，黃縣民高從義妻一產三男，錢塘縣民楊大成妻嚴氏、遂安縣民洪文錫妻毛氏俱一產三男，壺關民某妻李氏一產四男，崇陽縣民孫文林妻王氏一產三男，興安民龔章純妻一產三男，臨海縣民項如茂妻林氏、鎭海縣民陳道才妻應氏俱一產三男。十年，洪洞縣民許元生妻鄭氏一產三男，趙玉錫妻章氏一產三男，介休民燕居宇妻武氏一產三男，陵川民秦遇妻一產三男，什邡縣杜某婦一產三男，永嘉縣民李天錫妻林氏一產三男，浮梁縣民魏經武妻李氏一產三男，房縣民吳士貴妻一產三男。十一年，冀州民白起妻薛氏一產三男，遂安縣民姜自周妻胡氏一產三男。十二年春，齊河民劉紛妻官氏、新城民趙允中妻俱一產三男。六月，潛山民汪祝三妻一產三男，開化縣民畢懋增妻一產三男。十三年四月，灤州民張德福妻一產三男。九月，灤州民胡在粱妻一產三男，臨海縣民榮宗棣妻奚氏一產三男，南昌縣民朱中祿妻曹氏一產三男。

乾隆元年，武强民楊守有妻蔡氏一產三男，定遠縣民羅旌友妻楊氏一產三男。二年二月，平湖監生徐士穀妻張氏一產三男。九月，景州民張自立妻王氏一產三男，靜海民婁蒙貴妻某氏一產三男。十一月，石城縣民董永瑁妻李氏一產三男。三年六月，甘泉民蔣國泰妻蘇氏一產三男。八月，秀水縣民葛漢文妻徐氏一產三男，營山縣民周銘妻文氏一產三男。十一月，灤州民李廷璽妻一產三男，景州民張世勳妻劉氏一產三男一女。四年四月，岳池縣民苟稀聖妻李氏一產三男，婁縣民何效章妻陸氏一產三男。六月，稷山民張桂妻劉氏一產三男。五年三月，潛山縣民馮某妻一產三男。五月，無爲生員魏海元子婦一產三男，潞澤營兵丁謝金成妻魏氏一產三男。八年五月，稷山民趙傑妻一產三男。九年五月，大埔民羅淑鄞之妻李氏一產三男。十年，銅山民劉瑞發妻韓氏一產三男，夏名魁妻劉氏一產三男，貴池民吳來盛妻葉氏一產三男。十一年，大埔縣民危肇彬妻詹氏一產三男，貴陽民劉允福妻喻氏一產三男。十四年，無極縣民袁文孝妻焦氏一胎產四子，兩男兩女，皆活。十五年，監利縣民何名周妻黃氏一產三男。十六年，南昌縣民徐仲先妻萬氏一產三男，盂縣民田世隆妻石氏一產三男。十七年四月，寧河民劉守秀妻趙氏一產三男。十八年，平利縣民張寧妻呂氏一產三男。十九年，濟陽民賈含福妻谷氏一產三男。二十年，深澤民蘇勇妻宋氏、劉邦林妻閻氏俱一產三男，灤州民高宗義妻一產三男。二十一年五月，定州民張照妻徐氏一產三男，濟寧州民王盡忠妻一產三男，營山縣民魏國平妻陳氏一產三男。二十二年，資陽縣生員宋如衡妻蘇氏一產三男，浦江縣民葛有聖妻徐氏一產三男。二十三年八月初五日，兵丁劉任妻黃氏產一男，越日產一女，午刻又產一男。二十五年，陵川諸生馬伯顧妻一產三男，南豐縣民鄧君奇妻朱氏、安義縣民熊壁湘妻彭氏俱一產三男，雲夢民冷少松妻許氏一產三男。二十六年七月，鳳台縣民陳全妻一產三男，武昌縣民劉陞妻一產三男。二十七年，鄒縣民田成妻一產三男。二十八年三月，武進縣民巢雲五妻一產三男。二十九年，武城縣民劉成妻高氏一產三男，即墨縣民高岱妻王氏一產三男，平陸縣民高懷妻一產三男，清水縣民喬國祥妻王氏一產三男。三十年，臨清州民楊維桐妻一產三男。三十一年，新城民朱振連妻一產三男，臨清州劉德員妻一產三男，樂至縣民羅景璋妻周氏一產三男。三十二年五月，府谷縣民王友妻一產三男。六月，臨縣民李映實妻一產三男。十月，德州民陳三妻一產三男。三十四年，寧河于邦朝妻蘇氏一產三男，黄縣民王偲妻高氏一產三男。三十五年，武昌縣徐定貴妻一產二男二女。三十八年，高平縣民張萬全妻李氏一產三男。三十九年二月，諸城縣民郭榮妻一產三男。四十年，南昌縣民李菁妻梁氏一產三男，樂平縣民王彩珍妻廖氏一產三男。四十一年六月，龍里縣民家生子，目中有臂三寸許，青陽民曹正逵妻董氏一產三男。四十二年，貴池民孫全愷妻謝氏一產三男。四十三年九月，德州民趙楷妻崔氏一產三男，陵川民李珏妻王氏一產三男，洵陽寄籍楚民張希賢妻雷氏一產三男。四十四年，昭化縣民王宰仕妻張氏一產三男，此婦四孕，每產必三，亦異婦也；光化縣民許文思妻柯氏一產三男。四十六年，高郵縣民于志學妻管氏一產三男，梓潼縣民羅全義妻楊氏一產三男。四十七年，寧州民彭國治妻葉氏一產三男。四十八年，茂州民文廷柱妻一產三男。四十九年十一月，新建縣民黎獻文妻熊氏一產三男。五十年，太平縣民傅學妻羅氏一產三男。五十二年二月，房縣民張大業妻一產三男，京山縣民李羣來妻一產三男。五十三年，廣州民廖伯萬妻朱氏一產三男。五十四年三月，瑞昌縣民周全萬妻陳氏一產三男，昭化縣民張應輝妻劉氏一產三男，宜賓縣民萬方麟妻陳氏一產三男，簡州民藍學榮妻王氏一產三男，莒州民劉翰閣妻一產三男。五十七年五月，高郵縣民閔立禮妻李氏一產三男。五十八年，貴陽女子莫二陽化爲男子，石首縣民譚盛治妻一產三男，陽信縣民王學皆妻張氏一產三男。五十九年，天全州民劉祥遠妻熊氏一產三男。六十年，沂水縣民趙有佐妻王氏一產三男。

嘉慶二年，莘陽縣民楊國玉妻簡氏一產三男，分宜縣民羅大成妻藍氏一產三男，鄒平民樊梅清妻一產三男，諸城縣民王立妻一產三男。四年七月，博興縣民張維慶妻一產三男，溪陽縣民吳正彩妻劉氏一產三男。十二月，定州民薛際昌妻趙氏一產三男。五年正月，隨州民聶中妻一產三男。六年，營山縣龍宣江妻郭氏、廣元縣民董在義妻俱一產三男，長樂縣民張茂榮妻劉氏一產三男，竹山男子李大鳳化爲女，棲霞邱家村王氏婦化爲男子。八年三月，臨淄縣民王氏婦一產四男，新城民岳景妻一產三男。十年三月，日照縣民張延妻徐氏一產三男。十二年二月，諸城縣民王授堯妻曲氏一產三男。三月，東阿縣民蔡光輝妻金氏一產三男，東鄉縣民黎鳳蘭妻趙氏一產三男。十三年五月，留壩縣民靡永鉗妻陳氏一產三男，應城縣民某妻一產三男。十五年正月，黃濟縣民金澤妻生子無耳目口鼻，兩頭一角，扣之有聲如銅。十八年，益都縣民梁氏子驟長一丈有奇。十九年，巴縣民劉天才妻一產三男，博興縣民李敬昌妻趙氏一產三男，靖遠縣民張守和妻王氏一產三男。二十一年六月，武城縣武庠生王靈妻刁氏一產三男。九月，湖口縣民吳紹榮妻時氏年四十五歲，初胎一產三男，應城縣魯姓婦遺腹一產三男。二十二年正月，彭澤縣民何奇峯妻王氏一產三男。二十三年十一月，博興縣民孫在興妻白氏一產三男。二十四年四月，樂安游氏女春桃年十五歲化爲男。二十五年，日照縣民宋晳妻周氏一產三男，定海廳民陳宏球妻一產三男。

道光元年九月，日照縣民趙希常妻張氏一產三男。三年五月，中衞縣民吳興妻一產三男。五年，樂平縣民甘德喜妻陳氏一產三男。六年七月，樂淸縣民戴萬春妻林氏一產三男，麻城民甘學楷妻一產三男。七年，宜城縣民張金福妻一產三男，狄道州民潘永周妻一產三男。九年十月，樂陵縣民張志芳妻柳氏一產三男。十年七月，濱州民趙登坡妻張氏一產三男。十一年七月，萊陽縣民孫洪妻一產三男。十三年，崇陽縣民傅調鼎妻一產二男一女。十四年，日照縣民馬立太妻一產三男。十五年七月，利津縣民馬恭妻宋氏、商縣民張曲寅妻胡氏俱一產三男。十六年，日照縣民郭忠妻劉氏一產三男。十七年，樂陵民陳吉順妻宋氏一產三男，覲城縣民陳珩妻錢氏一產三男。二十年，貴定民王某妻一產三男。二十二年十一月，南鄉有女化爲男。二十五年十二月，平度民蘭種玉妻一產三男。二十七年十月，公安縣民婦產一女，手足各四，三日而口有齒。二十八年四月，葛家坡盧氏女年十二化爲男。二十九年，西寧縣民張侈倫妻一產三男，玉山縣民李前鄰妻周氏一產三男。三十年三月，應城縣民宋爽先妻張氏一產三男，黃陂縣民李允埪妻劉氏一產三男。

咸豐元年，崇陽縣民某婦一產五男。二年二月，黃縣民王經魁妻一產三男。五月，宜都杜氏女十三化爲男。五年，平湖民黄某妻一產四女一男。六年，黄安縣民婦產一子，二首一身。十一年，興國縣民曾世紅女許字王氏子，幼，卽收養夫家，及年十四，化爲男，遣歸。

同治三年，卽墨縣民家有男化女，孕生子。四年，秀水陳氏婦產四鼠。五年，東南鄉民有女化爲男。八年九月，靈州民惠澤之妻孕三歲不產，忽小腹潰裂，子從孔出，如人形，頃之子死，腹復合無痕。十年冬，襄陽民徐氏子生而有佛像三，下作蓮花紋，在其左偏。

光緒三年四月，臯蘭庠生張文煥妻一產四男。十八年六月，寧州民馬壽隆妻生一子，三眼、三足，一眼在額上。三十三年，寧州民馮某家生一子，深目長喙，爪背有毛長寸，能左右顧，啼聲如猿。

順治元年，懷來大疫，龍門大疫，宣化大疫。九年，萬全大疫。十三年，西寧大疫。

康熙元年五月，欽州大疫，餘姚大疫。七年七月，內丘大疫。九年正月，靈川大疫。十二年夏，新城大疫。十六年五月，上海大疫。六月，青浦大疫。七月，商州大疫。十九年正月，蘇州大疫，溧水疫。八月，青浦大疫。二十年，晉寧疫，人牛多斃；曲陽大疫。二十一年五月，楡次疫。二十二年春，宜城大疫。三十一年三月，鄖陽大疫。五月，房縣大疫，廣宗大疫。六月，富平疫，同官大疫，陝西大疫，鳳陽大疫，靜寧疫。三十二年七月，德平大疫。三十三年夏，湖州大疫，桐鄉大疫。秋，瓊州大疫。三十六年夏，嘉定大疫，介休大疫，青浦疫，寧州疫。三十七年春，壽光、昌樂疫。夏，浮山疫，隰州疫。四十一年三月，連州疫。四十二年春，瓊州大疫，靈州大疫。五月，景州大疫，人死無算。六月，曲阜大疫，東昌疫，鉅野大疫。八月，文登大疫，民死幾半。四十三年春，南樂疫，河間大疫，獻縣大疫，人死無算。六月，菏澤疫。秋，章丘大疫；東昌大疫；青州大疫；福山瘟疫，人死無算；昌樂疫，羌州、寧海大疫；濰縣大疫。四十五年夏，房縣大疫，蒲圻大疫，崇陽疫。四十六年五月，平樂疫，永安州疫。七月，房縣大疫，公安大疫。八月，河陽大疫。四十七年二月，公安大疫。三月，沁源大疫。五月，靈州大疫，武寧大疫，蒲圻大疫，涼州大疫。四十八年三月，湖州大疫。四月，桐鄉大疫，象山大疫，高淳大疫，溧水疫。五月，太湖大疫，青州疫。六月，潛山、南陵、銅山大疫，無爲、東流、當塗、蕪湖大疫。十月，江南大疫。四十九年秋，湖州疫。五十二年冬，化州大疫，陽江大疫，廣寧大疫。五十三年夏，陽江大疫。五十六年正月，天台疫。六十年春，富平疫，山陽疫。六十一年七月，桐鄉疫，嘉興疫。

雍正元年秋，平鄉大疫，死者無算。二年六月，陽信大疫。四年四月，上元疫，曲沃疫。五月，大埔疫，獻縣疫。五年夏，揭陽大疫，海陽大疫。秋，澄海大疫，死者無算。冬，漢陽疫，黃岡大疫，鍾祥、楡明疫。六年三月，武進大疫，鎭洋大疫，常山疫。四月，太原疫，井陘疫，沁源疫，甘泉疫，獲鹿疫，枝江疫，崇陽大疫，蒲圻大疫，荆門大疫。夏，巢縣疫，山海衞大疫，郿西大疫。十一年，鎭洋大疫，死者無算；崑山疫；上海大疫，寶山大疫。

乾隆七年六月，無爲疫。十年十一月，棗陽大疫。十二年五月，蒙陰大疫。十三年春，泰山大疫，曲阜大疫。夏，膠州大疫，東昌大疫，福山大疫。秋，東平大疫。十四年五月，青浦大疫，武進大疫。七月，永豐、溧水疫。二十一年春，湖州大疫，蘇州大疫，婁縣大疫，崇明大疫，武進大疫，泰州大疫。夏，通州大疫。十一月，鳳陽大疫。二十二年四月，桐鄉大疫。七月，陵川大疫。二十五年春，平定大疫。六月，嘉善大疫。冬，靖遠大疫。三十二年八月，嘉善大疫。三十五年閏五月，蘭州大疫。四十年春，武强大疫。四十八年六月，瑞安大疫。五十年冬，青浦大疫。五十一年春，泰州大疫，通州大疫，合肥大疫，贛楡大疫，武進大疫，蘇州大疫。夏，日照大疫；范縣大疫；莘縣大疫；莒州大疫，死者不可計數；昌樂疫；東光大疫。五十五年三月，鎭番大疫。八月，雲夢大疫。五十七年九月，黃梅大疫。五十八年冬，嘉善大疫。六十年十二月，瑞安大疫。

嘉慶二年六月，寧波大疫。三年五月，臨邑大疫。五年五月，宣平大疫。十年二月，東光大疫。三月，永嘉大疫。十六年七月，永昌大疫。十九年閏二月，枝江大疫。二十年春，泰州疫。四月，東阿疫，東平疫。七月，宣州疫，武城大疫。二十一年，內丘大疫。二十三年十一月，諸城大疫。二十四年五月，恩施大疫。二十五年七月，桐鄉大疫，太平大疫，青浦大疫。八月，樂清大疫，永嘉大瘟疫流行。冬，嘉興大疫。

道光元年三月，任丘大疫。六月，冠縣大疫；武城大疫；范縣大疫；鉅野疫；登州府屬大疫，死者無算。七月，東光大疫，元氏大疫；新樂大疫；通州大疫；濟南大疫，死者無算；東阿、武定大疫；滕縣大疫；濟寧州大疫。八月，樂亭大疫；青縣時疫大作，至八月始止，死者不可勝計；清苑、定州瘟疫流行，病斃無數；灤州大疫；元氏、內丘、唐山、蠡縣大疫；望都大疫；臨榆疫；南宮、曲陽、武強大疫；平鄉大疫。九月，日照大疫，沂水大疫。二年夏，無極、南樂大疫，臨榆大疫，永嘉疫。七月，宜城大疫，安定大疫。三年春，泰州大疫。秋，臨榆大疫。四年，平谷、南樂、清苑大疫。六年冬，霑化疫。七年冬，武城疫。十一年秋，永嘉瘟。十二年三月，武昌大疫，咸寧大疫，潛江大疫。四月，蓬萊疫。五月，黃陂、漢陽大疫；宜都大疫；石首大疫，死者無算；崇陽大疫；監利疫；松滋大疫。八月，應城大疫，黃梅大疫，公安大疫。十三年春，諸城大疫。四月，乘縣大疫。五月，宜城大疫，永嘉大疫，日照大疫，定海廳大疫。十四年六月，宣平大疫，高淳大疫。十五年七月，范縣大疫。十六年夏，青州疫，海陽大疫，卽墨大疫。十九年九月，雲夢大疫。二十二年正月，高淳大疫。夏，武昌大疫，蘄州大疫。二十三年七月，麻城大疫，定南廳大疫。八月，常山大疫。二十七年秋，永嘉大疫。二十八年春，永嘉大疫。二十九年五月，麗水大疫。

咸豐五年六月，清水大疫。六年五月，咸寧大疫。十一年春，卽墨大疫。六月，黃縣大疫。

同治元年正月，常山大疫。四月，望都、蠡縣大疫。六月，江陵大疫，東平大疫，日照大疫，靜海大疫。秋，清苑大疫；灤州大疫；寧津大疫；曲陽、東光大疫；臨楡、撫寧大疫；莘縣大疫；臨朐大疫；登州府屬大疫，死者無算。二年六月，皐蘭大疫，江山大疫。八月，藍田大疫，三原大疫。三年夏，應山大疫，江山大疫，崇仁大疫。秋，公安大疫。五年五月，永昌大疫。六年二月，黃縣大疫。七月，曹縣大疫。九月，通州疫，泰安大疫。八年六月，寧遠、秦州大疫。七月，麻城大疫。九年秋，麻城大疫。冬，無極大疫。十年五月，孝義廳疫。六月，麻城大疫。十一年夏，新城大疫，武昌縣大疫。

順治六年六月，太平啓山縣山鳴如雷，移時乃止。十月，階州山鳴。九年九月，武强天鼓鳴。

康熙元年七月七日，夜聞有聲。二年四月二十三日，萊陽有聲如海嘯，自南起，至子時方息。四年正月初九日，西山鳴，永嘉山鳴，瑞安山鳴。七年八月，泰山鳴。九年夏，黃巖天鼓鳴。十七年十二月二十二日未時，棗强、同官中有聲如雷，起自西北。二十四年五月，樂昌有聲如雷，自西南之東北。四十七年七月，霑化無雲而雷。五十年十月十一日，玉屏南山有聲如鳴鼓。五十六年七月，合肥縣城牆夜哭三次。六十年十一月十九日午刻，遵化有聲自西南來，其聲如雷。

雍正七年九月，嘉平無雲而雷者三。十二年正月初三，武定有聲如雷，自東北至西南，移時乃止。

乾隆六年八月，宜昌峯山有聲如牛鳴，聲聞數十里，數十晝夜不息，自止。十年五月，寧津無雲而雷。十一年四月，分水南慈山夜半石鳴，逾日乃止。十二年正月十三日，解州無雲而雷。十二月乙酉，肥城仁貴山有聲如雷，移時乃止。十七年二月，忻城夜中有聲如雷，移時乃止。十八年五月，池州東南山鳴。二十一年八月，秦州邽山鳴。二十三年三月，東萊清嶺鳴聲如殷雷。

嘉慶元年二月，榮成有聲如雷，自西北向東南。十年三月三日，袁州空中有聲。

道光二十年九月，星子五老峯有聲如雷。二十六年八月，平湖四城鳴如鳥啾啾不已。

咸豐元年六月，浮梁城隍廟有哭號聲。八月二十八日，隨州有聲如雷。三年七月，元氏天鼓鳴，自東北至西南，數日始止。十年二月，臨朐逢山石鼓鳴。

同治元年正月初二日，三原東鄉夜聞兵馬聲。六月，狄道州鳳凰山鳴聲如雷，數日不息。四年四月，通渭、泰安有聲鳴如鼓。六年夏，江山江郎山鳴。二年六月十四日，漳縣有巨聲三作，聲聞數十里。

光緒二十二年四月戊子，南樂無雲而雷。二十三年五月，南樂無雲而雷。

順治五年六月，貴池隕石。十年四月，瀘州星隕化爲石，大如斗。

康熙十三年五月，寧遠墜二星，化爲紅石。十五年五月，青浦星隕，墜地有聲，居民掘之，見一黑石，按之尙熱，重九十斤，擊碎，刀摩之，火光四射。二十年正月二十日，海豐有星隕化爲石，其形三角，重九斤。二十四年正月初六，饒平星隕黃岡五丈港，聲聞數十里，化爲石，其大如斗，其色外靑內白。

雍正八年八月，府谷星隕，入土四尺，掘之得一黑石。

乾隆三十五年三月，樂安空中有光如炬，掘地得一石，鐵色，大如斗，叩之有聲，欲舁之，不語則舉，語則雖大力不能舉。四十年八月，鉅□縣屬吳家集隕星一，化爲黑石。四十七年八月，滕縣星隕忠三保楊氏院中，化爲石，色靑白，重約百觔，孔數百，大容拳，小容粟。五十八年四月，分宜隕石于田，巨聲如雷，黑色。

嘉慶二十三年十一月二十五日，長星落，有聲如雷，土人視其隕處成一坑，掘之，得一石，長二尺餘，闊尺餘，形方而角圓，擊碎之，中分五色。

咸豐十一年七月三十日，光化隕星三，化爲石。

同治十二年六月十四日，漳縣馬成龍川有巨聲三作，聞數十里，空中墜石三塊，高可四尺五寸。十月，羅田隕石，觸地而碎。

光緒二十年正月二十二日，皋蘭隕星如火毬，土人識其處，掘之，得一鐵卵。

順治十一年二月初九日，香山河水如血，次日復故；崖州東荔枝塘水赤如血，旬日乃已。十二年，萬泉井水黑。十三年，江州泉水忽赤如血。十四年三月，畢節雙井出紅水，龍潭出黑水。十五年四月，潮陽江水變色黑而濁。十八年八月，通州河水黑如墨。

康熙十五年九月，渭水赤。三十二年，襄陵水赤，半月始復。

雍正二年七月，桐鄉海水入內河，味如滷。

乾隆三十三年六月，歙縣西鄉池塘、井泉之水沸起如立，移時乃平。

道光元年六月，曹縣城中坑水赤。

咸豐三年七月，應城堰水無故由南趨北，湧起如山，南北水二道中凹見底，移時始合；

安陸水鬬。四年十一月，蘄水水湧，躍高數尺；青浦水無故自湧。五年六月，雲夢池水自溢，高尺許，頃復故。十一月初五，宜昌堰水，無風水自湧起尺許。

光緒四年五月十二日，孝感塘水忽沸起，高二尺許，逾時始定；黄岡水自湧；雲夢塘自溢，久之始定。

宣統元年六月，隴水赤三日。

順治元年八月，東陽大水，邢台大水。二年四月，萬載大水，淹沒田禾；東安大水。七月，嵊縣大水，邢台大水，棗强大水，眞定滹沱河溢，雞澤大水，單陽大水。三年二月，阜陽大水，亳州大水。五月，兗州大水，漂沒廬舍，沂州、蒙瀆大水。七月，高平大水，臨淄大水。四年四月，萬載大水。六月，平樂、蕭縣、銅山、望江、無爲、阜陽、亳州大水。七月，瑞安、曲阜、沂水、樂安、汶上、昌樂、安丘大水。八月，高州、高郵大水，寧陽汶水溢。五年春，五河、平原、汶上大水。五月，平樂、永安、密雲、獻縣、新河、柏鄉、霸州大水；白河堤決。六月，武强、平鄉、南和、永年、棗强、密雲、晉州、宿松大水；建德蛟起大水。七月，潁上、亳州、太平、常山大水。六年四月，九江、漢陽、鍾祥大水。五月十八日，阜陽淮河漲，平地水深丈許，壞民舍無算。七月，鹽城、文安、眞定、順德、廣平、大名、河間大水。七年正月，漢陽九眞山蛟發水。五月，齊河河決，長清河決，荆隆口平地水深丈餘，村落漂沒殆盡，黃河決；剡城、日照大水。六月，蒼梧、遂昌、台州、湖州、興安、安康大水。秋，東阿大水，淹沒六十七村；東明、荆隆口決，河溢，陸地行舟；茌平、昌邑濰水決，漂沒田禾；石城、膠州、恩縣、堂邑、武定府屬大水。十月，仙居大水，城北隅塌，壞田廬無數，民多溺死；撫寧、欒城大水。八年正月，石埭、蘇州大水；景州河決。四月初七日，潛山蛟出千百條，江暴漲，壞民居無算；望江大雷雨。五月，旌德大雨，蛟發水，平地水深丈餘，溺死人畜無算。八月，烏程、瑞安、高淳、鎭洋大水傷禾。十月，廣宗、南樂、玉田、邢台、寧河、南和大水。九年二月，東流大潦，湖水出，江湧高丈餘。三月，齊東黃河決。五月，臨清、平定、樂平、壽陽、武定、商河、樂陵大水，村落多淹沒。六月，樂平、岳陽、平陽、滎河、壽光、昌樂、安丘、高苑大水。七月，蒙陰、秦州、隴西、烏程、鍾祥、開平大水害禾稼。八月，普寧、桐鄉大水。

十年四月，石首、枝江大水；松滋堤潰。五月，沁水、壽陽、興安大水；欽州海水溢。六月乙卯，蘇州大風雨，海溢，平地水深丈餘，人多溺死；安定、白河雷雨暴至，水高數丈，漂沒居民；陽穀大水，田禾淹沒，民舍多圮，陸地行舟；文登大雨三日，海嘯，河水逆行，漂沒廬舍，衝壓田地二百五十餘頃。七月，鎭洋、蕭縣、嘉興大水。八月，莘縣、臨清大水。十一年三月，武昌縣雷山寺蛟起，水平地深丈許；沔陽堤潰大水。五月，興寧、龍川大水。六月，茌平黄河決，村墟漂沒。十二年正月，鹽城海溢，人民溺死無算。四月，石埭、嘉興、鍾祥、潛江大水。六月，漳水溢，平地水深丈許，陸地行舟。十三年五月，武强、湖州大水，興寧大水，陸地行舟。六月，萬載、萍鄉、寧都大水。十月，平湖、烏程、天台大水。十四年六月，太平、石埭、銅陵大水。秋，望都、高要、安丘大水。十五年三月，台州、臨海大水。夏，歸州、峽江、宜昌、松滋、武昌、黄州、漢陽、安陸、公安、嵊縣大水；宜城漢水溢，浮沒民田；當陽水決城堤，浮沒田廬人畜無算；荆門州大水，漂沒禾稼房舍甚多。秋，蘇州、五河、石埭、舒城、婺源大水，城市行舟；鍾祥大水；天門漢堤決；潛江大水。十六年四月，湖州、信宜大水。五月，衢州、江山、常山、江陵大水。六月，江夏、漢川、沔陽大水。十一月，仙居、通州、延川大水。十二月，望都、獻縣大水。十八年五月，龍川、峽江、萬載大水。六月，河源、平樂、蒼梧、武强大水。八月，淳安、慶元、南昌各府大水。

康熙元年五月，廣州大水。六月，洵陽、白河、興安、榆林大水。七月，孝感、沔陽、廣陵、江陵、松滋、鉅鹿、興化、蕭縣、沛縣、寧州大水。八月，天門漢水溢，堤決，舟行城上；成安、鍾祥、潛江大水。九月，冀州、阜城大水。二年六月，漢中、漢江、交河大水。七月，永安州、平樂、貴州、咸寧、大冶、蘄州、江陵大水。八月，松滋堤決，大水浸公安，民溺無算；枝江大水，漂沒民居，浮屍旬日不絕；宜都、黄岡、鍾祥、麻城、鉅鹿大水。九月，浦江、當塗、望江大水。十二月，蒲圻、大冶、沔陽、天門大水；江陵郝穴堤潰，大水。三年三月，阜城、萬載大水。六月，偏關河水暴發，壞民舍甚多，城內水深丈餘；海寧海決，水入城壕，天門、大埔大水。閏六月，延安、昌黎大水。七月，交河、梧州大水。八月，餘姚、山陰大水害稼，仙居、桐鄉大水。十二月，汾州府屬大水。四年三月，阜陽、望都大水，鳳陽水入城。七月，平定嘉水溢，景州、肥鄉、湖州、麗水、萍鄉、望都、雞澤大水，天門水決入城。八月，高邑、仁化、平樂、梧州大水。六年八月，懷來、河間、蠡縣大水，萊陽大水高數丈。七年五月，麻城、玉田、大埔大水。六月，欒城、南宮、藁城、磁州大水。七月，趙州、臨城、高邑、深澤、安平、永年、蠡縣、鉅鹿、黃巖、樂清、萍鄉大水。八月，交河、高平、蒼梧大水。八年六月，三水、茂名、化州大水；房縣大水，壞田廬；東莞潦潮大溢。九年，鍾祥、應城、蒲圻、崇陽、枝江、鳳陽大水，湖州太湖水陡漲丈餘，漂沒人畜廬舍無算；青浦、全椒、五河、鄞縣、上虞大水；博野等二十九州縣大水。

十年秋七月，松滋、宜都大水。八月，文安、安肅、濟寧州大水，沭陽、石首大水。十一年，巴縣、忠州大水入城，酆都、遂寧、平樂、永安州、任縣大水。六月，湖州、宜興大水，漂沒民房，英德、杭州、邢台大水，宜都、潛江、松滋、太平、烏程大水。十二年六月，高要、蒼梧、虹縣、濟南府屬大水。十三年三月，蘇州大水，霸州等十一州縣水。五月，任縣、萬載大水；瓊州海水溢，民舍漂沒入海，人畜死者無算。十四年六月，五河、新城、蠡縣、肅寧大水。

八月，梧州大水。十五年正月，潛江、穀城大水；宜城漢水溢，漂沒人畜禾稼房舍甚多。五月，白河、永安州、平樂、武昌、大冶、蒲圻、黃陂、孝感、沔陽、廣濟、宜城、天門、梧州大水。六月，黃岡、江陵、監利、蘇州、青浦大水；廣濟江決，大水；懷集、震澤、蕭縣大水。九月，銅山、南樂大水。十六年二月，高郵、銅山、蕭縣大水。四月，潛江、望江大水。七月，河間、安丘、任縣、雞澤、欽州、蒼梧、橫州、潯州大水。十七年四月，龍川、和平、湖州大水。六月，欽州、惠來、遂州、合江大水。七月，任縣、邢台、蕭縣、銅山、延安、平樂大水。十八年七月，祁州、肅寧大水。八月，漢中大水，潛江堤決。十九年六月，廣濟、宜都、宜昌、宜興、武進、福山、沂水、蒙陰、滕縣大水。七月，峽江、宜昌、宜都大水。八月，太湖溢，湖州大水。

二十年四月，常山、封川大水。五月，昌化、湯溪、江陵、監利大水，死者無算；新建等十四州縣水。二十一年春，秀水大水。五月，封川、枝江、建德大水入城。十七日，嚴州府屬六邑大水，二十一日方退。六月初五，水復大至。七月，平樂、蒼梧、建德、震澤、太湖、宿松、鄒平大水。二十二年七月，永安州、蒼梧大水。十月，藁城、單縣、寧□大水。二十三年正月，銅陵、東昌大水。四月，寧州、莘縣、樂安、藁城大水。二十四年正月，饒陽、臨城、遷安、獻縣、河間、樂亭、東平大水。夏，江夏、通城、黃岡、蘄水、麻城、黃陂、黃梅、廣濟、羅田、鍾祥、沔陽、荊州、江陵、監利、孝感、蒲圻、公安、高苑、安平、武强大水。二十五年六月，常山、樂安、壽光、昌樂、蓬萊大水。七月，台州、薊州大水。二十六年，高明、連州大水。秋，震澤、高苑大水。二十七年五月，澄海、澤州、定遠廳大水。二十八年夏，永安州、平樂大水；河源大水，陸地行舟。二十九年八月，餘姚大水，蛟蜃出者以千計，平地水深丈餘；諸暨、上虞皆被水，田禾盡淹；薊州、寶坻大水。

三十年，永寧河決，淹沒田二百餘頃。三十一年二月，新城、新安、鄒平大水。七月，嘉定、眉州、緜州、灌縣、新津、威遠河水漲，損民舍，傷稼。九月十二日，新市河中水忽湧立高丈餘，徑圍俱有丈餘。三十二年七月，陽高、高郵、保定、順天、武定、河間大水。三十三年十二月，銅山溢，陽湖、高郵、東明大水。三十四年五月，湖州、桐鄉、澄海、公安、三水、樂安、震澤大水。三十五年六月，新安、卽墨、藁城大水。七月，江夏江水決；崇陽溪、黃陂、蒲圻、江陵大水；黃潭堤決；枝江大水入城，五日方退，廬舍漂沒殆盡。八月，黃岡、饒陽、秦州、歙縣、沛縣、遷安大水。九月，深澤、榮成大水。三十六年七月，崑山、臨榆大水。三十七年五月，婺源、堂邑、鳳陽、東昌、五河、新安、建昌大水。三十八年六月，新城、泰順、建德、新安、無極大水。閏七月，杭州大水。八月，台州大水，平地高丈餘；金華、湯溪、西安、江山、常山、贛縣、沔陽大水。三十九年七月，剡城、沂州、高郵大水。

四十年，平樂、鶴慶、廣平、連州、廣州大水。六月，大埔、黃岡、海陽大水。四十一年五月，英山、澄海、寧縣大水。四十二年五月，高唐、南樂、寧津、東阿、江陵、監利、湖州大水；平樂灕江漲，平地水深丈餘，民舍傾圮；青城、陽穀、沂州、平遙、南樂、廣平大水；恩縣大水，陸地行舟；衞河決。七月，登州府屬大水。十一月，漢中府屬七州縣大水，濟南府屬大水。四十三年二月，景州、漢江、天門、沔陽、監利大水。五月，連州、山陽大水，平地深丈餘；蒼梧、湖州、漢陽、漢川、監利、邢台大水。四十四年，新建、豐城、廬陵、吉水大水。秋，青浦、柏鄉、六合大水。十一月，隨州溳水溢，壞民居；江夏、嘉興、漢川、潛江、天門、沔陽、監利、當陽大水。四十五年，清江、新淦、瑞金、穀城、鍾祥、天門大水。秋，沛縣、銅陵、阜陽大水。四十六年五月，鶴慶、龍門、河源、蒼梧、鄒平大水。冬，霸州六州縣大水。四十七年五月，杭州、高淳、南滙、太平、銅陵、無爲、廬江、巢縣、太湖、南陵、崑山大水。六月，太湖水溢。七月，西安、常山、江陵、上海、武進、丹陽、蘇州大水。冬，當塗、蕪湖、翼山大水。四十八年春，潁川、阜陽、臨安大水。五月，慶元、江陵、監利、應城、荊門州、漢陽、漢川、孝感、潛江、光化大水。六月，婺源大水，漂沒田廬；黄河溢；灤河溢；東安、單縣、台州大水。四十九年八月，銅陵、無爲、舒城、巢縣、嵊縣大水。十一月，棗强、霸州、慶雲、崇陽大水。

五十年五月，沂水大水。十月，平陽大水，漂沒居民數百人。五十二年五月，海陽、興安、鶴慶大水，石城河決，浸入城，田舍漂沒殆盡；贛州山水陡發，衝圮城垣。八月，台州、廬州大水。五十三年五月，石城、肅□大水。五十四年春，梧州、鎮安府、崑山大水，江夏七州縣大水。四月，全州大水，城內深四五尺。五月，澄海大水，堤決；丘縣、壽光、獲鹿、獻縣、武定、濱州、海豐、陽信大水；長山河溢，湧起數丈。六月，蘇州大水，城水深五六尺，廬舍田地衝沒殆盡；杭州、枝江大水。秋，東昌河決。十一月，德平大水。五十五年三月，黃梅、廣濟、江陵、監利大水。五月，昌化、常山、寧武、建昌、丘縣、樂安大水；漳水決，寧陽、濟寧、汶上均受其災；崇陽、黃陵、天門、銅陵、太湖大水。九月，濟南府屬大水；潛山江水泛溢，田廬盡淹。五十七年三月，萬全、光化大水。五月，大埔大水。六月，旌德大水，漂沒人民橋梁無算；海豐、普寧、嘉應州、黃定縣、崇陽大水。秋，黃陂大水。五十八年正月，清河大水。七月，福山、日照、濰縣大水；膠州大水，平地深丈餘，漂沒廬舍無算，城垣崩圮。五十九年五月，龍川、海陽、澄海、慶元、桐鄉、高郵大水。六月，石首大水，漂沒民居殆盡；蒲圻、漢陽、漢川、沔陽大水。七月，横州、宣化、隆安、永淳、蒼梧大水。六十一年六月，東阿河決；沂水河決，山東曹、單、濮等州縣均受其災；海州海溢；齊河金龍口河決。

雍正元年夏，東流、房縣大水；海陽韓江漲，保康水溢。七月，上海、大埔大水。二年二月，饒陽、肅宣、新樂、三河、寧河大水。四月，饒平大水。五月，澄海大水，堤決四十餘丈；光化漢水溢，傷人畜禾稼；房縣大水入城，漂沒民居甚多；穀城大水，一月始退；潛江、天門大水入城；鍾祥大水，堤決；沔陽、江陵、慶元大水。六月，東阿河決，陸地行舟。七月，泰州海水泛溢，漂沒官民田八百餘頃；南滙大風雨，海潮溢，田廬鹽場人畜盡沒；海寧海潮溢，塘堤盡決；餘姚海溢，漂沒廬舍，溺死二千餘人；海鹽海水溢；太湖溢；定海大風海溢，漂沒廬舍；鎮海大風雨，海水溢；鄞縣、慈谿、奉化、象山、上虞、仁和、海寧、平湖、山陰、會稽、嵊縣、永嘉，於七月十八日同時大水。八月己丑，蘇州海溢；樂清大水；卽墨大水，民舍多圮。十二月，漢水暴發入城。三年正月，寶坻大水。二月，濟南、齊河、濟陽、德州大水。四月，廣州西江水溢。五月，饒平大水。六月，沂州河決；武强滹沱河溢，平地水深數尺，田禾盡淹沒；普宣大水；澄海大水，堤決五百丈。八月十五夜，大埔大水，陸地行舟；曲陽、武强、雞澤、邢台、棗强、薊州、清苑、遵化州大水；新安大水，南北堤同日決。四年，濟南府屬大水。六月，大埔、應城、黃梅、黃岡、江陵、監利大水；蘄州江水高起丈餘；天門大水，陸地行舟。七月，嘉應、信宜、慶陽、漢陽、漢川、黃陂、江夏、武强、祁州、唐州、黃安、平鄉、饒平、蒼梧、普宣、濟寧州、兗州、東昌大水；崇陽蛟起，水浸入城。八月，桐鄉、南昌、新建、豐城、進賢、清江、新淦、建昌、德化、高淳、鶴慶大水。十二月，曹縣、單縣、菏澤、兗州、東昌大水。五年，漢水溢，武昌、安陸、荆州三府堤決。五月，蒼梧、安南、荆門州、黃岡、蘄州、廣濟大水。六月，平魯山水暴發，漂沒民居；慶陽、蒼梧、石城大水。七月，臨安、孝豐兩縣蛟出，山水陡發，餘杭、新城、安吉、德清、武康俱被水；蘄州江水漲；羅田、石首、公安、廣濟、嵊縣、安肅、容城大水；霍山蛟發水，黃河高數丈，沿河居民漂沒甚衆。十月初三日，昌邑海溢，人多溺死；高郵、銅陵、廬江、舒城大水。六年，崇陽、漢陽、潛江大水。七年五月，大庾、南康大水。八年五月，蘇州、震澤大水。八年六月，武定、濱州、海豐、利津、霑化、滕縣、寧陽、兗州大水；濟南小清河決，傷禾稼；萊州霪雨兩月，河水暴發，田禾漂沒，民多溺死；衡水、沙河、雞澤、大名、順德、廣平、永年、高苑、博興、樂安大水；慶雲北河溢，清潤、黃河、無定河溢，漂沒人畜。九年春，樂安、壽光、東昌、長寧、慶雲大水。四月，宜昌溪水暴溢，壞民田。六月，碭山、長山大水。十月，濟南、鄒平大水。十年四月，富川大水。五月，峨眉大水，沖塌房七十九間，淹斃人口九十五口；滎經、雅安、南安、南昌、撫州、瑞州、吉安大水。六月，黃岡大水。七月，蘇州大風雨，海溢，平地水深丈餘，漂沒田廬人畜無算；鎮洋颶風，海潮大溢，傷人無算；崑山海水溢；寶山颶風兩晝夜，海潮溢，高丈餘，人多溺斃；嘉定海溢；崇明海溢，溺人無算；青浦大風海溢。八月，崑山海水復溢，溺人無算。十一年，武强、邢台、饒陽、豐潤、薊州、肅寧、沙河、盧龍、昌黎、獻縣大水；三河、寧河溢；沙州山水驟發，沖塌民房五百七十餘間。八月，剡城、高淳大水。十二年三月，懷安大水入城。

乾隆元年，鍾祥漢水溢；漢川、江陵、沔陽、天門大水。七月，鄞縣海水溢，慶元大水。二年二月，樂清、永嘉、瑞安大水。五月，鳳台、黃岡大水。七月，武强、饒陽、獲鹿、欒城、平山、景州、容城、獻縣、新樂、新河、高邑、順天、莘縣大水，東昌衞河決。三年七月，黃岡、麻城、柏鄉、肅寧、滄州、武强、東安、新安、饒平、獻縣、遂寧、合江、邢台大水；渾河溢，秋禾被災者一百九十村；深澤、無極、濱河水溢。四年四月，亳州河決，潁上、阜陽、五河大水。秋，陽穀、壽張大水，禾盡淹；潤德泉溢。六年四月，鍾祥、天門、沔陽大水。五月，龍川、潮陽、寧都大水。七月，永嘉海溢，瑞州海溢，寶山海溢，蒼梧、湖州大水。八月，鍾祥南郊大水。七年六月，光化、宜城、江陵、枝江、南安府屬、永寧大水；游水發，田廬盡沒。七月，鹽城河決，毁民居數萬間；銅山河決，漂沒廬舍；安丘水溢六七里，人有溺斃者；膠河溢；郯城、袁州、江夏、嘉魚、東流、漢陽、漢川、黃陂、孝感、鍾祥大水，潁上、五河、亳州大水。八年夏，黃岡、宜都、興國、高淳大水。九年，天津、河間、霸州、撫寧大水。五月，澄海大水；東林堤決六十餘丈，沖倒民房數百間；大埔洪水入城，漂沒民房一百九十餘間。六月，漢川、遂寧、簡州、崇慶、綿州、邛州、成都、華陽、金堂、新都、郫縣、崇寧、溫江、新繁、彭水、什邡、羅江、彭山、青神、樂山、仁壽、資陽、射洪大水，溺死居民六百餘人。七月，當陽江水暴發，田禾盡淹；紹興、徽縣岩水發，海溢，田禾盡淹；常山大水，溺人無算；淳安江濤暴漲，城市淹沒；桐廬江水驟漲，市城水高二丈，凡浸五日方退；昌化、建德、嘉善大水。

十年四月，西桂、普安州大水，潛江、沔陽等九州縣大水。五月，泰州海溢；亳縣水災；七沃、滄河大水，淹沒人畜無算；渭水溢；秦州藉水溢；白沙北堤決，水入城，民居漂沒甚多；隴石、棗陽、江陵大水。十一月，濟南大水。十一年，棗陽、潛江、沔陽、袁州、高苑大水。六月，連州、臨武大水。七月，鳳陽、潁上、亳州大水。十月，江陵、萬城隄潰，潛江被水災甚重。十一月，即墨大水。十二年五月，遊仙山水驟發。六月，應州、渾源、大同三州縣大水。七月，海寧潮溢；鎭海海潮大作，沖圮城垣；蘇州颶風海溢；常熟、昭文大水，淹沒田禾四千四百八十餘頃，壞廬舍二萬二千四百九十餘間，溺死男女五十餘人；崑山海溢，傷人無算；泰州大風潮溢，淹鹽城，傷人甚多；棗陽大水，淹沒田禾；濟陽、德平、平原、霑化、兗州、濟寧州、嘉祥、郯城、莒州、蒙陰、日照、蘭山大水；東□、赤城水災。十三年五月，日照海溢、金鄉、魚台、濟寧州、寧陽、范縣、壽光、膠州、岐山、潤德、肥城、潛江、漢川、天門、沔陽、江陵、監利大水，太原汾水溢。九月，鄖西、房縣大水。十四年三月，壽光海溢，海豐、全州、太湖大水。八月，宜都漢水漲，沖沒民居百餘家；沔陽、潛江、天門、江陵、監利、漢川大水。十五年三月，平遠大水，連日洪水漲發，壞田屋，漂沒人畜無算。五月，樂亭海潮，運河上，田禾盡淹；英山大水，淹沒田廬；肅寧、阜平、武進、阜陽大水；淳安水驟發，田禾淹沒。六月，日照水溢；隨州涓水溢，壞民田舍；富平、容城、祁州大水。十六年三月，濰縣海水溢；掖縣大風雨，海水溢，漂沒人畜。四月，平度海溢；兗州府屬大水。七月，東昌、日照、利津、霑化、惠民、蒲台、壽光、永樂大水，灤州河溢。十七年正月，鄖縣、鍾祥、京山等十六州縣大水。四月，洛川水。六月，雷州、文登、榮成、遵化、陵縣、臨邑大水。七月，仁和、海寧水驟至，田禾盡淹。八月，襄陽、棗陽、宜城、穀城、均州、龍川大水。冬，桐鄉南栅大水。十八年二月，峽江、潛江、沔陽、天門、吉安、蘄水大水。六月，饒平大水，漂沒民房五百六十餘間。八月，海豐、利津海溢，壽光海溢，濱州、霑化、蘭山、郯城、日照大水。九月，淮水溢，壞民舍；涑水漲，淹沒西王等村；太湖、鳳陽、五河大水；信宜大水，淹沒廬舍二百餘間，男婦五十餘口。十月，黃河溢，漂沒民舍甚多；慶雲大水。十二月，天門江溢。

二十年，金鄉、魚台、潛江、沔陽、荆門、江陵、監利、光化大水。十二月，潛江團湖垸堤潰，光化、壽州、鳳陽、潮州大水。二十一年十二月，五河、德州、金鄉、魚台、壽張大水，東昌衞河決。二十三年，靑浦、金鄉、魚台、濟寧州大水，普寧大水入城。二十四年八月，泰州大風潮溢，淹沒禾稼；臨淸衞河決；太湖、潛山大水。二十五年五月，慶元、洵陽、柏鄉大水。秋，屛山縣百溪水暴漲。二十六年五月，潛江、沔陽等七州縣大水。六月，南宮河水溢；雲夢河水漲，高湧丈餘，田宅盡淹，死者無算；峽江大水溢；江陵、婁縣、固安、永淸、寧河、文安、望都、容城、盧龍大水；樂陵、金鄉、魚台、寧陽、汶上、壽張大水。八月，東昌衞河決。二十七年四月，慶雲、棗強、安肅、望都大水。七月，丘縣漳水溢，淹沒田禾；海鹽潮溢塘圮，水入城，漂沒民居；仁和、錢塘、海寧、餘杭大風雨，山水驟發，竈場、田禾盡淹；平湖、蒲台、義烏、青浦、東昌、德平、黃縣大水。二十八年五月，瑞安潮溢，陸地行舟；資陽大水。二十九年二月，南昌、吉安、九江、漢陽、漢川、武昌、江夏大水。四月，黃安、黃州、黃岡、蘄水、廣濟、石首大水；洞庭湖漲，漂沒民居無算。五月，宣平、達州大水。

三十年三月，長清、惠民、諸城大水。七月，府谷河漲；薊州大水；北山蛟水陡發，漂沒房舍。三十一年秋，東昌衞河決，濟南、禹城、惠民、商河、利津、金鄉、魚台大水。三十二年，江夏、武昌、黃陂、漢陽、荆門州、黃岡、蘄水、羅田、廣濟、江陵、枝江大水。三十三年七月，太原、武清、慶雲、寧河、南樂、安肅、望都大水。三十四年五月，蒼梧、懷集、新樂、溧水大水。六月，太湖溢，武進、潛山、湖州、嘉善大水。十月，江夏、武昌、崇陽、黃陂、漢陽、黃岡、廣濟、江陵、枝江大水。三十五年春，鄞縣、慶元大水。夏，古北口山水暴發，滄州、寶坻、武清、喀喇河屯廳、望都、洵陽、白河、武寧大水，鄖西漢水溢。秋，濟南、東昌大水。壽光大風雨，海溢，傷民畜無算。三十六年正月，鳳陽大水。五月，寧陽、安丘、壽光、博興大水。秋，五河、鄒平、商河、惠民、東昌、德平大水。

四十年春，直隸省四十州縣大水。八月，河津汾水溢，近城高數尺，次日退。四十一年六月，海子山水驟發，浪高丈許，壞城垣廬舍，人多溺死。秋，代州秋峪口河決，田廬多沒。四十四年六月，臨清衞河決；施南清江水溢；鍾祥漢水溢，入城，壞民廬舍；江陵大水，田禾盡淹；宜都、武昌大水。四十五年三月，慶元大水。五月，袁州、義烏大水入城；鍾祥、沔陽、潛江、荊州三衞大水。六月，常山大雨，湖水暴發，民房多圮；武清、房山、滕縣大水。九月，慶元、金華大水。四十六年十二月，宜城、江陵、壽光、博興大水。四十七年六月十七日，鄞、涪二江漲，頃刻水高丈餘，民田廬舍淹沒殆盡。中江、三台、射洪、遂安、蓬溪、鹽亭同日大水，江夏、武昌、黃陂、漢陽、安陸、德安、瑞安大水。四十八年五月，宣平大水，漂沒田禾。六月，江夏、黃梅、武昌三衞、黃岡、廣濟大水。

五十一年春，霑化、崇陽大水。八月，江陵大水。五十三年五月，宜昌大水，沖去民舍數十間；常山、慶元、南昌、新建、進賢、九江、臨榆大水。六月，荊州萬城堤決，城內水深丈餘，官署民房多傾圮，水經兩日始退。漳河溢；枝江大水入城，深丈餘，漂沒民居；羅田大水，城垣傾圮，人多溺死；江夏、漢陽九衞、武昌、黃陂、襄陽、宜城、光化、應城、黃岡、蘄水、羅田、廣濟、黃梅、公安、石首、松滋、宜都大水。七月，江陵萬城堤潰，潛江被災甚重；漢陽大水。五十四年五月，瑞安、寧海、東湖大水。八月，安州、臨榆大水。五十五年七月，長清、濱州大水；運河決，水溢，禹城、平原等縣水深數尺。八月，灤州灤河溢；樂亭、武强、高唐大水。五十六年正月，湖州大水。十月，卽墨沽河水溢。十一月，保康大水，田廬多沒。五十七年十一月，臨江、吉安、撫州、九江大水。五十八年春，青浦大水；貴定大水，壞民舍。四月，隨州、黃安、南昌大水。七月，海鹽潮溢，壞民舍。大名、元城大水。五十九年三月，衞河溢，武城大水，襄陽、光化、宜城、黃安、淸苑、蠡縣、撫寧大水，滹沱河溢。六十年五月，漢水溢，麗水、分宜、玉山、潛江、沔陽、松滋大水，朱家阜堤決。

嘉慶二年六月，武進、東平、良鄉、天津、靜海、靑縣、滄州大水。七月，欒亭、永淸大水；寧都霪雨，水驟發，毀民居瓦房一萬八千九百三十間，草房一千二百四十五間，淹斃男婦四千三百九十二名。三年夏，武昌、文安大水。四年二月，蠡縣大水。七月，長淸大水。五年，霸州、河間、任丘、隆平、晉寧、定州大水。六年春，禹城運河決，水至城下；長淸、觀城、任丘、靜海、黃縣、平鄉大水；滹沱河溢，田禾盡沒；鎭西堤決。六月，武淸、昌平、涿州、薊州、平谷、武强、玉田、定州、南樂、望都、萬全、大興、宛平、香河、密雲、大城、永淸、東安、撫寧、南宮、金華大水，灤河溢，永定河溢。七月，義烏大雨，江水入城；新城、縉雲大水。七年四月，義烏大水，禾盡沒。五月，定海大水，田禾盡沒。七月，新城大水，漂沒民房一萬七千餘間；漢川、沔陽、鍾祥、京山、潛江、天門、江陵、公安、監利、松滋等州縣連日大雨，江水驟發，城內水深丈餘，公安尤甚，衙署民房城垣倉廒均有倒塌，而人畜無損。九月，鄖西大水；

鍾祥大水，堤決。八年五月，隨州大水。冬，黃河溢，大水；東阿河決，壞民田廬舍；東昌河決；蒲台、利津、濱州、霑化、雲夢、范縣、觀城大水。九年三月，南昌、撫州、贛州、九江大水。十年六月，文安、安州、新城、霸州大水。十一年七月，溫州、寧波、鍾祥、珙縣大水。十三年三月，武進、望都、清苑、定州大水。五月，新城、慶元大水。七月，慶元復大水。九月，南宮、袁州、九江大水。十四年四月，望都、房縣大水。六月，南宮大水。十五年四月，新林、宜城大水。六月，濟南大水。七月，永定河溢，南宮、平度、廣元、鹽源大水。十月，宜城大水。十六年四月，保定、文安、大城、固安、永清、東安、宛平、涿州、良鄉、雄縣、安州、新安、任丘大水。秋，肥城、即墨、平度、寧海大水。十七年春，南昌、臨江大水。五月，竹溪大水入城。六月，麗水、房縣大水。二十年四月，歷城、長淸大水。二十二年七月，宜城、穀城、嬰武大水。二十四年二月，黃縣大水，沖塌民房，人多溺死。四月，唐山、灤州大水。二十五年，宣化、寧晉、寧河、寶坻、文安、東安、涿州、高陽、安州、靜海、滄州、埠山、大名、南樂、長垣、保安、萬全、懷安、西寧、懷來、新河、豐潤大水。六月，麗水大水。

道光元年三月，寧津大水。五月，保康、隨州、博興、即墨大水。秋，濟南、惠民、商河、霑化、潛江、任康大水。二年正月，鍾祥大水，堤決；潛江大水。五月，光化漢水溢；竹山、鄖縣大水。六月，武城河決；武强河水溢；清苑、唐山、蠡縣、任丘、曲陽大水。七月，定遠廳、應城大水。八月，霑化徒駭河溢；東昌衛河決，壞民田；長清、日照、菏澤、觀城、鉅野大水。三年三月，石首、江陵大水；郝穴堤淤；平鄉、固安、武清、平谷、清苑、蠡縣、任丘、青縣、曲陽、玉田、霸州大水。六月，武城河決；江山、黃梅、鉅野、通州大水；東昌衛河決。七月，太湖溢；鮑家壩決，下河禾稼盡淹，蘇州、高淳大水。四年二月，大興、宛平等九州縣大水。七年五月，房縣汪家河水溢，壞田廬無算；西河水溢入城；蘄州大水，漂沒田廬人畜；江陵大水。六月，枝江大水入城；日照大水。八月，崇陽山水陡發，城中水深數尺；潛江大水堤潰。九年秋，霑化、長清大水。

十年五月，通山水陡發高數丈，淹沒田廬人畜無算；崇陽大水。六月，枝江大水入城，漂沒田廬；宜都、興山大水。十一年，貴筑、黃安、黃岡、麻城、蘄水、公安、宜都大水；石首堤潰。六月，雲夢堤決，漂沒田廬無算；房縣、安陸大水。七月，日照、清苑、惠民、商河、霑化、高淳、武進大水。八月，鍾祥大水漫堤，黃陂、漢陽大水。十一月，陸河水大漲，房縣、黃州、應山、武昌、南昌、南康、瑞州、袁州、饒州、撫州、文安、清苑大水。十二年夏，松滋堤決；江夏、應山、麻城、鄖縣大水，民房多壞；玉田大水。七月，鍾祥大水，堤決；漢江暴漲，城圮二百四十餘丈，溺人無算；堵水溢，壞官署民房過半；襄陽、宜城大水。八月，均州漢水溢入城，深七尺，民房坍塌無算；應城水溢，青田大水。九月，觀城、鉅野大水，武城河決。十三年春，平鄉大水。四月，貴溪、江山、咸寧、江夏、黃陂大水；武昌大水至城下。五月，公安、宜都、歸州大水。六月，漢江溢；黃岡、蘄州、黃梅大水；大興、宛平、望都、撫寧、石首、公安、松滋大水。五月，麗水、孝義廳大水。六月，榆林大水，淹沒田禾；縉雲大水。十五年五月，沔縣漢水溢，漂沒田廬；鍾祥大水。七月，霑化、蒲台、邢台大水。十六年春，寧海海溢，淹沒民田。七月，鍾祥大水堤潰。十八年六月，宜都水溢，南陽淹沒民居甚多。七月，恩施清江水溢。十九年正月，惠民、霑化、濟寧州大水。三月，枝江大水入城，公安、松滋、鄖西大水。四月，鍾祥大水堤潰。六月，武昌、臨江大水；文昌、天門、公安、枝江、宜都、松滋大水。六月，汶水溢；臨邑、陵縣大水；玉田大水，相繼五年，被災甚重。秋，靜海溢，禾稼盡沒；霑化大水；沔縣漢水溢。

二十一年夏，武昌、黃陂、漢陽、松滋、黃州、鍾祥大水。二十二年五月，江陵大水入城，松滋大水。二十四年七月，嵊縣堤潰，溺死七十餘人；江陵大水，城圮；松滋、枝江大水入城；南昌、袁州、饒州、南康、惠民、霑化、蒲台大水。二十五年六月，東平大水。七月，青縣、縉雲、雲和、太平、公安大水，樂亭海溢。二十六年正月，灤河溢。五月，枝江大水入城；青浦大水，漂沒數千家。六月，汶水漲，堤決；青縣大水。二十七年，鹽山等二十六州縣大水。二十八年，松滋、安陸、隨州大水；黃州大水至清源門；保康大水，田廬多損。六月，南昌、袁州、饒州、南康、陵縣大水；雲夢山水陡漲，堤盡潰；咸寧、江夏、黄陂、漢陽、高淳、武清大水；蒲圻水漲，高數丈。十二月，隨州、應山、黄岡、江陵、公安大水。二十九年四月，應山大水，居民漂沒無算；黄岡大水入城；蘇州、嘉興大水；湖州大水，田禾盡淹。五月，興安、黄陂、漢陽大水，鑾水溢。六月，公安、羅田、廝城、蘄水、歸州、宜昌、蒲圻、咸寧、安陸大水，黄州大水入城，枝江大水入城。七月，三原河溢，漂沒田舍，溺人甚多；日照大水；武昌大水，陸地行舟。十二月，桐鄉大水，田禾盡淹。三十年六月，黄河漲，漂沒田廬無算；青田、東平大水。

咸豐元年正月東平，夏太平大水。秋，懷州大水。二年六月，平河、高陽大水。七月，鍾祥、穀城、襄陽、潛江、公安大水。三年三月，麗水大水。五月，孝義廳、嵊縣、太平大水。六月，左田、如德山水暴漲，平地深丈餘。七月，保定府屬大水；宜城漢水溢，堤潰，城垣圮一百五十丈；均州大水入城。四年五月，松陽大水；廣昌蛟出水，西南北三面城圮，淹斃男婦以萬計，官廳、民舍僅存十之一二。秋，保定府屬大水。五年七月，麗水、雲和大水；景寧山水暴發，田廬盡壞，黄陂、廝城、黄岡、蘄州、廣濟陂塘水溢。十二月，鍾祥水暴溢。六年五月，嵊縣、太平大水。七年夏，松滋、枝江大水。七月，縉雲、濱州大水。八年十二月，江陵、松滋、公安大水。十一年六月，鍾祥大水堤潰。七月，景寧大水。

同治元年五月，公安大水，日照大水。秋，臨江大水。二年春，湖州海水溢。六月，鍾祥大水；潛江高家拐堤決；保康大水，淹沒田舍；公安大水。秋，鄖西大水。三年夏，公安大水。秋，鄖西大水。四年四月，公安大水。五年夏，公安、德安、崇陽、咸寧大水。九月，臨江、江夏大水。六年三月，羅田大水。五月，江陵、興山大水。八月，宜城漢水溢，入城深丈餘，三日始退；襄陽、穀城、定遠廳、沔縣、鍾祥、德安大水；潛江朱家灣堤潰。九月，臨邑大水，黃河溢。九年六月，滹沱河溢；宜城漢水溢；公安、枝江大水入城，漂沒民舍殆盡；歸州江水暴溢；黃岡、黃州大水。秋，孝義廳、武昌、黃陂大水。十年夏，武淸、平谷大水。秋，公安大水，泗河堤潰。十一年三月，公安、枝江大水。六月，滹沱河溢，漫入滋河；直隸諸郡大水；高淳、甘泉、臨朐大水。十二年六月，公安大水。秋，臨朐、高淳大水，灤河溢，青縣黑港河決。秋，潛江大水。十三年五月，公安大水。秋，甘泉、孝義廳大水；潛江大水深丈餘，宜平北門外洪水泛濫，水高丈許，沖塌民房八十餘間，男婦二十餘人。

光緒元年二月，青浦、魚台河決，境內淹沒過半；潛江大水。二年五月，南昌、臨江、吉安、撫州、饒州、南康、九江、潛江大水。六月，青田、宣平大水。八月，邢台白馬河溢。三年五月，宣平大水。四年夏，常山大水入城，南昌、臨江、吉安、撫州、南康、九江、饒平、廣信、武昌大水。五年五月，玉田、薊運河決；階州大水；文縣大水，城垣傾圮，淹沒一萬八百三十餘人。六月，文縣南河、階州西河先後水漲，淹沒人畜無算。八年三月，武昌、德安大水；常山大水，田禾盡淹，秋復大水。九年正月，玉田、孝義廳、皋蘭、順天大水。十一年五月，黃河溢，惠民徒駭河溢，霑化大水。十三年秋，灤州、洮州大水。十八年六月，南樂衞河決，洮州大水。二十年七月，太平、松門溢，堤盡潰；南樂衞河決。

宣統元年六月，蘭州黃河漲，泰安大水。

順治六年七月二十日，上海晚日中黑氣一道，直貫天頂，須臾，海中黑氣一道上升，與日中黑氣相接如橋，至暮乃滅。七年十月十四戌刻，湖州有黑氣一道，自西亙東，長百餘丈。九年正月十五日，黃岡雨黑水如墨。十三年正月初一日，衡水有黑氣自西北來，如煙。十四年七月，崑山黑眚見。十一月，含山黑眚見。十五年夏，平湖黑眚見。

康熙二十年八月初四日，澄海見黑氣一條入東門，至北門東林村始滅。十月，宜昌夜間黑眚見。三十四年四月，襄陵黑眚見。

雍正六年三月初九日，鎭洋見黑氣如疋布，良久方散。

乾隆三十五年七月，東光黑氣迷漫，移時方滅。三十九年二月朔，高邑黑眚迷人。四十年四月初五日，高邑黑眚，咫尺不辨。

嘉慶元年秋，棗陽有黑氣自東向西，啐嚓有聲。十四年正月朔，東光有黑氣一道，自西北抵東南，長竟天。

道光二十八年六月，昌黎見黑氣沖。

咸豐三年三月十六日，中衛有黑黃氣二道，直衝天際。五年七月初十，曹縣見黑氣寬二三丈，長亙天。

同治二年六月，肅州日昃時有黑氣長竟天，半夜方滅。

清史稿卷四十一

志十六

災異二

洪範曰：「火曰炎上。」火不炎上，則爲咎徵。凡恆燠、草異、羽蟲之孽、羊禍，其災火，赤眚、赤祥皆屬之於火。

順治十三年冬，莊浪燠，無雪。十八年冬，龍門無雪。

康熙二十一年冬，西寧無雪。二十七年冬，天鎭無雪。三十五年冬，臨縣無雪。四十一年冬，平原燠如夏。四十二年冬，咸陽燠，無雪。五十九年冬，浮山無雪。

乾隆四年冬，彭澤、元昌燠如夏，人有衣單衣者。四十九年冬，菏澤無雪。五十七年冬，蘇州無冰雪。

嘉慶三年冬，桐鄉燠。十三年冬，昌黎無雪。十八年冬，鄖縣無雪。二十年二月，湖州大燠。

咸豐十年冬，皋蘭無雪。

同治元年冬，黃縣大燠。

光緒元年冬，望都、撫寧無雪。十四年冬，皋蘭燠。

順治三年五月，丘縣雨麥。六月，潮陽雨豆。十一年六月，商州一蔕兩瓜，大如斗。十二年二月，渭南天雨粟，平樂天雨蕎麥。三月，鳳陽、安西天雨莜麥、豌豆。五月，臨潼、咸陽雨莜麥、豌豆。十四年二月，婺源雨黍。十五年冬，昌化竹生實。十八年十月，高要竹生實。

康熙二年十月，阜陽雨粟，粒若蕎麥，圓小而堅，味辛，厚處盈寸。三年七月，婺源大鄣山竹生實，形如麰，民採而春食之，厥味甘。二十一年三月，溫州雨豆。二十二年四月，寧都天雨豆，又雨黑黍。二十六年二月，合肥雨黑豆。二十八年正月，含山雨小豆。四十一年二月，湖南竹生實。四十四年三月，葭州雨黑豆。四十五年春，橫州竹生實。六十年夏，安化天雨蕎麥。六十一年正月，大埔竹結實。十一月，岑溪枯竹開花。

雍正五年五月，鍾祥竹開花。十月，當塗雨紅綠豆，形如小麥，無蔕。十年，什邡縣雨蕎麥。十一年二月，山陽、清河雨黑豆，啖之味苦。十二年三月，宜昌竹結實，民採食之。十三年七月，夷陵竹生實如麥，民競採食之。

乾隆二年二月，昌化雨豆。六年十一月，成縣竹生實。十八年九月，陽春竹皆結實枯死。二十二年正月，永嘉東山竹結實如麥。二十三年，池州雨豆。二十六年，安化雨蕎麥，形似而小。四十一年六月，餘姚雨小麥、黃豆。

嘉慶十二年春，黃陂雨豆。

道光二年夏，黃巖天雨菽。四年十月，黃梅雨豆麥穀米。十六年十二月，武寧雨豆。二十年十一月，鍾祥竹開花。二十五年七月，竹生米，可食。

咸豐元年六月，孝義廳山竹結實，人採食；靑浦竹生花。二年十一月，太平雨豆。四年二月，隨州天雨豆。四月，黃岡雨黑豆，食之味苦。冬，武昌縣雨黑豆。五年正月初三日，孝感天雨小豆。二月，又雨豆。三月，武昌天雨黑豆，如槐實；黃安雨豆。夏，黃州、蘄水雨豆，如槐實。十一月，黃岡天雨豆，如槐實；歸州竹結實，人採食之。六年八月，隨州雨豆。八年二月，興國雨豆，色赤。秋，興山竹結實。九年春，麻城民間番瓜成人形。十年，龍泉雨豆，色赤。十一年三月，麻城雨豆。十二月，溪梁雨豆，色赤。

同治元年八月，西寧丹噶爾廳竹開紅花；灤州瓜瓤剖之有血，食者立病。三年正月，永豐天雨豆，五色斑爛。三月，景寧、嵊縣雨豆。五月，京山縣雨豆，其色黑光。六年二月，棲霞雨草子如蕎麥。夏，嵊縣雨豆。七年，蘽城生豆如人面，五官俱備。九年十月，遂昌雨穀，外黑內紅；德興雨豆，內黑外白。十一年三月，卽墨天雨紅豆蕎麥。

光緒二年四月，青田雨豆。九年三月，咸寧雨紅麥。十年八月，孝義廳竹結實。十一月，洮州山竹開花結實。

順治十四年，武昌鴉啣火，集人廬，輒災，一月始息。

康熙十六年，海豐有異鳥集林中三日，高六七尺，舒吭丈餘，啄雞鳧以食，居民奮擊之，分啖其肉，輒病死。

順治元年七月，商州郊外見大羊，色黃，長丈餘，百姓搏而殺之，肉重五百斤。四年五月，山陰民家羊生羔，三足，前二後一。五年，杭州民家羊生羔，三足。

康熙十二年，北山民家產一羊，一角一目，隨斃。二十四年，順德羊生羔，三足，前一後二。

乾隆元年四月，連州山羊入城，蹄角甚巨，人逐獲之。五十五年，雲夢見三足羊。

道光十七年八月，武進民家產羊，人首羊足，墮地卽斃。

咸豐十年八月，江山西山白羊成羣，倏不見。

同治三年，寧州民家羊產一羔，五角。

光緒九年九月，孝義廳民家羊產羔，人面羊身。二十五年，寧州民家羊產一羔，兩首。二十七年三月，丹噶爾有一羊兩頭；一羔三足。三十三年，寧州民家羊生羔，人面。

順治元年七月，西鄉文廟火。六年正月初六日，無爲州城門大火。八年七月，嵐縣火焚民房。十二年五月十八日，梧州府城外大火；十二月又大火。十四年十月，蘄水火。十五年，連州大火。十八年五月，宜昌大火，延燒民舍千餘間。八月，嵊縣城中大火。

康熙元年五月，黃岡大火，焚民房十之八九。秋，荆州大火，燒民房殆盡。十月，興國火起自大西門，延燒城中，至大東門，男婦死者以千計。二年二月初三日，海陽西郊火起，延燒民房千餘家。七月十五日，黃岡大火，燒民舍殆盡。三年四月，梧州府城外大火，焚八百餘家。五月，海陽大火。六月，含山鼓樓火。四年正月，京山火，焚一百八十餘家。十月，懷遠大火，自西城外至驛前，延燒一百五十餘家。十一月，高州府城火，合浦火焚民舍。十二月，廣州府城火。五年正月，海陽南北二廂火起，延燒民房千餘間。二月十三日，鍾祥火，燬數百家，延及府署，焚死人畜甚多；二十八日，城內外又燔數百家。秋，靈川北廂火起，延燒民房殆盡。十二月，嚴州大火，民房盡燬，延燒城樓。六年正月，海陽城外四廂火起，延燒民房千餘間，死於火者二百餘人。七年三月，鄖陽府火，民舍盡燬。七月，大治西市火，延燒百餘家。八月，宣化城內火，焚千餘家，次日城外又焚百餘家。八年二月，海陽西北二廂火，焚民房數百間。三月，鄖縣火。十月，獨山州大火，仙居、黃巖二縣火。九年，平樂南關火，延燒四十餘家。是年十二月至次年四月，火災凡四見。

十年五月，錢塘大火。七月，大治西市火。九月初七日，浦江太極宮大火。十一年三月，縉雲大火，延燒縣署。十二年九月，宣縣西門外沙市被火災四次，燬數百家。十三年五月，靜樂火，燬民舍；興國唐村火，焚死二百三十七人。十五年七月，太平城內火，燬民房過半。十八年正月初三日，望江吉水鎮火災，燔百餘家。六月，順慶府治火。十九年正月十五日，平陽火，燬民居過半。三月初四日，海陽火，延燒百餘家，死者四十餘人。七月，和平城外火，延燒百餘家。

二十年二月，東湖縣署火。五月，蒼梧東廊火。八月，濟寧州大堂火，溫州火，燎民舍五千餘間。九月，永嘉城中大火，燎民舍千餘間。十月，思州府火，延燒五十餘家。二十一年春，濟寧州城內東偏大火，延及西隅，民舍皆盡，關壯繆侯祠亦燬，獨神像香案無恙。八月，池州天火，燬田禾芋苗，葉盡生煙。十月，萬載火，延燒城隍廟，連山西郊火。二十二年四月，□陽西門火。二十三年七月，長寧城隍廟火。冬，忠州石寶寨火。二十五年四月，萬載火，延燒城隍廟；六合南門火，焚市廛數百間。二十六年十月初一日，平陽城樓火，燔百餘家；忠州石寶寨又火。二十七年八月，婺源火，延燒五十餘家。十二月，合浦西橋火，郡城火。二十八年九月己卯，蒼梧西關火。十二月，松陽火。二十九年七月二十八日，酆都城內大火，民居盡燬。

三十年十月，平樂火，延燒二百餘家；獨山州大火。三十一年九月，平陽城樓火。三十二年夏，鎮安府署火，延燒民居數十間。九月，平陽東門外火，燔數十家。三十四年正月，馬平南川河下火，延燒大南門城樓。三十五年七月，江夏火起自火藥庫，死者無算。八月，陽高南街火。三十七年二月，漢陽漢口鎮火，延燒數千家。

四十年九月，陽山火，延燒二百餘家。四十一年二月，崖州火，傷四人。四十二年七月十六日，桐鄉青鎮火，燔民舍一百七十餘家。四十三年正月二十九日夜，灌陽火，焚東門外民舍殆盡。四十四年三月，婺源太平坊火。十一月，武寧火。四十五年四月，竹溪火，官署民房俱燼。四十六年正月初四日，荔浦火，初□又火。巴縣太平門大火。四十八年三月，獨山州城內大火，居民無得免者。四十九年八月二十五日，嘉定火，延燒七十餘家。

五十年正月，大埔白堠墟火，燬民舍數百家。五月，萬載潭埠火，市店民房蕩然無存。五十二年十一月，宣平火。五十三年九月初八日，宣化沙市火，焚千餘家；獨山州大火。五十四年九月，江陵火，延燒二千餘家。五十五年九月，江陵又火，延燒二十餘家，死十一人；思州府城大火，延燒四十餘家。五十六年五月初三日，丹稜縣大火，延燒數百家。五十七年三月，合肥城內大火，延燒四十餘家。八月初一日，鍾祥城內火，延燒城外民房數百間。五十九年十月，蒼梧西門外大火。六十年四月十八日，鹽山縣城火，自學宮延燒東南北三門，燬民居數千家。六十一年二月，無爲州小西門內火，延燒三十餘家。七月，獨山州東門火。冬，麗水縣火。

雍正二年正月，沔陽仙桃鎭大火，焚百餘家，死者甚衆。七月，梧州梧城驛火。十月，城內火。十一月，戎墟火。十二月初一日，開化城內火，延燒百餘家。三年六月，梓潼縣文昌廟火。七月，馬平小南門火，延燒三百餘家。四年十二月初四日，平陽西門外火，燔百餘家。五年十二月，北流民舍失火，延燒縣署，案牘皆盡。六年正月十六日夜，蒼梧火，延燒民居一百七十餘間；高州城東火。十月，崑山火，焚朝陽門譙樓。七年九月，蒼梧戎墟火。九年正月，荆州大火。十年五月初三日，阜陽西城火，延燒民舍四千六百十一間。十一年七月初七日，玉屏聞空中有呼救火聲，越半月，鼓樓街災，燒民居數百家。十三年冬，婺源城隍廟災。

乾隆元年四月，通州北郭火，延燒百餘家。十一月，玉屏南門火。二年二月十八日，鎭安府城火，燔數百家。三月乙丑，同官明倫堂大火。五月，沁州大街火。九月，北流典史署火，延燒民舍。三年十月初七日，潮陽南門火。四年正月十七日，瑞安大火，燔百餘家。四月十八日，鎭安城內火，延燒八十餘家。五年二月，嵊縣火，延燒二百餘家。六年正月初六日，梧州府南門外火，延燒民房三百餘家。七年二月十四夜，饒平縣城火，延燒大樓房三十餘間，小屋無數。八年十一月，饒平縣又火。十年二月庚午，泰安縣署火，延燒百餘家。十一年六月，海豐龍津橋火，延燒蓬舖四十餘間。十二年八月，化州南街火。九月，豐順縣城火。十一月初十日，崖州東街火，延燒七十餘家，傷二人。十五年四月，泰安火。十七年正月朔，漢陽糧船火，焚數十艘。四月，桐鄉南柵大火，燬市廛三百餘家。五月二十二日，保昌孝悌街火，延燒三十餘家。十八年七月，陸川大火，燬民居。十月，梧州府城外大火，傷二十餘人。十九年八月，蒼梧府城外又火。二十年三月，高州府城火，五月又火。二十二年十月，宜昌東湖火，燔民居無數。二十三年三月初一日，重慶太平門外大火。四月，獨山州大火。二十四年十二月初八日，惠來縣署火。二十五年八月二十八日，朝天千斯門內大火。二十七年十月，石門玉溪鎭火，延燒百餘家。二十八年十二月初五日，慶元火，延燒五十餘家。二十九年五月，沂水縣城南綢市街火，延燒數百家。十月，婺源西關外居民失火，延燒數百家。三十年十月，梧州府城外火。三十一年十一月，蒼梧戎墟大火三次，共燒民房六百餘家。三十三年正月二十八日，梧州府城外火，延燒三百餘家。三十八年七月，金華府署火。四十二年十二月，青田城大火。四十四年十一月初四日，桐鄉大火，燔市廛四十餘家。四十六年夏，陸川城南失火，延燒縣署。四十七年六月，寧波府城火，燬鼓樓。四十八年五月庚子，慶元火，延燒百餘家。四十九年四月朔，成都大火，延燒官署民舍殆盡。五十年夏，潛江城外火。五十二年三月，江陵城隍廟火。五十五年三月，義烏縣署火。五十六年十二月，南昌火，延燒千餘家。

嘉慶三年二月丙子，京師乾淸宮火。九年七月初三日，定海城中大火，延燒二百餘家。十三年五月十二夜，濟南府西門大火，延燒四百餘家。十六年三月二十九日，石門城西火。十七年春，齊東火，燒死數百人。十八年三月，貴陽城大火。二十年四月，尙山火。十二月二十日，蘭州西門火藥局焚軒轅城樓民舍，死者數十人。二十二年八月，黃陽火，燒民舍一百餘家。二十四年閏四月，青田火，延燒二百餘家。五月，青浦城火，延燒七十餘家。

道光二年六月十一日，大埔南門外火，延燒兩晝夜。九年七月十三日，江山江郎山火，延燒兩晝夜。十年八月，鉛山石塘火，延燒五百餘家；次年又火。十六年十二月十九日，雲和火，燬民舍八十餘家。十九年正月初二日，貴陽府道德橋火，延及貢院頭門。三月二十日，貴陽府學大成殿災；江陵沙市大火，燔數百家。四月，定海道頭港營船火。二十二年十月初三日，麗水火，燔一百四十七家。二十五年冬，黃巖蒼頭街火。二十六年五月，貴陽火，燒民房八百餘家。二十九年十二月初三日，太平城隍廟火災。

咸豐元年十月，太平火，燔百餘家。二年八月，通州西庫火。十月，武昌縣署火。十一月，漢陽火。六年十一月，枝江火，燔市廛八百餘家。七年五月，皋蘭西關火，延燒市廛二百餘間。八年秋，武昌縣左市火。十年二月，靑浦火，麗水火。

同治元年冬，黃山石路橋大火。三年十月，黃巖火。五年十一月，漢口火；餘干瑞洪鎭火，延燒四百餘家。六年三月，江夏火藥局災，斃者以千計。五月二十五日，漢陽鮑家巷火，燔船隻，傷人口甚衆。七年十月，太平縣城火，燔四百餘家。九年冬，黃巖火。十一年四月，烏程火，延燒十餘里。十三年五月，武昌縣小西門火。

光緒二年七月壬午，靑浦城火，延燒三十餘家；九月庚寅又火，東碼頭上下岸俱燼。六年十一月，武昌縣北市火。二十八年二月，皋蘭南街大火。二十九年十月，西寧火。三十一年七月，西寧大街火；十一月，孔子文廟災。

宣統元年正月初四日，皋蘭縣災，延燒官舍六十餘間。二月二十六日，蘭州省城院門南街大火，延燒房屋二百零九間。

順治十年二月，曹縣夜間火光遍野。五月，渭南四野火災，見持炬人三尺許，羣繞火際，次日焚處拾一折簡，字數行，如人書，其語曰：「土地不寧，天降凶神三位，一收牛，一收馬，一收人。」十四年十月二十七日，清豐空中起火，燒民房數百間。

康熙十二年三月，縉雲曉見黧面人從空中放火，捕之不見。五月，寧波仙鎮廟井中有火光上騰。十四年八月十五日，海豐火光遍野。二十五年二月，兩廣總督衙門兩旗竿忽白晝飛火，焚其右，焦灼過半。三十一年秋，南樂空中有火，著鐵皆明，自申至亥乃止。五十年二月丙寅，東平烈風中有火光。

乾隆十七年四月二十九日，岐山有火光，自西而東。七月，芮城有火光如電。二十年十一月，彭澤江心洲有穴出火，投葦輒燃，久而不息。二十二年二月二日，高平有火毬大如斗，其色黃紅綠相間，就地行走，不知所終。二十七年九月，臨縣空中有火光大如斗，墜城南隅。三十三年三月，卽墨日夕有火毬經天。五十年冬，棗陽有火毬如斗，飛半里外。

嘉慶九年二月十二日，滕縣城東石溝見火毬飛落。十二年四月，黃安有火大如毬，自東而西，落于泮池。十六年夏，撫寧夜遍地起火。

道光三年三月，蘄州、清江水中出火。二十年五月，均州夜見火光。二十二年十一月，鄖西地中出火。二十四年七月，光化遍地綠火。二十六年正月，平鄉火光遍野。

咸豐元年八月二十八日，隨州有天火自西南流東北，其光燭地，有聲如鼓。三年正月，通州有火如星如燐，以千百計，自西南趨東北，凡四五夜始熄。十年冬，肥城旣昏，有火從地中起，如燐而火，色赤而青，作二流光，遍地皆燃。

同治二年九月，曲陽有火毬自西南飛向東北，或散四方，或聚爲一，其象無常。四年，通渭、泰安火光西現如隕星。

光緒元年正月十四日，灤州五聖祠突有火光，俄而火起高矗雲霄，祠竟無恙。五年冬，玉田見火毬飛向東北，其聲如雷。二十二年四月戊子，南樂有火光徑尺，明如月，自西南往東北，尾長丈許，忽炸爲火星四散。二十三年五月戊午夕，南樂有火光，圓可徑尺，飛向西南。二十五年十一月乙未夜，南樂有火光流空中，其明如月。二十六年七月壬戌夜，南樂有火光流空中。

順治三年六月初四日，鎭洋新安鎭李明家地出血。初五日，俞二家地出血尤甚。五年夏，嘉定見赤氣亙東方。七年冬，鶴王鎭鄉民見血從地湧出。九年正月，東昌有赤光，聲如水鴨，往東南而沒。十六年，永年南關外地中湧血，嘶嘶有聲。

康熙十四年四月，萊陽地湧血丈餘，氣腥，久不敢近。五十九年七月十六日，榮成、萊陽有赤氣自東而起，倏如匹練，亙向西北去，有聲如雷。

雍正七年十二月二十八日夜分，福山見紅光滿野。

乾隆三十五年七月二十八日，肥城有赤光自北方起，夜半漸退；長山西北見赤氣彌天，中有白氣如縷間之，四更後始散。二十九日夜，滎成夜見紅光燭天；東光有氣如火，橫蔽西北，亙數十丈，中含紅光，森如劍戟上射。

嘉慶九年正月，歷城天雨血。

道光十一年冬，太平雨血，著人衣皆赤。十七年六月二十八日，嵊縣有赤光如球，高數丈，三日乃滅。二十八年正月，松滋天雨血，以盌盛之，作桃花色。

咸豐三年正月十四日，西鄉雨血如注。五年八月，曹縣東方有赤氣如旗桿形。六年七月，武進地出血。

同治五年秋，崇陽雨血。七年正月二十日，光化雨血。

光緒二年二月初四日，曹縣見紅光自天降於八里灣水中。七年四月，襄陽雨血。

清史稿卷四十二

志十七

災異三

洪範曰：「木曰曲直。」木不曲直，則爲咎徵。凡恆雨、狂人、服妖、雞禍、鼠妖、木冰、木怪、青眚、青祥，皆屬之於木。

順治二年二月，河源霪雨。三年二月，當塗恆雨。四月，南雄霪雨。四年四月，章丘霪雨四十餘日。六月，高郵大雨數晝夜；丘縣霪雨，平地水深二尺；蕭縣暴雨三閱月；永安州、安邑大雨。秋，壽元霪雨四十餘日，卽墨暴雨連綿，水與城齊，民舍傾頹無算。五年春，新城霪雨六十餘日，水沒城及半；莒州大雨兩月；武城霪雨一百日；東平大雨滂禾。五月，衡水霪雨數旬；咸陽大雨四十餘日。八月，句容大雨，屋舍傾圮無算；陵川霪雨害稼；沁水霪雨兩月餘。六年五月，鳳陽霪雨八晝夜；阜陽、淮河霪雨晝夜不息。秋，沁水霪雨兩月餘，民舍傾倒。七年二月，全椒大雨。四月，射洪大雨三晝夜，城內水深丈許，人畜淹沒殆盡。五月，平陽霪雨四十餘日。六月，桐鄉霪雨。七月，解州、萊陽、萬泉霪雨；安邑大雨二十餘日，傾圮民舍。八年春，嘉興、海鹽、桐鄉霪雨。五月，潞安霪雨八十餘日，傷禾稼，房舍傾倒甚多。六月，江陰霪雨六晝夜，禾苗爛死；吳平大雨傾盆，一晝夜方息；當塗大雨。秋，沁水大雨，東阿霪雨，青浦大雨彌日。九年五月，陽信、霑化霪雨四十餘日，平地水深二尺；合浦大雨，城淹四尺。六月，壽陽霪雨四十餘日；襄陵霪雨兩匝月，民舍漂沒甚多；稷山霪雨；博興大雨傾盆四十七晝夜。七月，濟寧、東平霪雨害稼。九月，遵化州霪雨彌月。

十年五月，文安、大城、保定大雨如注十晝夜，平地水深二丈。六月，文登大雨三日，昌平霪雨，蓬萊霪雨四十餘日。十一年二月，蘭州大雨二十餘日。六月，亳州霪雨，壞民廬舍。七月，澄邁大雨，三日方止。十二年八月，鶴峯州霪雨不止，田中水深三四尺。十三年五月，常山大雨。十五年二月，濟寧州霪雨傷麥，萬泉霪雨傷麥。秋，垣曲霪雨，儋州霪雨七晝夜，田禾多沒，城垣傾圮，興安、白河、洵陽霪雨四十餘日；平湖大雨數晝夜，平地水深二尺許。十六年正月，震澤、嘉定霪雨六十日方霽。二月，儀徵大雨彌月，平地水深丈餘。三月，蕭縣霪雨二十餘晝夜。秋，銅山霪雨三月餘，禾盡爛死；宿州大雨二十餘日，田廬漂沒殆盡；虹縣霪雨六十餘日，平地水深丈餘，淹沒田廬；梧州霪雨四十餘日；成都霪雨城圮。十七年五月，崇明大雨一晝夜；和平大雨，平地水深丈餘，漂沒田廬無算。十八年六月，貴陽大雨，武寧霪雨二月未止。閏七月，孝感霪雨三日，殺麥。

康熙元年八月，朝城霪雨七晝夜；曲沃霪雨二十日，壞城垣廬舍無算；成安霪雨五晝夜；永年霪雨匝月；吉州大雨，壞城垣廬舍；蕭州大雨彌月，城垣傾圮；解州大雨四十日；猗氏大雨二十餘日，民舍傾圮。四年春，鑫縣霪雨二十餘日。六月，府谷大雨。閏六月，延安霪雨彌月，壞廬舍。七月初七日，大城霪雨五晝夜，城垣倒壞十之六七，民房坍塌不下數萬間；東陽大雨，壞民舍。五年六月，福山霪雨兩月，禾稼盡傷。十一月，襄垣、武鄉大雨。六年六月，惠來大雨，平地水深三尺；房縣霪雨傷禾。七月，溫州大風雨，壞城垣廬舍；瑞安大風雨，壞城垣廬舍。七年四月，太平大雨如注。五月，太平積雨旬餘。六月，龍門大雨七日；武强霪雨；井陘大雨如注。七月，靈壽霪雨兩晝夜不止；元氏大雨七晝夜，城外水高數丈；眞定府、懷來大雨七晝夜；內丘霪雨，淹沒民舍；房縣霪雨傷禾。八年六月，嘉興霪雨晝夜不息。九年五月，湖州霪雨連旬；德淸霪雨連旬，田疇盡沒。六月，東陽大雨如注。

十年八月，嘉興大雨。十一年秋，寧波霪雨。十二年正月，海寧霪雨，至四月止。六月，高要霪雨四日，平地水深數尺，民舍傾圮；宿州大雨連綿兩日；陽江大雨。十三年正月，桐廬霪雨，至二月方止。四月，海豐霪雨十六日，平地水深數尺。六月，開平霪雨陷民居；高明霪雨，傷損禾稼。十五年五月，海寧霪雨匝月，傷禾；大冶霪雨。十六年七月，高密霪雨二十餘日，田禾淹沒。十七年正月，永年霪雨匝月。四月，平湖霪雨匝月。五月，金華霪雨傷稼。七月，太平霪雨，民舍傾圮；萊州、膠州大雨傷稼；萬載霪雨數晝夜。十八年八月，曲沃霪雨二十五日，城垣廬舍傾倒無算；太平霪雨；臨晉雨二十餘日，民舍盡圮；猗氏霪雨彌月不止；解州、安邑霪雨連旬；夏縣霪雨月餘，城垣傾倒，民居損壞，田禾淹沒；廣靈霪雨匝月不止；漢中霪雨四十日，如傾盆者一晝夜，淹沒民居；定遠廳霪雨四十日；甘泉霪雨彌月；興安大雨，田禾盡淹。十九年二月，襄垣大雨四十餘日。六月，高郵霪雨連旬，壞民舍無算。七月，龍門大雨，平地水深尺許；鎮洋霪雨累月；長子大雨四十日不止，城垣傾圮；蒲縣霪雨四旬，傷禾。八月，上海驟雨，城內水高五尺；咸陽大雨四十餘日。十一月，震澤霪雨三日。

二十年三月，處州大雨，至五月始止。四月，寧波霪雨一月。七月，階州大雨月餘，傾倒民房千餘間。二十一年三月，平遠州霪雨；紹興霪雨九旬，禾苗盡淹。五月，金華大雨五十餘日。二十二年春，蘇州霪雨十二日，殺麥；青浦霪雨傷麥；陽湖恆雨殺麥；海寧大雨，至四月始止；桐鄉恆雨，至四月始止；平湖自二月至四月大雨不止；湖州恆雨；石門恆雨傷麥；天台霪雨至四月不止，二麥無收；太平霪雨，麥無收；浦江霪雨；衢州恆雨至四月，無麥；嚴州自春徂夏，陰雨連綿，二麥無收。五月，靈川大雨；通州霪雨；台州霪雨，麥無收。六月，兗州大雨，平地水深三尺，田廬苗稼盡淹。二十三年春，恩縣霪雨；剡城霪雨，兩月不止。夏，昌樂霪雨害稼。七月十三日，臨縣大雨，至八月初八日止，平地水溢；太平霪雨四十餘日。八月，遂安霪雨兩月；隰州霪雨五十餘日，壞民舍甚多。二十四年四月，湖州大雨。六月，靈壽霪雨害稼；固安大雨，壞民舍。十月，福州大雨數晝夜。十二月，歙縣霪雨四十餘日，和順大雨連月。二十五年四月，宣平大雨五日，漂沒田廬，溺者無算；麗水大雨四晝夜，漂沒廬舍無算。閏四月，處州大雨，水高於城丈餘；松陽大雨四晝夜；景寧大雨三晝夜。六月，青州霪雨傷稼；壽光大雨兼旬。十一月，瓊州大雨連日如注，民舍多圮。二十六年六月，新城霪雨害稼。七月，章丘霪雨四十日，民舍傾圮千餘間。二十七年五月，玉屏大雨，壞城垣。二十八年四月，惠來大雨，廬舍淹沒無算。二十九年二月，開平大雨，至五月乃止。五月，湖州大雨一月，田廬俱損。七月，紹興大雨彌月，平地水深丈許，漂沒田廬人畜無算。

三十年六月，湖州霪雨害稼。閏七月，介休霪雨，東城圮數十丈。三十一年三月，武定大雨，平地水深丈許。秋，鎮安霪雨害稼。三十二年四月，丘縣霪雨四十餘日。八月，咸陽霪雨，牆垣倒者甚多。三十三年正月，海豐霪雨；咸陽大雨，水深二尺。十月，鄒平霪雨害稼。三十四年四月，盧龍大雨，壞城垣百餘丈。五月，房縣霪雨傷麥。六月，蘇州、青浦霪雨傷稼；固安大雨，平地水深丈餘。三十五年春，長山霪雨害稼。六月，昌邑霪雨害稼；樂平大雨彌月，沁州霪雨，三月方止。八月，饒陽大雨，七日方止；定州大雨八晝夜，傷稼；靜樂大雨兩晝夜；銅山霪雨，壞民居。九月，武定大雨七晝夜。冬，卽墨霪雨六十日。三十六年正月，香山霪雨匝月。二月，遵化州大雨如注。三十七年八月，房縣霪雨傷稼。三十八年六月，南樂大風雨，拔樹。七月，杭州大雨，平地水高丈餘。八月，桐鄉、石門霪雨傷稼。三十九年正月，夏縣大雨壞城。

四十年九月，高密霪雨傷稼。四十一年四月，陽江霪雨，壞民居甚多。六月，寧陽、青州霪雨。八月初八日，香山大風雨，拔樹倒牆；寶雞霪雨。四十二年五月，慶雲霪雨，三旬不止。六月，東明、定州霪雨三旬不止；霑化霪雨連日，漂沒民舍無算；高苑霪雨六十日；昌邑、掖縣霪雨害稼；高密霪雨彌月，禾稼盡沒。八月，鄒平大雨害稼；齊河霪雨四十餘晝夜，民舍傾圮無算；濰縣、平度霪雨害稼。四十三年六月，沂州大雨；興安大雨，漂沒田廬。四十四年五月，萊州霪雨害稼；高郵霪雨閱月；鹽城霪雨越三月不止，平地水深數尺。十一月，江夏霪雨害稼。四十五年六月，東莞暴雨，平地水深五六尺，民居多圮。秋，宿州霪雨連月不止，傷稼。四十六年九月，吳川大雨四晝夜，傾圮民房無數。四十七年四月，石阡府霪雨。五月，嘉興大雨三日，田禾盡沒；海豐大雨三月，田廬悉被淹沒。六月，桐鄉恆雨，傷禾。七月，崇明霪雨百日；杭州暴風雨，田禾盡淹；江山大雨，壞民舍。四十八年三月，沛縣大雨六十日，湖州大雨連旬，銅山霪雨凡五月，咸陽大雨至五日始止。四月，石門霪雨傷麥。六月，宿州大雨如注，田禾盡沒；東平大雨，淹沒田禾；汶上大雨三晝夜，田禾淹沒；茌平霪雨兩月，民舍傾倒無算。秋，萊陽、榮成、文登霪雨害稼。四十九年秋，青浦霪雨十八日，桐鄉霪雨傷稼，東流大雨，淹沒田禾。

五十年十二月除夕，平樂縣雨達旦。五十一年七月二十二日，靈川大雨七晝夜。九月，鶴慶、龍川霪雨。五十二年四月，靈川大雨，平地水深數尺。五月，石城霪雨三月。七月，奉議州大雨，二旬始止，官署民房悉被淹沒。五十三年五月，遂安大雨連日，淹沒田禾。五十四年三月，震澤霪雨二十餘日。五十五年四月，武寧霪雨匝月。五月，湖州暴雨，平地水高六七尺；桐鄉霪雨，淹沒田禾。秋，桐廬大雨，平地水高尺許。五十六年七月，掖縣大雨，平地水深三尺；香山大風雨，壞屋舍；雞澤霪雨四日。五十七年三月，海陽霪雨，至五月始止。五十八年六月，雞澤霪雨四晝夜；萊州霪雨，壞民舍無算。七月，昌樂、諸城、卽墨、掖縣霪雨害稼，壞民舍；萊陽、文登大雨水，房舍田禾盡沒。八月十九日，海陽大雨，損房舍無算。五十九年五月，龍南大雨閱月。六十年七月，高苑大雨，田禾盡淹。六十一年六月，霑化霪雨匝月。十二月，欽州大風雨，壞城垣二十餘丈。

雍正元年五月十九日，香山大雨，市可行舟；湖州恆雨，自秋及冬不絕。二年三月，廡城霪雨傷麥。夏，獻縣大雨六十餘日。三年五月，上海霪雨害稼；海豐大雨，至七月方止；東光大雨四十餘日。七月，青城霪雨兩月。八月，平原霪雨凡百日。九月，順德大雨三月。四年五月，震澤霪雨爲災；當塗、無爲大雨彌月，田禾盡淹；南陵霪雨，至秋不絕。六月，濰縣大風雨，壞民廬舍；慶陽大雨，平地水深四五尺。七月，陽信霪雨連旬。八月，杭州、嘉興、湖州大雨；青浦、蘇州、崑山霪雨十餘日，害稼。五年二月，吳興霪雨，鍾祥雨至四月不絕。五月，鎭海霪雨彌月。六月，揭陽、饒平霪雨一月。七月，惠來大雨害稼。六安州、霍山霪雨四十餘晝夜；陽信霪雨七晝夜，民舍傾圮甚多。六年五月，平利大雨，沖塌城垣六十餘丈。七年三月，陽春大雨，壞民居。八年五月，日照霪雨四十餘日。六月，東阿、泰安、肥城大雨七晝夜，壞民田廬殆盡；昌樂、諸城、掖縣、膠州、濰縣、日照、萊州霪雨兩月，壞廬舍無算。七月，丘縣大雨傷禾。八月，嘉興大雨，水害稼；鄒平、銅陵霪雨害稼。冬，齊河大風雨，傷禾稼。九年二月，連州大風雨，拔樹倒屋。六月，蒲台霪雨害稼。秋，普安州霪雨，至次年春乃霽。十年六月，寧津大雨，平地行舟。十一年三月，沔陽霪雨。六月二十八日，景寧大雨。橋梁道路沖塌甚多。十二年春，五河霪雨。十三年五月，廣陽霪雨四十餘日。

乾隆二年八月，平陽大風雨七晝夜，田禾盡沒；祁州霪雨害稼；蔚州大雨三晝夜。九月，長子大雨，禾盡沒。三年秋，祁州大雨。四年五月，高要霪雨，壞民房。六月，瓊州霪雨閱月；東明大雨，平地水深三尺。五年七月，絳縣大雨害稼。六年五月，寧都霪雨。七年春，商南霪雨一百餘日。五月，山陽大雨，鹽城霪雨害禾稼。秋，泰州霪雨，阜陽霪雨一百二十餘日。八年四月，慶陽霪雨浹旬。九年六月，資陽、仁壽、射洪暴雨如注，壞民房。七月，遂安霪雨六晝夜。

十年四月十六日，安遠驟雨，平地水高一丈餘，沖倒民房七百餘間。十一年五月，平度大雨，漂沒田禾；膠州霪雨害稼。六月，文登大雨傷禾；壽光、諸城霪雨閱月，田禾盡沒。十一月，高密霪雨兩月。十二年六月，福山、棲霞、文登霪雨匝月。七月，海豐大風雨，壞城垣數十丈；平陰、榮成大風雨，晚禾盡沒。十三年四月初五日，清河大風雨，民舍傾圮無數。五月，泰州、通州大風雨，拔木壞屋。十四年秋，清河霪雨兩月。十五年五月，高密霪雨害稼。六月，瀛城大雨連旬，沖塌民房。十六年秋，平度州大雨兩月，福山、棲霞、榮成霪雨害稼。十七年八月，海豐大雨，淹沒田禾。十八年，高平自七月至十月霪雨；諸城大風雨，損禾。九月，解州陰雨連旬。十九年八月，石門大雨淹禾稼；桐鄉大雨數晝夜，淹禾稼；嘉興大風雨一晝夜，傷稼；日照霪雨。

二十年二月至四月，蘇州霪雨，麥苗腐。三月，蘄州大風雨，壞民居三百餘家；荆門州霪雨兩月不絕。五月，澄海狂風驟雨，沖倒城垣五十七丈，民房三百餘間。六月，蘇州大雨傷稼，高郵霪雨四十餘日。七月，贛榆大風雨害稼，石門、桐鄉霪雨害稼。八月，東明大風雨拔木，田禾盡淹；沂州恆雨。十月，潮州霪雨損麥。二十一年五月，介休霪雨，淹田禾六十餘頃。七月，曲沃霪雨數十日，廬舍多壞；芮城霪雨四旬，房舍多圮；和順霪雨二十餘日，害稼。八月，慶陽霪雨。二十二年夏，惠來霪雨連綿。七月，介休霪雨，淹田禾八十餘頃，廬舍衝塌大半。二十三年六月，介休大雨三日，淹沒田禾；陵川霪雨連月不止，房舍多圮。秋，長子大雨傷禾。二十四年四月，潮陽霪雨。六月二十九日，即墨大風雨一晝夜，大木盡拔，田禾淹沒。七月，潞安大雨兩月。二十五年五月，泰州連雨四十日。二十六年六月，雞澤霪雨。秋，垣曲霪雨四晝夜不止，城垣盡圮。二十七年四月，永年霪雨匝月始霽。七月，蘇州大風雨，積水經月，田禾盡沒；海鹽大雨壞民居；嘉善大雨，風拔木壞屋；桐鄉暴雨十餘日。二十八年七月，來鳳霪雨三晝夜，懷集多雨。二十九年八月，通渭雨經旬。三十一年六月，卽墨大雨三日，西南城垣頹。七月，臨邑霪雨三晝夜，平地水深數尺，壞民舍無算；黃巖大雨如注，平地水深丈餘，溺死無算。三十二年，南豐自正月雨至七月不絕。三十三年八月，永昌霪雨五十餘日。三十四年夏，湖州霪雨連旬。七月，仁和、海寧大風雨，淹沒田禾。三十五年八月，壽光大風雨害稼。三十六年五月，曲阜大雨，沂水霪雨。七月，長子大雨傷禾。三十七年八月，嘉興、石門、桐鄉大雨，自辰至午，水高丈餘。三十八年七月二十九日，薊州大風雨，拔木，熟禾盡損。三十九年六月，雲和大雨，二晝夜不息。七月，桐鄉大風雨，壞廬舍無算。

四十二年四月，山陽大風雨，拔木；代州大雨六日，水深數尺。四十四年春，江陵霪雨彌月。四十五年六月，常山大雨，民房多圮。四十六年正月，文登大風雨，傷稼。六月，濟南雨，水害稼；臨邑霪雨連月。四十七年八月，東昌、文登大雨，水壞民廬舍。四十八年秋，綏德州霪雨。

五十二年三月，山陽大雨傾盆，水高丈餘，漂沒人畜無算。五十三年秋，文登、榮成霪雨害稼。五十四年七月，潼關霪雨連旬，民居傾圮。五十五年四月，通州大雨，麥盡損。五月，莘縣霪雨，兩月始止。七月，濟南、臨邑、東昌大雨，平地水深數尺，禾盡淹。五十六年五月，保康大雨，水沖沒田廬，溺人無算；嘉興霪雨兩月。五十七年六月，房縣霪雨，至九月始止。五十八年八月，文登大雨。五十九年七月，青浦大雨十晝夜；嘉興大風雨，壞民舍；昌黎、新樂霪雨害稼。六十年五月二十一日，江山大雨一晝夜，壞廬舍，淹斃人畜。六月，石門霪雨。

嘉慶元年六月，滕縣大雨如注七晝夜。二年六月，武進大風雨，拔木壞屋。七月，寧都霪雨，壞民居。四年二月，監利大雨如注，平地水深尺許。七月，文登大風雨，傷稼。五年六月，金華大雨三日，傷稼。六年六月，邢台、懷來、寧津大雨數晝夜，壞廬舍；清苑、新樂霪雨四十餘日。七年四月，義烏霪雨，禾盡淹沒。九年三月，桐鄉恆雨，傷麥。五月，嘉興、蘇州霪雨，傷稼。十年三月，嘉興、石門恆雨，傷麥。六月，黃巖大風雨，損稼。十一年夏，樂亭霪雨四十餘日。十三年五月，嘉興、石門大風雨，害稼。閏五月，新城大雨水，湖州霪雨。秋，漢陽霪雨彌月。十五年夏，臨邑霪雨四十餘日。十六年三月，永嘉霪雨匝月。七月，棲霞霪雨四十餘日。九月，滎成霪雨害稼。十七年春，嘉興、石門、桐鄉霪雨傷麥。十八年秋，東阿、曹縣霪雨四十餘日，田禾盡傷。十九年秋，漢陽霪雨傷稼。二十一年夏，滕縣大雨，平地水深數尺。二十三年五月二十日夜，濟南大雨水，壞城垣廬舍，民多溺死。六月，文登大雨，平地水深數尺，民多溺死。八月十三日，永嘉大雨如注十晝夜，平地水深數尺。二十四年六月，文登大風雨，害稼。二十五年七月，新城大雨九日，平地水深丈餘；宣平霪雨，壞田禾。

道光元年七月，涇州霪雨，沖沒橋梁田廬人畜。八月，臨邑霪雨連旬。二年五月，莘縣霪雨傷稼。八月，章丘、東阿霪雨四十餘日，壞田廬禾稼。三年三月，湖州霪雨，至五月不止；昌平霪雨傷麥；內丘大雨，三旬始止。四月，嵊縣霪雨，至九月始止。五月，金華、永嘉霪雨害稼；禮縣暴雨，漂沒民舍。七月，青浦霪雨兩月；泰州大雨，平地水深數尺，禾稼盡淹。四年二月，德州霪雨。五年八月，貴陽大雨，二十日始止。六年六月，宜昌大雨連綿，十日不止，損田禾。七年夏，恩施霪雨傷稼。八年七月，武城霪雨。十年五月，通山、崇陽霪雨連旬，漂沒田廬甚多。六月，恩施霪雨傷稼。八月，宣平大雨如注，民舍盡漂沒。十一年五月，永嘉大雨水，歉收；江夏霪雨彌月。六月，宜城、穀城霪雨二十餘日，傷稼。七月，菏澤、滕縣霪雨百餘日，平地水深數尺；曹縣大雨，水深二尺。十二年，光化霪雨，自六月至八月，禾苗盡傷；宜城大雨，晝夜不絕；定遠廳、保康霪雨兩月。七月，鄖陽大雨七晝夜，壞官署民房大半。冬，房縣霪雨害稼。十三年夏，湖州霪雨害稼。十四年四月，咸寧大風雨，拔木壞房。七月，麗水大風雨，平地水深數尺。十五年夏，即墨霪雨傷稼；文登、榮成大雨六十餘日。八月，宜城霪雨傷稼。十七年五月，崇陽、宜城霪雨害稼。十八年六月，益都、臨淄大雨水。十九年春，棲霞霪雨，南樂大雨。四月，招遠大雨十餘日；榮成大雨，至七月不止。九月，武進恆雨傷稼。二十年五月，邢台大雨，平地水深三尺。六月，平谷霪雨匝月不止。二十一年二月，武進恆雨傷麥。二十二年七月，麗水大雨，漂沒田廬。冬至夜，滕縣大雨如注。二十三年五月，平度霪雨傷田禾。二十四年七月初九日，嵊縣大風雨，溺死男婦七十餘人。冬，松陽大雨連旬，壞田舍無數。二十五年春，棗陽霪雨八十餘日。六月，滕縣大雨，平地水深數尺，人多溺死。二十六年五月，東平大雨害稼。六月，樂平霪雨。二十八年，潛江自二月至七月雨不止。六月，光化大雨，平地水深數尺，三月始退，溺斃人無算；保康霪雨兩月，壞田廬無算。七月十四日，永嘉大風雨，壞孔子廟及縣署。十九日，景寧大風雨三晝夜，壞田廬無算。二十九年六月，樂亭大雨傷禾稼。七月，青浦霪雨五十日，湖州霪雨傷禾。三十年五月二十五日，兩當暴雨，漂沒人畜。

咸豐元年六月，禮縣霪雨四十餘日，傷禾。二年，青縣大雨傷禾。三年四月，靜海霪雨害稼。六月，永嘉、青田、景寧霪雨十晝夜；保康大雨十六日，漂沒田舍甚多；房縣霪雨七晝夜不止，壞田舍無算。七月，宜城大雨匝月，壞城垣一百五十丈；遠州霪雨害稼。四年夏，湖州霪雨。五年七月初十日，景寧大雨如注，田廬盡壞。六年六月，昌平大雨傷稼。七年春，崇陽霪雨。八年四月，海□縣大雨損禾苗。九年五月，蘇州大雨傷禾。十年二月，蘇州霪雨閱月。六月，寧津、東光大雨傷稼。十一年十一月，羅田大雨傷禾。

同治元年七月，蓬萊、黃縣、福山、招遠、萊陽、寧海大雨連綿，禾稼盡淹。二年春，應城霪雨傷麥。五月，青縣大雨傷禾。三年六月初十日，定海暴風疾雨，壞各埠船，溺死兵民無數。四年六月至七月，萊陽大雨，平地水深七八尺，禾稼淹沒，房舍傾圮無算。五年秋，魚台霪雨，水深數尺，傷禾稼。六年八月，鄖陽霪雨三晝夜，壞官署民房甚多。七年五月，臯蘭、金縣大雨，至七月乃止。秋，景寧大雨，傾沒田廬無算。八年春，江夏霪雨損麥。四月，嵊縣大雨，壞田廬。九年六月，潛江霪雨傷稼。十年七月，東光、新樂、曲陽霪雨十餘日。十一年五月，東平霪雨害稼。十一月，青縣大雨害稼。十二年七月，太平大風雨，壞城垣數十丈，民房數百間。八月，化平廳霪雨不止，壞民舍。

光緒元年六月，日照大風雨，平地水深數尺。二年六月初八日，黃巖大風雨，拔木壞屋，田禾淹沒殆盡。三年六月，高陵大雨如注，平地水深三尺，田禾盡沒。四年九月，東平大雨傷禾稼。五年五月，登州各屬大雨四十餘日。六月二十一日，永嘉大風雨，壞官廳民居。八月，莘縣霪雨十日方止。六年三月，福山大雨。七年秋，灤州霪雨連旬。八年秋，宜城霪雨傷禾稼。冬，均州霪雨彌月。九年六月，化平廳大雨，水深四五尺，傷禾稼。十年八月，太平大雨，沖沒廬舍。十二年七月十四日，太平大風雨，二十日始止。十三年閏四月，德安大雨三日，水高五六尺。十五年七月二十六日夜，德安大雨如注，城崩百四十餘丈，淹斃男婦七十餘人。十六年六月，山丹驟雨壞城郭。二十二年春，寧津大雨壞民居。二十五年七月，秦安大雨連旬。二十七年七月，山丹大雨，平地水深數尺。

雍正三年七月，靈川五都廖家塘有村民同衆入山砍竹不歸，一百四十餘日始抵家，所言多不經。

道光十七年，崇陽鄉民好服尖頭帽鞋，站步不穩，識者謂之服妖。

順治二年十二月，上海小南門姜姓家雞翼下各生一爪。三年八月，揭陽牝雞鳴數日乃已。四年四月，淄川民間訛言雞兩翅生骨，食之殺人，驗之果然。五月，忠州民家殺雞，腹內有一嬰兒；漢陽雞翅生爪。五年，崇明民家雞翼中生爪；巫山民間雞翅端皆生一爪如距；杭州民家雞生四足；湖州民家雞生四翼，能飛。十一年，合肥鄭家莊產一雞，三嘴、三眼、三翼、三足，色黃，比三日死。十六年，崇明民家雄雞生二卵。十八年，鎭澤民家雄雞生卵。

康熙十一年，廣平民家抱一雛雞，四足四翼。十二年，平湖民家雞生四足四翼。二十二年，迎春鄉民間雌雞化爲雄。二十三年，麻城民田姓家雞生一卵，膜內皆有紋，其色朱；後七日又生一卵，有圖；又數日，毛成五色，飛去。

雍正二年，麻城雞翅遍生人指。五年，通州雌雞化爲雄。

乾隆三十九年冬，慶元雄雞自斷其尾。六十年，貴陽民家雄雞生二卵，色赤甚鮮。

嘉慶十一年，樂清民家雞生四足。十七年，宜昌民間雞生四足，後二足微短，行不著地；又有三足者，其一生於尾下，如鼎足然。

道光元年秋，青浦民家雞翼兩旁生爪；湖州民家雞兩翅皆生五爪，飛去；永嘉雞翅生爪，食之殺人。十二年，永嘉民家雞四足，不能啼。二十二年，良鄉民家牝雞化爲雄，能鳴，無距。三十年六月，蘄水縣民家雌雞化爲雄，冠距儼然，唯啼聲微弱。

咸豐五年，隨州民家雄雞生卵。

同治元年六月，定遠廳民家雞生三足。六年，鍾祥民家雛雞生三翅。

光緒九年，興山民家雌雞化爲雄。三十年，寧州民家雞生三足，後一足微短，行不著地。

康熙二十年五月，巴東鼠食麥，色赤，尾大；江陵鼠災，食禾殆盡。二十一年，西寧鼠食禾。二十二年夏，崇陽田鼠結巢於禾麻之上。二十八年，黃岡鼠食禾，及秋，化爲魚。二十九年，孝感鼠食稼。四十二年，西鄉、定遠廳遍地生五色鼠。四十七年，黃濟鼠食禾。四十八年七月，崖州有鼠千萬啣尾渡江。五十二年五月，高淳、丹陽有鼠無數，食禾殆盡。六十一年夏，延安田鼠食稼。秋，安定黑鼠爲災，食禾殆盡，有鄉民掘地得一鼠，身後半蝦蟆形，疑其所化也；清澗黃鼠食苗殆盡；葭州田鼠食苗。

雍正五年十一月，銅陵羣鼠銜尾渡江。

乾隆元年，文縣鼠害稼。四年四月，什邡縣白鼠晝見羅寺經堂中，異香滿室。秋，彭澤羣鼠銜尾渡江，食禾。十四年二月，中衞田鼠食麥。十八年，池州田鼠叢生，忽入水化爲魚。二十五年五月，池州田鼠叢生，有赤鷹來食之，遂滅。

道光四年，高淳鼠食麥。二十八年五月，沔陽常平倉忽有鼠數千頭在梁上，移時方散。

咸豐元年六月，德化羣鼠銜尾渡江。四年，襄陽羣鼠食禾。

同治七年，山丹田鼠食苗。九年二月，皐蘭土塊化爲鼠。

光緒五年五月，三原鼠食禾殆盡。二十一年，西寧羣鼠食苗。二十四年，皐蘭田鼠食麥。

順治六年十二月，咸寧木冰。十年十月，當塗雨木冰。十一月，江陰木冰，潛山木冰，宿州雨木冰。十二月，海寧木冰。

康熙元年十二月，嘉定木介。二十年正月朔，儀徵木冰。三十年正月朔，江浦雨木冰。三十一年正月朔，儀徵木冰。

雍正二年十二月，掖縣木介。

乾隆十一年正月，湖州雨木冰。二十年十二月，東流雨木冰。二十三年冬，諸城雨木冰。二十五年正月，曲阜雨木冰。五十五年十二月，黃巖木介，宣平木介。五十七年十二月辛卯，南陵雨木冰，五十八年正月，金華木冰。六十年冬，湖州木冰。

嘉慶三年十一月，崇陽木冰。

道光二十五年十二月，黃縣雨木冰。二十九年正月，登州木介。

咸豐三年冬，湖州木冰。四年十一月，黃岡雨木冰。十二月，武昌雨木冰。

同治二年正月，黃縣雨木冰。四年正月，武昌雨木冰。

光緒七年十二月，黃岡雨木冰。

順治元年，南陵上北鄉郭氏墓域有黃檀一株，腹內突產修竹數竿，外並無竹，觀者詫爲異。二年七月，石門資福院僧鋸木，中有「太平」二字，墨痕宛然。三年，錢塘李樹生桃實；太蒼街銀杏樹孔中吐火，而木本無傷。四年五月，崑山西門外民家李樹生黃瓜。六年二月，封川李樹生桃。十一年七月初二日，婺源西寧村有楓樹自仆，居民薪其枝殆盡，十九夜有聲，樹忽自起。十二年三月，盧龍城東南角樓壁中出火，焚樓柱。十三年五月，曲陽文廟東古楊樹一株忽自焚，火數十丈，竟日不絕。十八年五月，石門李樹生黃瓜，長二寸，有子。

康熙三年六月，盧龍灤河溢，湧出材木無算，時修淸節祠，適所用，有如夙搆，人咸驚異。十三年春，含山、嘉定李樹生黃瓜。十六年，桐鄉李樹生黃瓜。十九年，封川李樹結桃實。二十二年四月，東陽、義烏李樹生桃，櫨木開梨花。二十三年，海鹽鄉民鋸樹，中有「王大宜」三字，淸晰如寫。二十八年，黃岡李樹生黃瓜。四十五年四月，寧州通邊鎭白楊開花，狀如紅蓮。四十八年，秦州槐樹生蓮花。五十一年十一月，宿州樹頭生火。

雍正五年，津縣西鎭門內有唐開元所植荔支，是歲忽枯，至九年復活，枝葉茂盛，不遜於前。

乾隆元年，高淳李樹生黃瓜。五年，掖縣縣署古桐自焚。十五年九月，應城水陸寺楓樹夜放光，伐之乃滅。四十八年六月，桐鄉李樹生黃瓜。六十年夏，竹城大雨溪漲，有巨木數百，順流而下，時修學宮無材，適符其數；永嘉七聖廟大樟樹自焚，中藏竹箸無數。

嘉慶元年秋，鄖陽漢川水中湧出巨木無算。二年，枝江城東古樹作息哮聲。

道光二年，曹縣李樹生瓜。三年，隨州李樹生瓜。

咸豐六年六月，麗水大樹無故自倒。八年，黃安有大椿樹，每至午，樹中有笑聲。九年，武進李樹生瓜。

同治三年，京山李樹結桃實。五年，分宜玉虛觀古梓杪產素心蘭。
光緒三年，黃岡楓生梨實。二十二年，皋蘭民家杏樹開牡丹二朵。
順治七年正月二十七日夜，望江西方有青氣亘天。
康熙十七年六月十二日，平湖青眚見。

清史稿卷四十三

志十八

災異四

洪範曰：「金曰從革。」金不從革，則爲咎徵。凡恆暘、詩妖、毛蟲之孽、犬禍、金石之妖、白眚、白祥皆屬之於金。

順治元年八月，蒼梧旱。三年，平樂、永安州大旱，二月至八月始雨；台州自三月不雨至於五月；紹興府自四月至八月不雨；金華府屬旱；東陽自四月至九月不雨；浦江旱；南昌各府自五月至十月不雨，大旱。秋，萍鄉、萬載大旱。四年夏，通州旱。秋，開化、江山旱。五年夏，饒平旱。六年，吉州自春徂夏旱。七年夏，萬泉旱。八年，甘泉、延長、安定自四月至九月不雨；崖州不雨，逾年三月乃雨。九年春，銅陵、無爲、廬江、蕪湖、當塗旱。五月，上海亢旱。九月，武强旱。十年夏，樂亭旱。秋，海寧、高郵旱。十一年四月，天台大旱。七月，襄垣、沁州旱。十一月，武强旱。十二年正月，順德大旱。四月，金華屬五州旱。五月，鄒平旱，遂安自夏徂秋不雨。八月，昌樂、曲江、湖州、衢州、龍門、開化、江山大旱，禾盡枯。十月，揭陽、全椒旱。十三年春，章丘、潞城、高平、沁水旱。九月，揭陽大旱，深潭俱竭。十四年五月，蕭縣、太湖旱，湖井盡涸。八月，涇陽、商南旱。十五年八月，昌樂大旱。十一月，龍州旱，逾年四月乃雨。十六年五月，惠來、思州、玉屏、安南旱。十七年，三水春旱不雨，至小滿乃雨。秋，鎭海、惠州、天台旱。十八年，寧波、東陽自夏徂秋不雨，南籠府、海鹽、壽昌、江陰、東阿、蒲州旱。八月，餘姚、臨安、嚴州、桐鄉旱。

康熙元年九月，昌黎旱。二年二月，東莞、鄆城旱，六月始雨。四月，江陰旱。五月，萬載、黃州旱。六月，懷來旱。八月，保安、羅田、蕭縣旱。三年春，交河、邢台、內丘、揭陽旱。夏，長山、平原、禹城、臨道、武定、阜陽、鄒縣、費縣、定陶、莘縣、華陽、寧海旱。四年春，朝城、城武、恩縣、堂邑、夏津、萊州、東明、靈壽、武邑大旱；高密自三月至次年四月不雨，大旱。夏，登州府屬大旱。七月，文水、平定、壽陽、孟縣、代州、蒲縣旱。八月，兗州府、濟寧州旱。五年二月，揭陽旱。三月，三水旱。五月，鍾祥、大冶旱。六月，寧海、衡州旱。秋，宣平、松陽大旱，至次年四月始雨。六年春，廣州、惠州、海豐、惠來旱。四月，黃州府屬旱。五月，應山、黃安、蘄水、羅田大旱，萬載自夏徂秋不雨。七年六月，黃安、羅田、懷安、西寧、龍門旱。七月，靜海旱。八年七月，臨海旱。九年春，開州、東明、蠡縣、廣平、任縣、武淸、大城、景州、慶雲、靈壽、沙河、磁州、元城大旱無麥。夏，東陽、羅田旱。冬，棗陽、安陸、德安大旱。

十年春，霸州、公安、石首旱。四月，龍山、黃安、麻城、廣濟大旱；金華府屬六縣，自五月不雨至於九月；湖州大旱，自五月至九月不雨，溪水盡涸；桐鄉大旱，地赤千里。六月，鄞縣、象山、寧海、天台、仙居、烏程、蘭溪旱。七月，齊河、東明、邢台、廣平、江浦、蘇州、鎭洋、任縣、成安旱。八月，太湖、新城、唐山、西寧、懷安旱。九月，紹興屬八縣大旱。十一年春，芮城、解州旱。四月，福山旱。五月，高密大旱。八月，臨朐旱。十二年，揭陽春、秋旱，惠來春旱。夏，陽信旱。九月，高明、興寧大旱。十三年春，樂陵、許州、剡城、費縣旱。四月，濟南府屬旱。六月，高郵、館陶、恩縣旱。七月，鄱陽、黃安、麻城、羅田旱。十四年六月，海寧旱。七月，黃安、羅田旱。十五年春，興寧旱。十六年，湖州、萬載自五月至七月不雨，大旱。十七年春，東流、壽州、全椒、五河、泰安旱。夏，桐鄉、嘉定、黃岡旱。八月，金華、寧州、高淳旱。十八年春，滿城旱。四月，杭州旱。黃安、羅田、宜都、麻城、公安自五月至八月不雨，大旱。蘇州、崑山、上海、靑浦、陽湖、宜興大旱，溪水涸。六月，萊州、平度旱。七月，合肥、廬江、巢縣、無爲、舒城、當塗大旱。九月，臨縣大旱。十九年夏，蠡縣旱。秋，開建、連州、翁源旱。十一月，萬全大旱。

二十年春，安丘旱。夏，溫州、寧波旱，井泉涸；奉化秋冬無雨，井竭；黃巖、仙居、太平、義烏旱，井泉涸。二十一年五月，連平旱。九月，博田、北流旱。二十二年，揭陽自正月至四月不雨。三月，黃縣、惠來、普寧旱。夏，汶上、鄒縣、兗州、曲沃旱。七月，太平旱。二十三年，彭水、璧山自五月至八月不雨。六月，蓬州、鄰水、興安、漢陽、安邑、洵陽、綏德州、秦州旱。秋，邢台、棗强、獲鹿、井陘、酆都、遂寧、巫山旱，井涸。二十四年春，安定旱；瑞安、曲江、樂昌春夏不雨，井泉竭。二十五年，恭城自五月至八月不雨。六月，沁州、普州、藁城、饒陽旱。七月，孝感、黃安、麻城旱。二十六年四月，樂昌旱；嚴州自五月至八月不雨，禾苗盡槁；鄱陽夏秋大旱。七月，開建、鶴慶、海豐旱。二十七年，瑞安自夏徂秋不雨；湖州、寧州旱。二十八年，羅田、石首、枝江旱，自五月至九月不雨；宣平自夏徂秋旱，井泉涸。六月，萬全、景州、清苑、新安、獻縣、東光、普州、曲陽、武强、沙河旱。秋，開建、應城旱，河水涸。二十九年四月，湖北全境旱。六月，樂平旱，竹溪自夏徂秋旱。

三十年春，開平、揭陽、化州旱；陽春自正月至四月不雨。五月，介休旱。七月，邢台、懷安旱。三十一年三月，臨潼旱。夏，孝感旱。九月，青浦旱。三十二年，杭州、嘉興、海鹽自春徂夏大旱，禾盡槁。六月，桐鄉旱。七月，震澤、崑山、嘉定、青浦、丹陽大旱，河水涸。

三十三年秋，黃岡、蘄水、黃安、廣濟、江夏、武昌、興國、大冶旱。三十四年夏，長寧、馬邑旱。秋，永寧州、臨縣旱。三十五年四月，台州旱。五月，靜樂、衢州旱。秋，永安州、平樂、蒼梧旱。三十六年春，陽江、陽春、永安州、平樂旱。六月，順德旱。八月，桐廬、松陽旱。三十七年四月，豐樂旱。五月，銅陵旱。三十八年三月，黃陂旱。夏，杭州、桐鄉旱。秋，武昌、陽湖旱。三十九年二月，湖州旱。五月，沙河旱。秋，常山旱。

四十年五月，堂邑旱。六月，蘭州、河州旱。九月，瓊州旱。四十一年，高郵大旱。四十二年三月，宣平旱。五月，橫州旱。六月，連州旱。四十三年春，青浦、沛縣、沂州、樂安、臨朐旱。五月，靜寧州、衢州旱。六月，絳縣旱。八月，永平旱。四十四年春，朝陽旱。四月，羅田、上海旱。九月，鉅鹿旱。四十五年春，瓊州旱。五月，黃巖旱。四十六年夏，池州、石門、湖州、海鹽、桐鄉旱，河港皆涸。秋，臨江府屬、當塗、蕪湖、東流、含山、歷城旱。四十七年夏，東平、平原、霑化、臨朐旱。秋，黃岡、恩縣、茌平、臨清旱。四十八年四月，溧水旱。秋，武進、滿城旱。冬，湖州旱。四十九年二月，揭陽、澄海旱。五月，臨朐、新城、武强旱。秋，湖州、台州、仙居旱。

五十年七月，應城、枝江、德安、羅田旱。五十一年五月，固安、定州、井陘、清苑旱。九月，崖州旱。五十二年夏，台州、常山旱，至十月不雨。秋，五河大旱。五十三年春，臨朐旱。五月，宣平、東明、元氏旱。六月，台州、蘇州、震澤、陽湖旱，景州夏、秋旱。五十四年春，冀城、陽江、解州旱。六月，銅陵、合肥旱。七月，鶴慶旱，惠來自八月歷冬不雨。五十五年二月，海豐、朝陽旱。五月，揭陽、福山、密雲、懷柔旱，常山夏、秋旱。五十六年，福山旱。五十七年春，南昌旱。四月，臨朐旱。秋，崇陽、寧陽旱。五十八年二月，曲阜旱。夏，福山、常山、縉雲、峽江旱。八月，義烏旱。五十九年夏，東平、岳陽、曲沃、臨汾、湖州、桐鄉、石門旱。秋，臨朐、沁州旱。六十年春，興寧、全州、安州、臨安、登州、西安、延安、鳳翔旱；懷柔自春不雨至五月，二麥無收；鶴慶春、秋旱；慶遠府大旱，自正月至七月不雨，田禾盡槁；桐廬自五月至七月不雨，禾盡枯；横州自六月至九月不雨；昌化、桐鄉、海寧旱，河涸。七月，宣平、嵊縣、寧都、黄岡、房縣旱。八月，夏津旱。六十一年二月，濟南旱。六月，武進、無爲、含山、青城、海寧、湖州、寧津旱；祁州夏、秋旱；松陽、鍾祥、江陵、荆門旱。

雍正元年春，元氏旱。夏，海寧、湖州、桐鄉、井陘、武進、祁州、莒州、蒙陰、東昌旱。秋，雞澤、嘉興、蘇州、高淳、崑山大旱，河水涸。二年，鶴慶自二月至八月不雨。夏，海寧、嘉興旱。七月，景州、景津、全州旱，井泉涸。三年春，霑化、莒州旱，河涸。夏津春、夏旱。七月，全州、丘縣旱。四年春，壽光旱。五月，英山旱。五年六月，慶陽府屬旱。六年五月，洛川旱；興安自七月旱至次年二月始雨，竹木盡枯。七年春，元氏旱。八年八月，東光、滄州旱。九月，邢台、平鄉、沙河、揭陽、長治旱。十年春，平原、曲阜、莒州、北鄉旱；沂州自正月至六月不雨。六月，臨清、福山旱。十一年春，同官、常山旱。八月，濟南府屬旱。十二年春，膠州旱。六月，同官、甘泉旱。十三年五月，夏津、璧山、池州旱，湖水涸。七月，蒲圻、鍾祥、當陽、宜都、江夏、崇陽、蘄水旱。

乾隆元年，潮陽旱。二年三月，會寧、東安旱，無麥；玉田春、夏大旱。六月，漢陽、黃陂、孝感、黃岡、麻城旱。九月，獲鹿、欒城、平山旱。三年，鹽城自二月至六月不雨，大旱，赤地千里。夏，震澤、淸河旱。九月，武進、鹽城旱。四年春，蘄水、高郵旱。夏，通州、潛山、銅陵、合肥、盧江、青浦、無爲、東流旱。秋，漢陽、黃陂、孝感、鍾祥、京山、天門、武昌旱。五年六月，全州旱。六年，嘉應、崖州春、夏旱。七年春，廣寧、鶴慶、龍川、潮陽、饒平、普寧旱，陽江春、夏旱。八年春，壽州旱，新安自春徂夏不雨。四月，銅陵旱。閏四月，藁城旱。六月，德州、武强、正定、河間、寧津、衡水旱。冬，武昌府屬旱。九年四月，西淸、慶平、高邑、寧河旱。七月，武定府屬旱。

十年五月，三河旱。秋，元氏、邢台、棗强、懷來、正定、無極、藁城、樂平、代州旱，晚禾皆粃。十一年，雲都自五月至七月不雨。十二年春，卽墨、平度旱。夏，文登旱。秋，高密、安邑、垣曲旱。十三年三月，臨安旱。五月，嘉興、石門旱。六月，芮城、懷來旱。十四年十月，大同府屬旱。十五年春，惠來旱。五月，交河、蘄城旱。秋，連州旱。十六年七月，溧水、連州、惠來旱；建德、遂安、淳安、壽昌、桐廬、分水夏、秋不雨，禾苗盡槁。十七年春，房縣旱，解州自五月至七月不雨。秋，海寧、富陽、餘杭、臨安、杭州、雷州、諸城、寧鄉旱。十八年，桐廬春、夏旱，禾苗枯，井泉涸；廣靈自五月至九月不雨。秋，唐山、樂清、平陽旱。十九年，荆門州大旱，至二十一年始雨。

二十年三月，普寧旱。五月，梧州旱。七月，黃縣旱。十一月，武進旱。二十一年，金華春、夏旱。五月，桐鄉、天門旱。二十二年春，龍川大旱，惠來自春徂秋不雨。夏，石門、梧州、桐鄉旱。二十三年三月，東平旱。六月，慶陽旱。二十四年，平定、樂平、盂縣春、夏大旱。六月，枝江、高郵、太原旱。秋，代州、翼城、寧州、寧鄉、安邑、絳縣、垣曲、潞安、河津、應州、大同、懷仁、山陰、靈丘、豐鎭、甘泉、新樂旱。二十七年夏，會寧、湖州旱。二十八年，武昌旱。二十九年夏，寧津、東光旱。

三十年夏，洛川旱。三十一年秋，文登、榮成旱。三十二年，湖州旱。三十三年四月，陽湖、高郵旱。六月，日照、石門、嘉善旱，連州夏、秋大旱。七月，孝感、安陸、雲夢、應城、應山、武昌、鍾祥、棗陽旱。八月，泰州大旱，河竭。三十四年六月，高淳旱。三十五年夏，臨潼、珙縣旱。七月，常山旱。三十六年二月，卽墨旱。夏，五河旱。冬，瑞安、當陽、宜城旱。三十七年春，文登旱。秋，宣平旱。三十八年夏，洛川旱。七月，壽光、宣平、天津、青縣、靜海、武清、東光、寧津旱。三十九年七月，鍾祥、荊門州、應城、黃安旱。八月，秦州、鎭番、慶雲、南樂、霸州旱。

四十年六月，杭州旱，九月兼旬不雨；房縣、溧水、武進、高郵、文登、滎成旱。四十一年秋，平定、樂平旱。四十二年夏，洛川、穀城、歸州旱。八月，吳川、武寧、宣平旱。四十三年，太原自正月至五月不雨，諸城旱。夏，嘉興、石門、東平旱，河涸。秋，江夏、武昌、崇陽、黃陂、漢陽、鍾祥、潛江、保康、枝江旱。冬，九江武寧旱。四十四年六月，湖州、武城、安丘、泰安、潛山旱。四十五年五月，應城旱。四十六年四月，宣平旱。六月，金華、新城旱。四十七年春，文登旱。五月，黃縣旱。六月，羅田旱。秋，綏德州旱。四十八年二月，文登、滎成、綏德州旱。秋，菏澤旱。四十九年二月，寧陽、菏澤旱。三月，大名府屬七州縣旱。五月，應城旱。秋，寧陝廳大旱，長安河涸。

五十年二月，江夏、武昌旱，濟南、菏澤自春徂夏不雨。夏，鄒平、臨邑、東阿、肥城、滕縣、寧陽、日照、嘉善、桐鄉、宣平、蘇州、高淳、武進、甘泉皆大旱，河涸。秋，太平、觀城、沂水、壽光、安丘、諸城、博興、昌樂、黃縣旱。五十一年春，東平旱。五月，洮州旱。七月，荊門州、松滋旱。五十二年三月，黃縣、博興旱。夏，滕縣大旱，微山湖涸。五十三年三月，黃縣復旱。五十四年，宜都大旱。自三月至五月不雨。五十六年五月，應山大旱。五十七年，歷城、霑化、黃縣春旱。秋，順德、武强、南宮、慶雲、靜海、望都、蠡縣、樂亭旱。五十八年，陸川自二月至三月不雨，保定、大名、元城、東光春旱。七月，德平旱。五十九年三月，文登、榮成旱。秋，黃縣不雨至冬。六十年春，鄒平、壽光、昌樂、諸城旱。五月，蓬萊、黃縣、棲霞、江山、溪陽旱。秋，文登不雨。

嘉慶元年春，浦江旱。五月，穀城、麻城旱。夏，洛川、懷遠旱。秋，漁陽旱。二年五月，江陵旱。三年四月，黃安旱。五月，青浦旱。六月，文登、榮成旱。四年夏，江山大旱。五年春，枝江旱。夏，安康旱。六年春，章丘旱；榮成夏秋大旱，草木盡枯。七年四月，京師旱。五月，金華、江山、常山旱。六月，武昌、漢陽、黃川、德安、咸寧、黃岡、安陸旱。八月，宣平、嵊縣、南昌、臨江旱。八年，江山自春徂夏不雨。九年二月，臨朐旱。夏，漢陽旱。秋，定平旱。十年六月，章丘大旱。十一年夏，泰州旱。十二年二月，武進、黃縣旱。四月，樂清旱。五月，崇陽、石首旱。七月，宣平旱。八月，灤州不雨。十三年春，樂清不雨，黃安春、夏旱。十四年四月，邢台、應山旱。十五年，安丘春、夏大旱。十六年春，黃縣旱。四月，京師、臨榆、撫寧旱。五月，永嘉、麗水、縉雲、景州、嵊縣、鍾祥、房縣、江陵、宜都旱。六月，曲陽、蓬萊、招遠、寧海、文登、卽墨旱。秋，觀城、臨朐旱。十七年春，東阿、滕縣、高唐旱。十八年春，東平、東阿、濟寧、曹縣旱。夏，保康旱。八月，鄖縣、麻城、鍾祥、襄陽、棗陽旱。九月，樂清、寧津、南樂、清苑、邢台、廣宗、井陘、清豐、武邑、唐山、望都、南宮旱。十九年春，應城、鄖縣、蘄水、羅田旱。夏，嘉興、新城、湖州、石門、鍾祥、武進、臨朐、定遠廳、泰州、通州皆大旱，河盡涸。七月，青浦、蘇州、高淳旱。二十年六月，嘉興旱。七月，灤州旱。二十一年九月，麗水大旱。二十二年四月，曲陽旱。秋，長清、觀城、博興、蘇州、定州、諸苑、固安、武强、涿州、清苑、無極、廣宗旱。二十四年六月，貴陽、湖州、石門旱。八月，應山、麻城旱。九月，黃陂旱。二十五年，新城自二月至七月不雨。五月，黃梅大旱。八月，縉雲、麗水、嵊縣、南昌、建昌、臨江、贛州、袁州、武昌、咸寧、崇陽、金華、常山旱。

道光元年秋，黃巖、龍泉旱。二年春，宜都、日照旱。夏，嘉興、湖州旱。三年夏，滕縣大旱。四年，宜城自四月至六月不雨，曹縣、房縣、麻城旱。秋，章丘、榮成旱。五年六月，應山旱。七月，歷城、黃縣旱。六年春，諸城、東阿旱。六月，永豐、萬安旱。七年七月，內丘大旱。九年，湖州夏、秋旱，宜城八月不雨至於十月。十年夏，湖州旱。秋，武强、唐山旱。十二年春，昌平大旱，六月始雨；內丘、懷來、萬全、望都旱。夏，嘉興、湖州、嵊縣旱。七月，東光、靜海旱。九月，陵縣、臨邑、鄒平、新城、博興旱。十三年春，武清旱。夏，皋蘭、狄道州旱。十四年春，孝義廳旱。秋，定海旱。十五年春，元氏、臨朐、枝江、宜都、宜昌旱，黃巖自五月至七月不雨，縉雲自五月至八月不雨。夏，湖州、永嘉、麗水、嵊縣、宜城、穀城旱。七月，房縣、黃州、安陸旱。冬，太平、玉山、武昌旱。十六年春，登州府屬旱。夏，應城、皋蘭、狄道州、孝義廳旱。十七年，臨朐自正月不雨至於五月。六月，雷州旱。七月，元氏、阜城、邢台旱。十八年夏，常州、應山、靖遠旱。八月，阜陽等二十一州縣旱。十九年三月，武强、懷來旱，望都春、夏無雨。秋，莊浪大旱。二十年，皋蘭、狄道州、金縣旱。二十一年九月，寧陽旱。二十三年七月，湖州旱。二十四年，光化秋、冬旱。二十五年六月，青田旱。七月，縉雲、雲和旱。二十六年六月，藍田、三原大旱。二十七年夏，宜城大旱。秋，麗水大旱。二十八年春，永嘉旱。秋，昌平旱。二十九年七月，莊浪大旱。三十年夏，嵊縣、太平、寧陽、皋蘭旱。

咸豐二年，定海廳、常山旱。四年五月，麗水旱。七月，咸寧、保康旱。五年正月，皋蘭旱，四閏月不雨。四月，青縣旱，武昌夏、秋旱。六年，宜城、安陸自夏徂秋不雨，樹木多枯死。五月，咸寧、桐鄉、黃陂、鍾祥、潛江大旱，河水涸。閏五月，隨州大旱，至九月始雨。六月，嘉興、蘇州、青浦旱。七月，武進、羅田、通州、肥城、陵縣旱，河水竭。七年春，昌平、唐山、望都旱。夏，淸苑、元氏、無極、武邑、永淸、廣宗、柏鄉旱。八年夏，靑縣旱。九年春，卽墨旱。夏，臨朐、濱州、黃縣旱。七月，元氏、灤州旱。十年春，淸豐、蓬萊、皋蘭旱。六月，青縣大旱。十一年，青縣春、夏不雨。七月，太平旱。八月，臯蘭、通渭、秦安大旱。

同治元年二月，青縣旱。六月，孝義廳、臯蘭旱。七月，莘縣、棲霞、咸寧、江夏旱。二年，嵊縣旱。三年夏，常山旱。秋，崇陽、撫寧旱。四年春，蘄水大旱荒，民有鬻子女者。秋，麻城旱，高鄉自冬至次年夏不雨。五年夏，江夏、江山旱。九月，崇陽、漢陽旱。六年夏，昌平、玉田、黃陂、荊門、德州旱。秋，邢台、懷來、武昌、黃州旱。七年春，臯蘭旱。冬，陵縣旱。八年春，青縣旱。九年春，新樂、黃縣旱。十年春，淸苑大旱，無麥。十一年，臯蘭春、夏旱。十二年五月，公安、枝江旱。十三年三月，江陵、公安、枝江旱。秋，均州旱。

光緒元年，青縣夏、秋旱。二年春，望都、蠡縣、灤州、臨榆旱。五月，肥城旱。八月，蕖城旱。三年四月，武進、霑化、寧陽、南樂、唐山旱，應山夏、秋大旱。四年春，東平、三原旱。七月，內丘、井陘、順天、唐山、平鄉、臨榆旱。八月，京山旱。六年秋，甘泉、魚台、邢台旱。八年六月，均州、雲夢、鶴峯州旱。十一年秋，東光旱。十三年七月，靖遠、東光旱。十六年，臯蘭春、夏旱。十七年，靜寧、合水旱。十八年六月，臯蘭、金華、靜寧、通渭、洮州、安化旱。十九年五月，太平旱。二十年，太平自七月至十月不雨，大旱。二十一年六月，太平旱。二十四年九月，寧津旱。二十六年六月，涇州、臯蘭、平涼、莊浪、固原、洮州旱。閏八月，南樂、邢台旱。二十七年春，臯蘭、平涼、莊浪、固原、洮州大旱。三十三年，臯蘭旱。三十四年八月，蘭州、靜寧大旱。

宣統元年，甘肅全省亢旱。

順治元年十一月十二日，鹽亭山頂崩一大石，如數間房，橫截路口，是夕大風雨，居民避張獻忠者得脫大半。先是有童謠云「入洞數，鑽岩怪，沿山走的後還在」，至是果應。

康熙十四年，藩王尚可喜於粵秀山築壘，土中得一石碑，其碑文云：「拖破老龍傷粵秀，八風吹箭入陀城，種柳昔年曾有恨，看花今日豈無情？殘花已自傷零落，折柳何須闗廢興，可憐野鬼黃沙蹟，直待劉終班馬鳴。」似詩似讖，未有能識者。五十七年八月初一，鍾祥火災，先是有童謠云：「八月初一火龍過」，至是果應。

乾隆六年，知州林良銓改修諸葛忠武祠，掘地得二石人，一背銘字云「守土守三分辛苦」，一背鐫字云「遇隆則興。」

光緒五年，文縣有童謠云「兩個土地會說話，兩個石人會撻架」，未幾即出崩地震。

順治七年正月朔，衢州黑熊入城，是年多火災。

康熙二年十一月，平度民間獲兔，八足、四耳、兩尾。二十七年十二月十六日，有黃熊鳴于合浦西門，十七夜復鳴。

乾隆十八年，畢節熊入城，傷二人。

嘉慶七年，陸川有熊傷人。二十三年七月，黃縣有熊走入荏苒村，土人以槍殺之。

順治八年，泰山元君廟鐘鼓自鳴。

康熙十八年正月，六安州金鐵出火。三十九年十一月，海陽馬王廟鐘自鳴，越三日復鳴。

雍正九年五月，七姑廟鐘自鳴。

乾隆三十八年十二月除夕，黃縣叢林、治基、寶塔三寺鐘鼓自鳴。

嘉慶十四年冬，泰州雨箭。

咸豐八年四月，魚台兵器夜吐火光。

同治三年九月，東嶽廟鐘自鳴。八年九月，彭澤長嶺酒店釜鳴，聲聞數里許，月餘方止。

順治四年，崇明民家犬生六足。七年，商州民李旺家有犬坐坑上，作人言：「老的忒老，小的忒小。」縛而殺之。十三年，鄒平民生子，犬頭猴身，能吠。

康熙四十五年二月，蕭縣民家犬作人言。

乾隆二年，利津民家犬生一畜，一首二尾七足。

咸豐十一年，來鳳民家犬作人言。

同治十一年，大埔民家犬生六足。

順治元年二月，興國寺前出白氣一道。六年三月，江陰白氣亙天，彌月始滅。七年正月二十六夜，崑山西方有白氣如練，十餘日始滅；蕭縣白氣見西方，二十餘日始滅。六月甲申，泰安見白氣亙天，益都見白氣亙天。十二月三十日，蕭縣見白氣如練數十條，寒光射人。十八年十二月十二日，棲霞白氣亙天。

康熙二年夏，萊陽有白氣沖天。七年正月，廣平見白氣亙天，西出指東，越二十日方滅；內丘夜見白氣如銀河，經五六日方滅；溫江有白氣，自西直亙數十丈，下銳上闊，光如銀，形如竹，經四晝夜方散；威縣見白氣亙天。二月，廣州有白氣如槍，長十餘丈，四十日乃滅；武邑夜白氣亙天，夜半始散；唐山見白氣亙天。七月，高邑夜見白氣如疋布，亙西方。九年三月乙丑，盧陵白氣現自西方。十一月，通渭夜見白氣如虹，自南而北。十一年七月十四日夜，交河有白氣自西南向東北，其疾如飛，聲如風。十六年七月壬申夜，盧龍有白氣如霓，自東向日。十八年六月二十四日，武定見白氣貫天。十一月，玉田有白氣自西南來。十九年十月，全椒見白氣于西方，月餘始滅。十一月朔，滄州有白氣如帚，自西南向東北，浹旬方滅；盧龍有白氣如雲，長亙向東，越數夕色淡，而高起如帚芒狀；絳縣夜見白氣如虹。初二日，鎮洋西方見白氣亙天，長數丈，移時乃滅；臨淄見白氣自西而東。初四日，溫州夜見白氣如練，長十餘丈，月餘始滅。二十年六月二十一日夜，望江見白氣亙天，至八月十一日方滅。十一月，山陽見白氣亙天，一月始滅；漢中西方見白氣亙天如練。二十二年五月己未夜，淸河有白氣數道如虹。三十九年九月，江夏見白氣如練，六七日始滅。四十一年二月，沛縣見白氣于西方。六十年十一月十九日，遵化有白氣如練，聚于西南，移時方滅。六十一年六月十四日，嘉定有白氣亙天。

雍正九年閏五月二十七日夜，南宮有白氣一道南行有聲。

乾隆十八年九月癸丑，東流有氣如虹著天，色紫白，久而沒。三十五年七月二十八日，肥城有白氣十三道，至夜半乃退。

嘉慶二十年五月，武定有白氣亙天向西，長數丈。

道光十三年四月十八日，棲霞有白氣亙天。二十年，昌黎夜見白氣亙天，逾月乃滅。二十二年春，莘縣有白氣如練數丈，月餘乃滅。冬，玉田有白氣亙天。二十三年三月，黃州有白氣如練，斜指西南，經月始散。四月，滕縣有白氣亙天，月餘乃滅。二十四年夏，登州有白氣亙天。二十五年春，即墨有白氣西北亙天。二十六年秋，寧津夜有白氣長竟天。

咸豐七年秋，黃安有白光如電，燭暗室，有聲。十一年六月，棲霞有白光如疋練，横亙西北，十餘日始滅。

同治七年九月十五日，玉田有火光至空際化爲白氣，長丈許，其中有聲如鼓。

光緒元年秋，海陽有白氣突起，移時始滅。

清史稿卷四十四

志十九

災異五

洪範曰：「土爰稼穡。」不成則爲咎徵。凡恆風霾、晦冥、花妖、蟲孽、牛禍、地震、山頹、雨毛、地生毛、年饑、黃眚、黃祥皆屬之於土。

順治二年七月，湖州大風拔木。三年二月，孝感大風拔木。五年六月，無爲州大風，壞屋拔木。八月，海豐颶風，毀廬舍無算。六年正月，潞安飆風大作。五月，五河狂風晝夜不息，大木盡拔。八月，惠來颶風大作，四晝夜不息，毀官署民舍。七年二月，阜陽、襄陽、漳南大風，拔木覆屋。九年五月，東陽大風拔木。十年八月，澄海颶風大作，舟吹陸地，屋飛空中，官署民房盡毀，壓斃男婦不計其數，從來颶風未有如此甚者。十一年二月，太湖大風，毀城內牌坊。六月，全椒颶風大作，屋瓦皆飛。十二年六月，石門大風拔木。十三年五月，章丘大風拔木。十四年三月，平樂颶風大作，飛石拔木，民房多傾頹。六月，石門大風毀民居。十六年正月二十八日，嘉應州大風拔木。十七年五月，慶元颶風拔木。

康熙元年八月初三日，寧海颶風三晝夜，宜興大風雨拔木。二年，遂溪颶風拔木。三年四月，臨城大風傷人。七月，清河颶風壞廬舍無算；慈谿大風雨，大木盡拔。八月，嘉興颶風大作，拔木飛瓦。四年二月，江陰大風拔木。五月，東陽大風雷雨并至，拔木壞屋。七月，嘉應州大風拔木。八月，長樂大風拔木。五年五月，海陽颶風拔木。八月，澄海颶風傷稼。六年四月，信宜大風，牆垣皆頹。七年四月，東陽大風雨，壓倒民居七所，拔木無算。六月，太平大風拔木。七月，瑞安大風，毀城垣廬舍。八年四月，大冶大風拔木。六月，海寧大風拔木。九年春，崇陽大風拔木。五月，全椒大風拔木。六月，安縣大風拔木，三晝夜乃息。七月，武定大風拔木。

十年正月，平遠大風拔木。十一年七月，榆社大風殺稼；瓊州颶風大作，官署民房悉圮無存，毀城垣十五丈。九月，吳川颶風，壞城垣廬舍。十二年正月，海陽颶風，拔木壞屋。八月十六日，澄海颶風大作。十三年二月，桐廬大風拔木。十四年二月，武强大風殺稼。三月，玉田大風，揚沙拔木。六月，新城大風拔木。十五年四月至六月，澄海颶風屢作，壞屋拔木。十六年四月，宜城大風拔木。六月，東陽大風，屋瓦皆飛。十七年六月，武强大風拔木。十八年六月，惠州大風，壞文星塔頂。十九年秋，瓊州大風拔木。

二十一年三月，望江大風拔木。七月，信宜大風拔木。二十二年二月初五日，單縣大風，揚塵蔽天，倏忽變幻五色。二十三年正月，清河大風拔木。二十四年三月，文登大風拔木。二十五年四月，漢中、定遠大風拔木。五月，西充、南充大風拔木。六月，岳陽大風拔木。二十六年三月，太湖大風拔木。六月，平樂、蒼梧大風拔木壞屋。七月，蘇州、崑山、武進大風傷禾。二十七年五月，昌樂、壽光大風拔木。六月，沁水大風拔木。二十八年五月，恩縣異風，損壞城樓，吹倒石坊。二十九年四月，鄖陽大風拔木。五月二十六日夜，六安狂風暴起，屋瓦皆飛，大木盡拔。八月，黃巖大風拔木。

三十年三月，寧陽大風拔木。四月，江浦大風，屋瓦皆飛。三十一年正月，蓬萊大風，拔木毀屋。二月，沛縣大風，拔木毀屋。五月，東昌、丘縣大風拔木。六月，高密大風拔木。三十二年六月，營山大風拔木，風過，草木如焚。三十三年十月十六日，鄒平怪風，吹倒城堞六座。三十四年秋，長寧大風拔木。三十五年七月二十二日，青浦、澤州大風拔木。二十三日，桐鄉、石門、嘉興、湖州颶風大作，民居傾覆，壓傷人畜甚多。八月十一日，海州大風雨，民舍盡傾。三十七年四月，濟南大風拔木。七月，蘇州大風拔木。三十八年春，青州大風拔木。六月，南樂大風拔木。

四十一年八月，開平颶風，拔木倒牆。十月乙酉，東明大風拔木。四十二年五月，枝江大風拔木。六月，潮陽颶風傷稼。四十四年四月，崇陽大風拔木。五月，歷城、霑化、丘縣大風拔木。四十五年六月二十夜，什邡大風自東北來，飛瓦拔木。四十六年三月，鄒平、長山大風拔木。四十七年五月，惠民颶風大作，毀民舍。七月，台州大風拔木。四十八年四月，太原大風毀牌坊。八月，定海大風雨，孔子廟及御書樓皆圮。四十九年三月，中衞大風拔木。

五十年三月，祁州大風毀南城樓。五月，安丘、諸城大風拔木。五十一年四月，香山颶風拔木。八月，寨城、富川大風拔木。九月，北流大風拔木。五十二年三月，全州大風雨雹，屋瓦皆飛，大木盡拔。六月，潮陽大風壞北橋。五十三年五月，固安大風拔木。六月，順義大風，樹木盡拔。五十四年六月初一日，潮陽颶風拔木。五十五年閏三月朔，解州大風拔木。四月辛亥，靜寧州大風拔木。五十六年七月十九日，掖縣暴風雨一晝夜，大木盡拔。五十七年五月，澄海颶風拔木。六月，湯溪大風，拔巨木，壞廬舍。七月，日照、黃縣大風雨一晝夜，大木盡拔。五十八年五月，乾州大風拔木。六月，寶坻大風拔木。八月十九日夜，揭陽颶風大作，風中如燐火，樹木皆枯；澄海颶風大作，民房傾覆，壓倒男婦無算。五十九年正月，陽春颶風傷稼。六十年八月，澄海颶風大作，如燐火，毀城垣。六十一年四月，甘泉大風拔木。五月，慶雲大風拔木。十二月，欽州大風雨，吹塌城垣二十餘丈。

雍正元年四月，平鄉大風拔木。六月，岑溪大風拔木。冬，武寧大風拔木。二年二月，陽信、霑化大風，風中帶火。四年五月，高淳、當塗大風拔木。六月，濰縣大風雨，壞民舍十二家。五年七月，鎭海颶風大作，毀縣署大堂。九年二月，連州大風雨，拔木壞屋。六月，陽信大風拔木。十年七月，南匯大風拔木。八月，海陽大風拔木。十月，泰州大風拔木。十一年八月，沂州大風四晝夜。十二年七月，泰州大風，拔木壞屋。十三年八月，高淳大風三晝夜。

乾隆元年五月，冀城大風拔木。二年八月十五日，平陽大風。三年七月，鍾祥大風拔木。五年三月，通州大風拔木。六月，掖縣大風拔木。六年四月，平定、樂平、盂縣大風拔木。八年五月，光化大風拔木。十年三月，棲霞大風拔木。十一年七月十五日，高郵大風拔木。十二年七月，崑山、鹽城、清河、福山、棲霞、文登大風，拔木覆屋。十三年三月，鶴慶大風拔木。四月，清河大風雨，民舍傾圮無算。五月，泰州、通州大風拔木。十四年四月，池州大風拔木。六月，高邑大風拔木。十五年三月，武昌暴風起江中，覆舟無數。六月，武寧大風拔木。十六年七月，鶴慶大風。十七年五月十一日，長子縣王婆村大風雷，田禾如爇，屋瓦車輪有飛至數里外者。十八年六月，潮陽大風拔木。七月，雞澤大風拔木。十九年七月，陵川大風害稼。二十年三月，蘄州大風，壞民舍二百餘間，壓斃十餘人。五月，高平大風拔木。七月，昌樂大風拔木。二十二年六月，吳川颶風，拔木壞屋。七月，孟縣、樂平大風傷稼。二十三年六月二十九日，即墨大風，一夜，大木盡拔。二十四年八月，平定大風害稼。二十六年三月，潛山大風，拔木壞屋。二十七年三月十八日，潯州颶風毀城樓。七月，嘉善大風，拔木壞屋。二十八年二月，歙縣大風，拔木覆屋，壓斃人畜甚多。三十年三月，臨邑大風拔木。三十一年七月，黃縣大風拔木。三十二年三月，文登、榮成大風拔木。五月，濟寧州大風拔木。三十三年二月，安丘大風損麥。六月十八日，瓊州颶風大作，毀官署民房無算。三十四年五月，東平大風拔木。秋，嘉善大風，禾盡偃。三十五年六月，祁縣大風拔木。三十六年二月，文登、榮成大風拔木。三十七年八月十七日，慶雲夜起異風，拔木無算。三十八年秋，永年、薊州大風雨拔木，熟禾盡偃。三十九年二月，黃縣、文登、榮成大風連日，麥苗盡損。七月，榮陽大風拔木。四十一年，安丘大風蔽日，風內有火光。四十二年四月，山陽大風拔木。四十三年二月，光化大風拔木。四十四年五月，南宮烈風雷雨，樹木多拔。四十六年六月，金華、嘉善大風拔木。四十七年六月，新城大風拔木。四十八年二月，文登、榮成大風拔木。六月二十四日，吳川颶風大作，壞官署民房及城垣。四十九年二月，平陰大風拔木。五十年二月，永昌大風拔木。五十一年正月，文登、榮成大風拔木。五十七年七月壬戌，蘇州大風毀民舍。五十九年七月，桐鄉大風雨竟夜，拔去大成殿前柏二株；湖州、嘉善大風，拔木壞屋。六十年六月，石門大風拔木。

嘉慶元年八月朔，瑞安大風，傾覆民舍，壓斃男婦九十一人。二年六月，武進大風拔木。三年四月，宜城大風拔木。四年七月，文登大風拔木。五年四月，黃縣大風，拔木壞屋。六年二月初五日，滕縣大風，色黃，旣而如墨。八年二月，黃縣大風，拔木壞屋。九年二月，文登大風損麥。十年六月，慶雲大風拔木。十二年二月十七日，肥城暴風，天色忽紅忽黑，一夜方止。八月，邢台大風拔木。十六年六月十二日，靜海大風拔木，摧折運糧船桅無算。十七年二月，麗水大風拔木。二十二年六月，棗陽大風拔木。二十三年四月，臨榆大風拔木。六月，永嘉大風拔木。二十四年七月初八日，平谷有怪風兼雨自南來，房舍皆摧折，禾盡偃，其平如掃。二十五年七月，樂淸大風拔木。

道光二年六月，金華大風壞屋。七月，蘄州大風，拔木壞民舍。四年十一月十二日，泰州大風拔木，兩晝夜不止。五年六月，羅田大風拔木。六年二月二十六日，黃縣大風拔木。五月，肅州烈風拔木。七月，黃巖大風，拔木折屋。八年五月二十六日，黃縣大風拔木，屋瓦皆飛。十二年夏，公安大風三晝夜，拔樹無算。十四年四月，臨朐大風傷禾。六月，黃巖大風拔木，民居多壞。十五年七月，蓬萊、黃縣、棲霞、招遠大風三日，大木盡拔。八月，曲陽大風害稼。十六年六月二十九日，灤州怪風，毀南城樓。十七年八月，昌平大風拔木。二十年六月十九日，滕縣大風自西北來，拔大木數百株。二十二年八月，潛江狂風大作，飛石拔木，壞民居無算。二十三年七月，寧海暴風傷禾。二十六年六月，青浦大風拔木。二十七年三月朔，蓬萊大風拔木。六月，日照大風拔木。二十八年六月壬戌，通州颶風大作，毀屋。七月十四日，永嘉大風兼雨連旬，毀孔子廟及縣署。十八日，縉雲大風拔木。十月，武昌大風起江中，覆舟，人多溺死。三十年春，灤州大風傷稼。

咸豐二年五月初五日，肅州大風，拔木千餘株。六月，霑化大風拔木。三年三月初三日，宜昌大風拔木，民舍折損無算，牛馬有吹去失所在者。五月，隨州大風拔木。七月，蓬萊、黃縣大風拔木。七年四月，清苑、望都大風拔木。六月，寧津大風傷禾稼。八年四月，華縣大風拔木。十年二月，昌平怪風傷人。六月，房縣大風拔木。十一年四月，西寧大風拔木。七月，襄陽大風拔木。

同治元年二月初七日，宜都大風拔木。三月戊申，惠民大風拔木。二年二月，枝江大風，覆舟無算。五月，寧津狂風拔木。三年五月，房縣大風拔木。六月，嘉興、桐鄉大風拔木。四年正月，宜城大風，覆屋拔木。六年五月，高淳大風拔木。七月，菏澤、曹縣大風拔木。九年三月，嘉興府大風毀屋。四月，柏鄉大風毀屋。十年三月，湖州狂風驟雨，拔木覆舟。十一年六月二十七日夜，日照大風雨，偃禾拔木。秋，唐山大風，拔木損禾。十二年五月初六日，固原大風，壞城中回回寺。十三年五月，安陸大風拔木，府學牆頹。

光緒元年六月，皋蘭、均州大風拔木。七月，日照、臨朐大風傷稼。二年六月，黃巖大風拔木。三年八月，菏澤大風拔木。四年四月，臨江大風，覆舟無算。五年五月，蘄州大風拔木。六月十四日，寧海、文登、海陽、榮成大風，拔木壞屋。二十四日，萊陽怪風突起，屋瓦皆飛，民房被揭去樑棟椽柱，不知所之，拔大樹無算。七年七月，永嘉大風拔木。八年三月，孝義廳大風拔木。九年三月初八日，安陸大風拔木。十一年五月，光化大風拔木。十二年六月，涇州大風拔木。十五年六月十三日，灤州大風，拔木壞屋。十六年八月十五日，固原大風拔木。二十二年五月，南樂大風拔木。二十三年八月，靖遠大風拔木。二十七年六月，金縣大風拔木。二十八年四月初四日，曲陽大風拔木。二十九年六月十七日，洮州大風拔木。三十年七月二十二日，東樂大風拔木。

順治元年七月，平原狂風晝晦。二年十月，全椒晝晦。五年九月，漢陽大風晝晦。六年四月，莊浪風霾殺禾。九月，府谷風霾晝晦。七年十月，東明晝晦。十二年春，樂亭風霾晝晦。十三年七月，高邑大風霾晝晦。八月，邢台風霾。十四年二月，陽城黃霾蔽天，屋瓦皆飛。十六年四月朔，萬州晝晦。

康熙元年正月朔，長興晝晦。九月，昌黎風霾。二年正月，蘄州晝晦。四年正月朔，蕭縣晝晦。四月辛亥，臨邑晝晦。七年二月，咸寧晝晦。十二年七月，樂亭風霾。十三年二月，咸陽大風霾十餘日。三月，朝城晝晦。十四年三月二十六日，冀州起異風，自巳至戌，黃霾蔽天，屋瓦皆飛；懷安、西寧大風霾晝晦；玉田大風，揚沙拔木，陰霾竟日。十五年五月，貴州晝晦如夜。十六年春，清河風霾四十餘日。二十三年四月朔，朝城晝晦。七月望，壁山晝晦。二十四年正月二十三日，文安大風霾，晝晦如夜；武邑黑風晝晦。二十五年二月二十七日，鄆城黑風晝晦。二十七年四月朔，西寧、龍門、延安、文縣同日晝晦。二十九年三月十九日，廣宗風霾，紅、黃、黑、白互變。四月初五日，西寧晝晦。三十年三月初四日，寧陽大風晝晦。三十一年正月朔，廣宗晝晦，青州、沛縣、丘縣大風晝晦。二月朔，丘縣大風赤霾晝晦，廣宗晝晦。三十二年二月十七日，丘縣大風霾，空中望之如火。十八日，桐鄉大風霾。十九日，湖州大風霾。三十三年四月朔，保安州晝晦。三十四年四月，肅州晝晦。三十五年正月，靜樂晝晦。二月十八日，定陶黑風，觸器有光，行人不辨咫尺。三十六年三月朔，靖遠晝晦。三十七年四月，龍門晝晦。四十二年五月二十二日，鞏縣大風晝晦。四十四年五月十八日，利津、陽信晝晦。四十五年正月十二，商河狂風晝晦。四十七年六月二十五日，涼州晝晦如夜。四十八年六月，東昌大風霾蔽天。四十九年三月初七日，中衞晝晦者四日。六月初二日，什邡晝晦。五十年五月壬子，諸城晝晦。五十一年二月癸亥，東平、東阿大風，色紅黑，自申至亥方止；陽穀黑風晝晦；郯城、莘縣大風霾。三月十六日，鉅鹿風霾如火，晝晦如夜。六月十日，恩縣赤霾蔽天，咫尺不辨人物。十一月二十一日，宿州晝晦。五十三年二月二十一日，井陘風霾蔽天，晝晦。五十五年五月，壽光、臨朐大風晝晦。五十七年五月二十二日，新樂大風晝晦。五十九年五月二十六日，青城大風晝晦。六月，太平大風霾。六十年夏，丘縣大風霾連日。六十一年七月，元氏、沁州大風霾。

雍正元年三月，青州風霾。四月初七日，獻縣風霾晝晦；恩縣夜起大風，飛石拔木，有頃黑霾如墨，良久復變爲紅霾，乍明乍暗，逮曉方息；泰安大風霾晝晦。十一日，高密、高苑大風霾晝晦。十七日，邢台、元氏大風霾拔木。八月初八日，掖縣大風霾晝晦。二年二月初六日，元氏大風霾。八年正月十一日，高苑大風霾晝晦。

乾隆二年二月初五日，濟寧、鉅野風霾晝晦。三年正月十四日，武寧晝晦。五年五月，高郵大風霾。八年三月，贛州晝晦。十年三月，蒲台大風晝晦。十七年四月十八日，祁州、新樂風霾損禾。十九年三月朔，慶陽晝晦。二十四年秋，芮城大風霾。二十五年二月初十日，宜昌晝晦。五月朔，昌樂晝晦。二十九年五月二十八日，南陵晝晦。三十二年二月初二日，范縣晝晦。二十四日，南宮大風晝晦。三十三年二月，潞安大風晝晦。三十六年二月朔，太原大風晝晦。初二日，高邑大風霾晝晦。三十八年二月初八日，滕縣大風霾五色，晝晦。三十九年春，南宮多風霾。四十九年二月初二日，菏澤風霾晝晦。五十年二月二十五日，臨清晝晦。四月十八日，南宮、棗强大風霾晝晦。

嘉慶元年三月二十六日，宜城晝晦。二年四月十四日，灤州大風霾晝晦。三年二月二十九日，灤州、昌黎晝晦。十一年十一月，滕縣大風五色，晝晦。十二年二月，武强大風霾，色黃，復黑赤。三月十二日，東光大風霾。十五年正月十七日，臨邑、章丘、新城風霾晝晦。二十七日，滕縣晝晦；南樂大風霾，平地積沙二寸許。二十三年四月，清苑、定州、武强、無極、唐山、臨榆大風霾晝晦。二十四年四月朔酉刻，京師晝晦。

道光三年六月朔，棗陽晝晦。四年六月癸巳，沂水晝晦。六年二月二十二日，武强大風霾，晝晦如夜。二十四日，南宮大風霾晝晦凡三日，濟南風霾晝晦。十年三月二十八日，中衞晝晦。十一年七月十八日，曹縣晝晦。十四年五月十二日，卽墨大風霾。十六年正月朔，樂亭風霾。十七年二月甲子，灤州晝晦。十九年三月初六日，元氏大風霾。二十年六月，撫寧晝晦。二十二年六月朔，太平、黃巖、湖州晝晦。二十九年，雲夢自正月至五月晝晦凡五閱月。三十年正月，嵊縣風霾十餘日。

咸豐元年五月丙午，灤州大風晝晦。二年二月，蓬萊大風晝晦。三年三月十四日，靈州晝晦，冀日始明。五年四月，灤州狂風晝晦。六年四月，南樂晝晦。七年四月初二日，景寧大風晝晦。十一年四月初四日，曹縣紅霾晝晦。

同治元年二月二十六日，霑化風霾日曀。三月初三日，武强風霾晝晦。二年二月，崇陽大風晝晦。三年六月，菏澤大風晝晦。四年正月十四日，棗陽晝晦。五年正月二十八日，霑化大風霾。九年正月二十五日，霑化大風霾日曀。十一年七月，灤州大風霾。十三年四月，曹縣大風晝晦。

光緒三年八月十五日，菏澤、曹縣大風晝晦。十年五月十三日，興山晝晦。二十年二月二十七日，甘州大風晝晦。二十八年四月初四日，曲陽大風晝晦。三十一年，邢台晝晦。

順治四年九月，新安桃李華。五年秋，太谷桃李華。六年冬，德平桃李華。七年九月，階州桃再華。十月，銅陵桃李華。十一年九月，廣平桃李華。十三年冬，湖州桃李華。十五年十月，寧鄉桃李華。十七年冬，唐山牡丹華。

康熙二年十月，通州桃李華。四年十二月，德清吉祥寺牡丹開數莖。六年冬，寧津桃李華。七年秋，肥鄉桃李華。八年十一月，西充桃李華。十年八月，唐山海棠華，高邑丁香華。十一年九月，湖州桃李華。十七年十月，陽高桃李華。二十六年八月，新城桃李海棠華。三十年冬，潛江桃李華。三十六年七月，盂縣、平定桃李華。三十八年三月，石阡府學宮桂再華。四十三年冬，曲沃桃杏華。四十六年十月，瓊州海棠再華。五十四年冬，蒲台李華。五十六年十月，寧津牡丹華。六十年冬，揭陽桃李華。

雍正三年冬，順德桃李華。八年冬，通州桃李華。九年冬，高淳桃李華。十年八月，通州桃李華。十三年七月，清河李再華。

乾隆三年秋，曲沃桃李華。七年冬至日，崇明牡丹開。九年冬，桐鄉桃李華。十年八月，寧津桃李華。十三年五月，玉屏梅花盛開。十四年八月，鎭海杏再華。十六年九月，分宜高林寺牡丹開。十八年九月，新安縣署牡丹開花一朶，十月又開十朶，歷月不萎。九月，太原桃李華。二十年春，普安州桂花盛開。二十四年九月，潞安桃李華。三十年九月，高邑桃李華。三十三年九月，和順桃李華。四十三年九月，新城桃李華。冬，石門桃李華。四十六年九月，臨邑桃李華。四十九年十月，桐鄉鳳鳴寺牡丹開二花，單瓣紫色。十一月，金華桃李華。五十年秋，通州杏再華。六十年十二月，樂清桃李華。

嘉慶四年九月，邢台桃李華。六年八月，陸川桃李華。

道光三年九月，興國桃花盛開。九年十月，宜城桃李華。十七年冬，望都、淸苑桃杏華。二十二年十月，崇陽桃李華。二十四年九月，滕縣桃李華。二十五年十月，鍾祥桃再華。二十九年秋，餘姚桃花盛開。三十年九月，竹山桃李牡丹華。

咸豐元年秋，貴溪桃李華。十月，鄖縣桃李華。四年冬，松滋桃李華。五年十一月，武昌桃李華。九年秋，崇陽桃再華。十月，宜昌桃李華。十年九月，嘉興桃李華。十一月，麻城桃再華。

同治元年十月，襄陽桃李華。二年冬，通州桃李華。四年冬，房縣桃李華。八年冬，黃安桃再華。十二年九月，惠民桃李華。

光緒元年十一月，莊浪桃杏華。四年冬，武昌、光化桃李華。五年冬至時，高淳羣花齊放，宛如春色。六年七月，歸州桃李華。九月，蒼溪桃再華。九年冬，興山桃李華。十二年九月，南樂杏再華。二十四年十月，南樂桃李華。三十二年秋，靖遠桃李華。三十四年八月，固原桃李華。

順治十七年八月，玉屏黑蟲蔽山，草木皆盡。

康熙十年秋，潮州蟲生五色，大如指，長三寸，食稼。十一年七月，杭州雨蟲，食穗。十二年七月，萬載蟲食禾。十三年三月，寧都屋上有生黑蟲者，着人甚痛。十七年七月，崇明出兩頭蟲，首尾皆喙，嚙草如刈。十九年六月，婺源青蟲害稼。二十年二月，鄖陽蟲災。二十一年五月，金華蟲災。二十二年四月，恩施蟲災。二十三年五月，渠縣有蟲數萬斛，似蝗，黑色，頭銳，有翅，嗅之甚臭。二十七年七月，蘇州、青浦蟲災。二十九年四月，沁水白黑蟲食禾，結繭。三十年三月，萬載青蟲食禾。三十六年，遵化州生蟲，似槐蟲而黑，食稼幾盡。三十九年，貴縣生蟲，食豆。四十二年，昭化有蟲如蠶，食禾。四十五年二月，房縣蟲食禾。夏，霑化有蟲似螳螂而金色，識者曰，此蒼諸也，見則歲凶。四十九年五月，井陘五色蟲生。五十六年，鶴慶蟲食禾。五十七年夏，新樂生蟲，青色，傷禾。

雍正二年七月，鎮海麥莖生蟲，頭紅身黑，狀如蠶。十年秋，清河禾生蟲，形似蛆，有毛，紅色。

乾隆十七年八月，仁和蟲食稼。二十年春，臨安蟲災。二十一年六月，景寧有白蟲無數自南來。二十三年秋，海寧雨蠶。二十四年八月，武邑有蟿蟲食禾根。三十年十月，嘉興蟲災。三十八年春，青浦河水生蟲，色紅，狀如蜈蚣，長三四寸，昏暮始見。六十年正月，平度蟲災。

嘉慶九年夏，洛川蟲傷禾。

道光五年七月，滕縣生五色蟲，食禾殆盡。

咸豐元年六月，崇陽蟲災。九年五月，蘇州禾田中出蟲，名曰稻䖯。

同治四年秋，秀水有青蟲如蠶，喙黑，卷葉作網。十三年九月，嘉興田禾生蟲，食根，似黑蟻，蜂腰，六足，有鬚。

光緒二年八月，寧津蟲傷稼。十四年春，泰安蟲災。

順治元年二月，萊陽民家牛產犢，一體二首。二年二月，交城民家牛產一犢，遍體鱗甲。十年，文縣民家牛產兩麟。十六年，定州民家牛產麟。

康熙五年，南昌民家牛產麟。十三年七月，巫山民家牛產一犢，三目四耳，舌端有鈌，胸列四蹄，脊後分爲二身，各二蹄一尾。十五年，池州民家牛產犢，二首八足。十七年六月，鎭洋民家牛產犢，兩頭。二十八年九月，餘姚北鄉民家牛產麟，狼項、馬足、麕身，遍體鱗甲，金紫相錯。三十八年，景寧民家牛產麟。

雍正七年，鎭海民家牛生一犢，遍體鱗紋，色靑黑，頷下有髯，項皆細鱗。十一年五月，鹽亭民家牛產一麟，高二尺五寸，肉角一，長　許，目如水晶，鱗甲遍體，兩脊傍至尾各有肉粒如豆，黃金色，麕身，八足，牛蹄，產時風雨交至，金光滿院，射草木皆黃。十三年二月，綿州民家牛產一犢，首形如龍，身有鱗紋，無毛，落地而殤。

乾隆四年，盛京民家牛產麟。五年，壽州民家牛產麟，一室火光，衆以爲怪，格殺之，剝皮，見周身鱗甲，頭角猶隱隆也；荆州民家牛產麟，遍體鱗甲。二十二年，崇明見三足牛，前一後二。

嘉慶元年，遂安民家牛產麟。二年，平度州民家牛產麟。五年，白河縣民家牛產一犢，兩首雙項，剖腹視之，心亦有二。

道光十二年，永嘉民家牛產犢，兩首。

咸豐二年，潛江民家牛產犢，兩首。七年，黃巖民家牛產犢，四首。

同治九年，莘縣民家牛產犢，兩首。

光緒十九年，太平民家牛產麟。七年，京山民家牛產犢，三足，前二後一，識之者謂之䝞。三十四年，皋蘭民家牛產犢，兩首。

順治元年九月，翼城地震。冬，石首地震。二十二年，祁縣地震三次。三年十月十日，石埭地震。四年四月，全椒地震。五年三月甲辰，涇陽、三原、臨潼、鳳翔地震；戊辰又地震。四月二十四日，楡社地震。八月，潞安地震有聲。六年正月，南樂地震。二月初六日，陸川地震。四月，高平、陽城地震。七年八月初十日，高淳地震。八年正月丁卯，蘇州、崑山地震。六月，高平地震。九年正月元旦，潛江、太湖地震。十五日，貴池地震，屋瓦皆飛，江波如盪。二月十五日，池州、潁上、阜陽、五河、全椒地震。二十四日，宿松地震。二十六日，銅陵地震。七月，贛榆地震。九月，霍山、六安地震。十年正月，廬江地震。六月乙卯，鎮洋地震。七月，海豐地震。九月，樂陵地震。十月二十一日，貴池地震；二十四日復震。十一月二十三日，五河地震。十一年正月朔，潛山、望江、石棣、貴池、銅陵、舒城、廬江地震。五月，廬江又震。四月初六日，蕭山地震。五月初八日，寶雞、定遠、沔縣地震，壞屋壓人。六月，興安、安康、白河、紫陽、洵陽、蘭州、鞏昌、慶陽等處地震，聲如雷，壞民舍，壓死人畜甚衆。八月初五日，陽穀、東昌地震，次日又震。初八日辰刻，朝城地震，申刻復震。十二年正月初七日，陽湖、營山地震。二月庚申，崑山、婁縣地震。十三年三月初八日，中部地震。十四年三月朔，成都、威州、汶川地震。二十五日，西充地震，次日復震。七月，富陽地震。十五年二月二十四日，惠來地震。五月二十三日，武進地震。八月二十三日，蘇州、崑山、上海、青浦地震。十一月，安塞地震有聲。十六年正月二十八日，鎮平地震。二月初八日，揭陽地震。七月十七日，石埭、貴池地震，聲如雷。十七年八月，曹縣、兗州地震。十二月二十三日，雒南、商南地震。十八年正月，兗州地屢震。

康熙元年正月二十五日，伏羌地震。三月初四日，西寧、龍門、宣化、赤城、保安州等處地大震，人皆眩仆。六月十七日，太平地震。七月十一日，蒼梧、容縣、岑溪地震。十一月二十二日，威縣地震。二年正月二十五日，鍾祥地震，次日復震。五月二十一日，咸寧地震。六月望日，東安地震。十二月，鶴慶地震。三年三月初二日，保安州、龍門地震。初三日，懷來、灤州地震。五月，開平地震。八月十七日，萊陽地震。二十三日，安邑、解州地震。九月丙子，崑山地震。十一月二十一日，順德地震。四年二月初四日，平陰地震。三月初二日，京師地震有聲。初四日，景州地震。四月十五日，灤州、東安、昌平、順義地震二次，房垣皆傾。七月十七日，大城地震。五年二月二十二日，開平地震，次日又震。三月初八日，交河地震。七月十七日，虹縣地震，城傾數十丈，民舍悉壞。九月二十六日，揭陽地震。十二月丁未，蘇州地震。六年正月初四日，陽春地震。四月十二日，揭陽地震。六月十七日，慶雲地震。八月十四日，邢台、內丘地震，聲如雷。九月二十三日，永年、威縣地震。七年四月，金華地震。五月癸丑子時，京師地震；初七、初九、初十、十三又震。六月十七日，上海、海鹽地震，窗廊皆鳴；湖州、紹興地震，壓斃人畜，次日又震；桐鄉、嵊縣地震，屋瓦皆落。十八日，香河、無極、南樂地震，自西北起，戛戛有聲，房屋搖動。十九日，清河、德清地震有聲，房舍皆傾。七月二十日，錢塘地震。二十五日，潛江地震。八年九月甲午寅時，京師地震有聲。九年四月初六日，安縣地震。五月初七日，揭陽地震。七月己未，吳江、震澤地震有聲。八月初七日，開建、安丘地震。十一月冬至前一日，鄒縣地震。

十年九月初九日，保安州地震。十一年三月初三日，陽曲地震。五月丙寅，沛縣、高密地震。六月二十四日，高唐地震。七月二十八日，廣平地震。八月癸亥，蘇州地震。九月丁亥，平樂地震。十二年二月十二日，廬州地震，聲如雷，屋舍傾倒。四月初四日，臨縣、高淳地震。七月二十三日，寶坻、霸州、萬全地震。九月初九日，懷安、赤城、西寧、天鎮、紹□、德陽地震。十二月，湖州地震。十三年二月初七日，保德州地震。八月三十日，隴州、懷安地震。九月初九日，府谷地震。十四年六月十二日，曹州府屬各州縣同時地震。十五年七月十五日，婺源地震。十一月初四日，蘇州地震有聲。十六年五月十四日，合浦地震。六月，階州地震，數日乃止。十七年四月初五日，蘇州、鎮洋、上海、青浦、崇明地震。初七日，海鹽地震，屋瓦傾覆。七月二十八日，京師地震。十月初五日，安平地震。十八年三月二十三日，鎮洋地震。六月朔，榮成、寧海、文登地震。二十八日，濱州、信陽、海豐、霑化地震。七月初九日，京師地震；通州、三河、平谷、香河、武清、永清、寶坻、固安地大震，聲響如奔車，如急雷，晝晦如夜，房舍傾倒，壓斃男婦無算，地裂，湧黑水甚臭。二十八日，宣化、鉅鹿、武邑、昌黎、新城、唐山、景州、沙河、寧津、東光、慶雲、無極地震。八月，萬全、保定、安肅地屢震。九月，襄垣、武鄉、徐溝地震數次，民舍盡頹。十月，潞安地震。十一月，遵化州地震有聲如雷。十九年四月二十五日，瓊州地震。十一月，廬陵地震，有聲如雷。

二十年春，永嘉、樂清地震。七月十七日，瓊州地震。八月十一日，東流地震有聲。九月，貴州地震。十月初十日，平遠州、潞城地震。十一月初三日，東流、府谷地震。二十一年十月初五日，襄垣地震。初六日，潞安地震。初十日，介休地震，民舍多傾倒。二十二年五月十五日，龍門地震。七月初五日，定襄地震，壓斃千餘人。十月初五日，保德州地震，人有壓斃者。十一月朔，瓊州地震。二十三年五月，封川地震。十月初五日，普州地震。十一月初七日，合浦地震。二十四年二月庚子，永安州、平樂地震。十二月二十四日，蓬萊、福山、文登地震，越二日又震。二十五年七月十七日，宜都、宜昌地震。十月初五日，井陘地震。二十六年九月丁亥丑時，京師地震。十月十六日，蓬萊、棲霞地震，聲如雷，月餘乃息。十二月朔，無爲地震。二十七年四月，臨潼、咸陽地震。二十八年正月十八日，瓊州、陸川地震；三月初十日又震。六月朔，榮成、文登地震。二十九年二月，杭州地震。七月，臨汾、襄垣地震。九月，襄陵地震。

三十年三月十六日，慶雲地震。三十二年三月十九日，海豐地震；二十日又大震，壞民舍。三十三年二月初八日，巢縣地震。八月，雞澤地震。三十四年正月朔，瓊州、雷州、全州、柳城地震。十五日，巢縣地震。四月初六日，光化、滕縣、恩縣、丘縣、徐溝、太平、眞陽、孟縣、交城地大震；臨汾、翼城、浮山、安邑、平陸震尤甚，壞廬舍十之五，壓斃萬餘人。八月，平原地震。三十五年正月二十一日，巢縣地震。三月十五日，南陵地震。四月甲午，沛縣地震。九月辛巳，京師地震。三十六年正月朔，巢縣地震；三月三日又震。三十九年三月十六日，貴州地震。十八日，黄岡地震。四月，陽江地震。

四十年三月十二日，長子地震。四十一年正月，鶴慶地震。十一月乙酉，京師地微震。十二月二十三日，瓊州地震。四十三年七月十三日，涇陽地震，壓斃人畜無數。八月二十日，東光地震。四十四年正月十三日，平遙地震。八月丁酉，京師地震。九月十六夜，慶雲地震。四十五年二月丙辰，京師地微震。四十六年七月初四日，蘇州地震。十月，興寧地震；十一月又震。四十七年正月朔，曲沃地震。五月十七日，嘉定地震。六月十二日，鳳翔地震。九月十二日，寧陝廳地震。十三日，永年地震。十月十一日，丘縣地震。四十八年九月初二日，保德州地震。十二日，涼州、西寧、固原、寧夏、中衛地震傷人；靖遠大震，塌民舍二千餘間，城牆倒六百六十餘丈，壓斃居民甚多。四十九年三月十四日，靈台、環縣地震。八月初三日，黄岡地震。

五十年九月十一日，景寧地震。十月十一日，平樂地震。五十一年九月十二日，慶元、江浦地震；十一月又震。二十五日，高淳、儀徵、丹陽地震。五十二年四月，棲霞地震。七月，全蜀地震。五十三年三月十四日，寧州地震。九月初八日，湖州地震。五十四年正月十四日，鎮海地震。五月二十一日，岐山地震。五十五年二月，曲沃地震。八月，枝江地震。五十六年五月二十八日，公安、石首、枝江地震。五十七年五月二十七日，翼城地震。六月初八日，海陽地震。五十八年春，泰安地震。五月十一日，盩厔、丹陽地震。六月朔，德州、陽信、霑化、廣靈地震。七月十六日，榆次、懷來地震；八月復震，民居倒壞無數；密雲、東安地震，有聲如雷。六十年六月初八日，青城地震。六十一年八月初四日，江安地震。十一月，順德地震。

雍正三年十月，環縣地震，壞廬舍。四年六月二十一日，宜昌地震。八月，平鄉地震。五年五月二十日，鍾祥地震。六年二月初五日，吳川地震。五月，橫州地震。八月，蔚州地震。七年六月十七日，德州地震。八月十三日，富川地震聲如雷。八年四月十六日，宜昌地震。八月十九日，京師、寧河、慶雲、寧津、臨榆、薊州、邢台、萬全、容城、淶水、新安、東光、滄州同時地震。十月二十六日，上海地震。二十八日，蘇州、震澤、婁縣、青浦地震。十一月二十八日，嘉興、湖州、桐鄉地震。九年九月初二日，海陽地震；二十二日又震。十月，泰州地震。十一月初八日，海州地震。二十一日，普宣地震。十年正月初三日，西昌縣，會理州，德昌、河西、迷易三所地震。十一月，通州地震。十一年七月十八日，海陽地震，十一月，黃岡地震。十二月，宜昌地震。十二年二月，浦江地震。六月十六日，銅陵地震。十月十三日，潮陽、海陽地震。十二月初一日，清遠地震。十三年七月十七日夜，富川地震。二十日，桐鄉地震，有聲如雷。九月，慶遠府屬地震。十一月，光化地震。

乾隆元年七月朔，臨清地震。初七日，定陶地震。十五日，平原、夏津地震。十一月二十四日，黃山、福山、文登、榮成地震。二年五月初十日，宜昌地震有聲。七月二十五日，雞澤地震有聲。九月初七日，高平地震。十月二十四日，長子地震。三年十一月二十四日，芮城、襄垣、安邑、安定、綏德州、天鎮地震。二十五日，靖遠、慶陽、寧夏、平羅、中衞地震如奮躍，土皆墳起，地裂數尺或盈丈，其氣甚熱，壓斃五萬餘人。四年三月二十四日，昌化地震。十一月二十四日，岐山地震。五年三月，萬全地震。八月，赤城、懷安地震。十一月二十四日，清澗地震聲如雷，是夕連震八九次，屋舍傾圮。六年十一月，正寧地震有聲。八月二十四日，昌化地震。九年正月，光化地震。十年四月初四日，浮山地震。五月初六日，高淳地震。十一年五月，增城地震有聲。六月丁丑，京師地震。十月，廣濟地震有聲。十二年三月初九日，鶴慶地震。十月壬午，同官地震。十三年五月，歷城、長山地震。十月，環縣地震。十四年正月初三日，鶴慶地震；十三日又震；二十九日復震。三月二十八日，蒼梧地震。十五年十二月庚午，同官地震。十六年二月，奉議州地震。十七年二月，崖州地震；四月又震。四月初四日，嘉興、湖州、桐鄉地震。九月十二日，惠來地震。十八年八月，兗州地震。十九年四月，慶元、太原地震。五月，蒼梧地震。二十年十一月，婁縣、青浦地震。十二月庚子，蘇州、湖州、桐鄉地震，屋瓦皆鳴。二十一年二月二十二日，荆門州地震，聲如雷。五月十四日，青城地震，聲如雷。九月朔，陽信地震。十月十六日，青浦、桐鄉地震。二十二年十一月十六日，歙縣地震；次日復震。二十三年三月二十七日，永平地震，聲如雷。二十四年九月初五日，象州地震。二十五年十一月二十日，潞安、長子地震。二十六年三月十一日，嘉興地震有聲。二十八年五月甲申，蘇州、湖州地震。二十九年正月丁巳，蘇州、湖州地震。五月二十八日，溧水地震。十月初二日，南宫地震。三十年正月甲寅，蘇州地震。二月十一日，文登、榮成地震。七月初一日，鳳翔地震；十八日又震。伏羌地大震，倒塌屋舍二萬八千七百餘間，壓斃七百七十餘人。三十一年十一月初二日，南宫地震。三十二年五月二十二日，臨潼地震。六月二十日，文登、榮成地震。七月二十五日，南宫地震。十月十六日，婺源地震。三十三年二月，南陵地震。三十四年六月二十五日，蒼梧地震。七月十一日，吳川地震。八月初七日，蒼梧地又震。十二月二十日，武進、潛山、合肥地震。三十五年正月，溧水地震。十二月二十二日，麻城地震。三十六年七月十五日，慶雲地震。三十八年七月二十八日，臨清地震。二十九日，陵川地震。三十九年九月，青浦地震。十月，東阿地震。四十年十一月十一日，陵川地震。十二月二十八日，屏山地震。四十二年四月初七日，祁縣地震。四十三年三月，光化地震。九月九日，吳川地震，有聲如雷。初十日，陸川地震，次日又震。四十四年八月二十日，湖州地震。四十六年三月十六日，樂清地震。四月十六日，瑞安地震。四十七年六月庚寅，蘇州地震。四十九年十一月，光化地震。五十年三月初八日，永昌地震。六月初五日，武城地震。八月初十日，黃縣、文登地震。五十一年五月十一日，鹽亭、遂寧地震。五十四年三月十七日，嘉興地震；二十日又震。九月二十日，潼關地震，壞民舍，人有壓斃者。五十五年正月初八日，濟南地震。八月二十四日，樂清地震。十月初六日，文登、榮成地震。五十六年正月初九日，濟南地震。二月二十一日，吳川地震有聲。五十七年五月癸卯，蘇州、湖州地震。五十九年正月，武强地震。三月，臨邑地震。六十年十一月二十五日，嘉善地震。

嘉慶元年正月，樂清地震，地裂，湧黑水。二月，諸城地震。二年六月十三日，灤州地震。三年八月，嘉善地震。四年正月二十五日，文登、榮成地震。十二月，臨榆地震。五年二月二十六日，昌黎地震。七年九月，崇陽地震。八年二月，紫陽地震。十一月，宜春地震。十年二月十二日，灤州地震。六月六日，邢台地震，有聲如雷。十一年十一月十四日，黃縣地震。十八日又震。十二年四月初十日，寧津、東光地震。九月十二日，廝城地震。十三年九月，慶元地震。十五年十月十五日，縉雲地震。十六年二月二十三日，永嘉、樂清地震。四月初九日，文登地震。八月初十日，打箭鑪、百利、甘孜、綽倭地方地震，震斃夷、民四百八十一人。十八年六月，安定地震。八月，鄖縣地震。九月十一日，永嘉地震。十月初二日，平樂地震有聲。二十年四月十九日，光化地震。七月朔，寧津、東光地震。九月十一日，樂陵地震；越十日又震；宣平、三原地震。十月二十一日，湖州地震。二十一年六月十四日，東光地震。秋，均州地震。二十二年四月初八日，文登、榮成地震，聲如雷。二十三年十一月十五日，滕縣地震。二十四年七月二十五日，貴陽地震。九月，縉雲地震。十月十二日，黃縣地震；十六日又震。二十五年正月十九日，鎭番地震，聲如雷。四月，貴陽地震。六月二十二日，南宮地震。

道光元年三月晦日，撫寧地震。六月，紫陽地震。三年三月，宜都地震。六月，文登地震。七月，定遠地震。四年十一月十四日，枝江地震。五年六月，保康地震。六年正月晦日，章丘地震。二月二十四日，枝江地震。四月初四日，宜昌閻家坪裂五尺許，廣四丈餘。六月，貴陽地震。七年二月，鄖縣地震。七月，寧津地震。十月，章丘、新城、長淸地震。八年八月，興山地震。十月二十三日，黃縣地震。九年五月初四日，宜城地震。十月二十二日，博平、莘縣地震；青州、臨朐地震，十餘日方止，民舍傾倒，壓死數百人。二十三日，黃縣、卽墨、平度、滕縣、長淸、章丘地震。十年四月二十二日，南宮、平鄉地震。閏四月二十二日，元氏、新樂、菏澤、曹縣等處同時地震，房舍傾圮，人有壓斃者。十月十六日，武定地震；二十四日又震。十一月朔，黃安地震有聲。十一年三月，撫寧地震。四月，臨邑地震。九月，武進地震。十二年九月二十三日，臨邑地震。十三年四月十八日，定遠廳漁渡壩陷十餘丈。十月二十四日，鄖縣地震。十五年七月初三日，高淳地震。十七年十月辛亥，臨朐地震。十八年二月，興安地陷，水湧如塘。十九年九月乙卯，青浦地震。戊戌，武進地震。二十年正月二十三日，隨州地震，屋瓦皆動。二十二年正月十四日，高淳地震。九月，即墨地震。二十三年三月初八日，棲霞地震。二十四年八月二十五日，寧海地震。十月壬戌，青浦地震。二十五年六月辛丑，青浦、蘇州地震。十月十四日，嵊縣地震，屋舍搖動。二十六年五月十一日，嵊縣地震。六月十二日，湖州、定海地震。十月丁巳，青浦地震。二十七年十月辛亥，蘇州地震。二十八年六月十四日，永嘉地震。十一月初七日，縉雲地震。二十九年三月初五日，撫寧地震。三十年三月二十八日，枝江、松滋地震。

咸豐元年正月甲辰，青浦地震。二月，江陵、公安地震。五月，黃安地震。六月朔，瀘溪地震。二年四月十二日，應山地震。十八日，中衞地震，湧黑沙，壓斃數百人。十月初六日，黃巖、太平、嵊縣地震。十一月壬子，蘇州、青浦地震。三年正月，黃巖地震，是年屢震。三月辛亥、壬子，蘇州地震；辛酉又震。四月初五日，通州地屢震。二十三日，元氏地震。

七月，景州地震。四年五月，安福地陷，廣數丈，深不可測。九月朔，江陵地震。十二月初四日，鍾祥地震。五年正月辛酉，靑浦地震；九月戊寅又震；十月辛卯又震。十二月朔，棲霞地震。初五日，黃縣地震。六年五月初六日，來鳳地震，武昌縣百子畈地裂。七年四月，興國地震。九月，鉛山地震。十月，永豐地震。十二月二十六日，蓬萊地震，有聲如雷，自是屢震。八年正月二十七日，蓬萊地復震，十餘日始止；自七年至八年，凡震三十餘次。十二月，宜黃地震。九年三月，恩施地震。十年七月初八日，枝江地震。十一年五月二十五日，棲霞地震。八月朔，寧遠地震。

同治元年六月十二日，應城地震有聲。三年三月庚午，靑浦地震。四年正月二十九日，鍾祥地震；二月初四日復震。五年八月十三日，景寧地震。九月十四日，靑田地震。六年二月初一日，鍾祥地震。三月十五日，江陵地震。八月，太平地震；十二月又震。七年六月初三日，均州、光化、鄖縣地震。七月初三日，隨州安全岩地陷水湧。十年四月，襄陽地震。十一年六月十九日，高淳地震。八月十九日，嘉興、柏鄉地震。十二年正月二十六日，肅州地震。十三年三月二十日，霑化地震。

光緒元年九月，皐蘭地震。三年六月丁亥，靑浦地震。四年十二月二十八日，襄陽地震。五年五月初十日，隴右諸州縣同時地震。十二日，光化地震。十三日，京山地震。六年十月，光化地震。七年四月，太平地震；五月又震。十月二十日，東光地震；二十五日復震。禮縣地震，震斃四百八十人，傾倒民房四千有奇，牲畜無算。十一月初二日，西寧丹噶爾廳地震。八年二月初八日，西利地震。七月，南樂、望都地震。九年十二月二十二日，寧津地震。十年十月二十二日，東光地震。十一月二十九日，西利地震。十一年九月二十七日，武昌地震。十三年十二月甲戌，河州地震。十四年五月初五日，霑化、灤州地震。十五年八月，靈川地震；九月又震。十六年正月二十八日，西寧地震。十九年四月十九日，西寧地震，傾圮民房二百餘間，人多壓斃。二十一年十二月初四日，山丹地震。二十三年正月二十四日，蘭州地震。二十七年春，靜寧州地震。二十八年十二月除夕，永昌地震。二十九年五月二十九日，曲陽地震。

順治元年十一月十二日，鹽亭山崩。三年四月，河源桂山崩。六年四月，兩當山崩，壓斃人畜無算；蘭溪大慈山崩。七年六月，武昌馬山崩。八年四月二十六日，黃縣萊山巨石崩，聲聞數里。六月，安丘土山裂丈餘，廣二尺餘，深不可測，翼日乃合。八月己巳，同官王益山崩。九年五月，馬平槎山崩。十六年秋，成都霪雨，錦屏山崩。

康熙元年秋，蕭山大雨，小山崩；平陸山崩；霪雨，四明山崩；兩當暴雨，山崩。二年七月，河州大雷雨，井溝山崩，壓死居民二十餘口。九月，灌陽大營山崩。六年四月二十一日，開建大紫山崩；台州臨海大雨，山崩。十五年七月辛丑，同官濟塞山崩，壓死四十餘人。十九年八月初二日，平湖雅岩裂。二十年正月，天台方山崩。五月十二日，宣平大萊山陷。三十五年十二月二十七日，保德州康家山崩。四十一年秋，寶雞霪雨，山崩。四十二年四月初六日，太原奉聖寺山移數步。四十七年，保縣熊耳山崩。

雍正七年三月，崖州南山崩。八年五月，興安大雨，山崩；狄道鳳台山崩。十年六月，富川西嶺山崩數處。

乾隆四年十一月十四日，泰安縣北山崩。十年七月十二日，百泉山崩，壓斃二十五人。十五年五月，英山岩崩裂。六月，棠陰大雨，西北山崩。十六年二月，奉議州東㘎露村山崩裂，有聲如雷。六月十二日，秦州仁壽山崩。十七年二月，忻城山崩，有聲如雷。二十一年八月，秦州邽山崩。三十八年五月，慶元白馬山崩。三十九年六月，雲和大雨，山崩，壓斃四人。四十一年十二月，雲和五樹莊山裂數百丈。五十七年五月，宜黃山崩，壓斃數十人。六十年四月，慶元蓋竹山崩。

嘉慶五年六月二十一日，義烏霪雨，山崩。二十三日，金華大雨，山崩。九年正月，新城北屯山崩。二十三年七月初五日，狄道州東山崩，壓陷田地三十餘畝。八月，永嘉大雨，西山崩，陷地丈許。二十四年五月，東湖山崩。

道光元年夏，新昌上方源山裂。三年七月甲戌，蘇州玉遮山裂。四年六月，定遠廳五塊石山崩，壞市廛民舍。六年六月，宜昌大雨，山崩。十一年六月，狄道州黎家窪山崩，壓斃二十餘人。十二年七月，漢城槐木溝岩崩。十三年四月十八日，招遠羅岩崩一角，聲聞數里。十四年正月十五日，麻城磨石岡巨石裂數塊，有聲如雷。十五年六月，定遠廳霪雨，母猪硐山崩。十八年十一月，恩施山崩。二十四年九月，星子五老峯右岩崩墜，有聲如雷。二十七年六月十七日，西寧縣北川郭家塔爾山崩，南川田家寨山崩。七月，皋蘭縣山崩。十月，宜山崩。二十九年五月二十四日，黄岡大崎山裂數十丈，年餘漸合。

咸豐元年六月，禮縣霪雨，山崩；袁家崖山崩裂，聲震如雷，縱二尺許，横二百丈。十月，興山仙侶山崩。二年六月朔，狄道馬銜山裂；平河大雨，山崩，壓倒民房無數。三年三月十六日，雲和山裂二百丈。六月二十六日，景寧大雨，山崩，壓斃七十三人。鄖縣青岩崩裂十餘丈；保康大山崩移十里許，毁田廬無算；永嘉大雨，龍泉村山圮覆屋，壓傷十九人。四年七月，雲和山崩，壓斃三十餘人。五年四月，大通縣塔破山崩。六年五月初八日，來鳳大壩路猲甚山崩，壓斃三百餘人。九月，松陽大雷雨，山崩數十丈。

同治四年七月，固原山崩；漢陽舖有平石寬長丈餘，高四尺，忽自行里許始止。十三年七月十二日，宣平北門山崩。八月十一日，西和西山崩，走入城中，壓倒城垣二百四十餘丈，民房九十餘處，壓死四十九人。

光緒元年正月朔，西寧西川陰山崩。七月，舊洮州東明山崩。三年六月，河州紅崖山崩，壓斃二百餘人，牲畜無算。五年五月，文縣山崩。九年三月，光化馬窟山裂。十二年六月，河州草領山崩。十九年五月，狄道州皇后溝山崩，壓斃十三人。二十年二月二十七日，河州東八部蘭山崩。二十二年二月，河州哈家山崩。二十三年八月，寧遠大夫溝山崩。二十六年六月，漳縣還山崩，靜寧州南五台山崩，河州王家山崩。二十七年六月，皋蘭五泉山、三台閣山崖崩。三十一年七月二十四日，洮州泉古山崩。三十二年五月，洮州莽灣山崩。七月，芽坡山崩。三十三年五月，寧遠小村槽山崩。

宣統元年六月十五日，秦州雒家川南山崩。

順治五年三月，上海遍地生白毛。四月，婁縣地生白毛。六年六月，杭州、嘉興地生白毛。八月初三日，萊陽雨白毛。七年六月，蘇州、鎮洋、震澤、青浦地裂，生白毛。九年十月初四日，永嘉雨絮。

康熙七年六月，上海、海鹽、湖州、平湖、寧波地生白毛，長尺許。七月，臨安、餘姚地生白毛，長尺許。八月，永嘉、桐鄉地生白毛。八年八月，開化縣地生白毛。十月，義烏地生白毛。十四年三月，瓊州地生白毛，長寸餘。十七年十月二十六日，鎮洋雨白毛如雪片。四十六年，太平地生毛。

乾隆二十八年，南陵地生毛，白質黑穎。二十九年五月，武進地生白毛，長數寸。四十一年，婺源地生白毛。

嘉慶十九年七月，青浦遍地生白毛如髮。二十三年三月，宜城地生毛，或白或黑，長尺餘。

咸豐元年，江陵地生白毛，長三寸許。二年五月，青浦地生白毛。三年四月，武進地生毛。六年夏，青浦地生毛。七月，武進地生毛。九月，桐鄉地生白毛。九年十月，武昌地生毛。

同治元年七月，高陽地生毛。四年六月，羅田遍地生蒼白毛，長三寸許；卽墨地生毛。五年十一月，潛江地生黑毛，長三寸；江陵地生毛。六年三月，德安地生毛。八月，京山地生毛，或黑或白，長尺餘。十月，隨州地生白毛。七年春，應山地生毛。夏，黃安地生毛。

光緒四年冬，光化地生毛。

順治元年春，荊門大饑。冬，鄖縣大饑。二年，棗陽、襄陽、光化、宜城大饑，人相食。三年，太平、瑞安、崇陽大饑。四年，蘇州、震澤、嘉定、太湖、潛山、石埭、建德、宿松、江山、常山大饑。五年春，廣州、鶴慶、嵩明大饑，人相食。夏，惠來、大埔、嘉應州、興寧、陽春、梧州、北流大饑，斗米可易一子。冬，全蜀饑；六年，全蜀仍饑；灌陽、平陽大饑。七年夏，榆林、青田饑。秋，永寧州、襄垣、萍鄉大饑。冬，阜平饑。八年春，平湖、袁州、萍鄉、萬載饑。夏，壽陽、靜樂饑。九年春，蘇州大饑。夏，黃陂、孝感、天門饑，民多爲盜。十年夏，興寧、長樂、博羅、陽江、陽春饑。冬，六安饑。十一年，臨榆、樂亭、新樂饑。十二年夏，臨川、沁州饑。秋，武邑、寧晉饑。冬，金華、東陽、永康、武義、湯溪五縣饑。十三年春，瓊州饑。秋，東安饑。冬，烏程、壽光饑。十四年，樂亭饑。十五年，永年、撫寧、昌黎、慶雲、雞澤、威縣饑。十六年春，陽信、海豐、莒州大饑。夏，膠州饑。十七年夏，遵化州饑。秋，獨山州大饑，民多餓斃。冬，灤州饑。十八年春，興寧饑。夏，南籠府大饑。秋，臨安饑。

康熙元年，吳川大饑。二年，合肥饑。三年春，揭陽饑。秋，交河、寧晉饑。四年春，曹州、兗州、東昌大饑。夏，惠來饑。秋，懷遠饑。冬，烏城饑。六年，應山饑。七年，無極大饑。十年夏，海鹽大饑。秋，臨安、東陽大饑。十一年，永康、峽江、大冶饑。秋，遂安、湯溪大饑。十二年，樂亭大饑。十三年春，興寧、鎮平、京山大饑。十四年，東光饑。十五年春，大冶饑。夏，連平饑。十六年春，嘉應州大饑。夏，鄖縣、鄖陽、鄖西大饑。十七年秋，曲江饑。十八年春，眞定府屬饑。夏，興寧、長樂、嘉應州、平遠饑。秋，無爲、合肥、廬江、巢縣、博興、樂安、臨朐、高苑、昌樂、壽光大饑。冬，滿城饑。十九年春，江夏大饑。夏，大同、天鎭饑。冬，萬泉、遵化州、滄州饑。二十年夏，儋州、永嘉饑。二十一年春，桐鄉饑。冬，信宜、眞定、保安州饑。二十二年春，宜興饑。秋，單縣饑。二十三年春，濟寧州、郯州、費縣饑。秋，巴縣、江安、羅田饑。二十四年春，沛縣饑。二十五年秋，恭城大饑。冬，藁城大饑。二十六年，博興大饑。二十七年秋，蔚州饑。二十八年春，高邑、文登饑。夏，潛江大饑。秋，龍門饑。二十九年夏，黃岡、黃安、羅田、蘄州、黃梅、廣濟饑。秋，襄垣、長子、平順饑。三十年春，昌邑饑。秋，順天府、保安州、眞定饑。三十一年春，洪洞、臨汾、襄陵饑。夏，富平、盩厔、涇陽饑。秋，陝西饑。三十二年夏，慶陽饑。秋，湖州饑。三十三年，沙河饑。三十四年，畢節饑。三十五年夏，長寧、新安、藁城饑。秋，大埔饑。三十六年夏，廣寧、連平、龍川、海陽、揭陽、澄海、嘉應州大饑。秋，慶元、龍南、潛江、酉陽、江陵、遠安、荊州、鄖西、江陵、監利饑。三十七年春，平定、樂平大饑，人相食。夏，濟南、寧陽、莒州、沂水大饑。三十八年春，陵川饑。夏，婺源、費縣饑。秋，金華饑。三十九年秋，西安、江山、常山饑。四十年，靖遠饑。四十一年春，吳川大饑。夏，沂州、郯城、費縣大饑。冬，慶雲饑。

四十二年夏，永年、東明饑。秋，沛縣、亳州、東阿、曲阜、蒲縣、滕縣大饑。冬，汶上、沂州、莒州、兗州、東昌、鄆城大饑，人相食。四十三年春，泰安大饑，人相食，死者枕藉；肥城、東平大饑，人相食；武定、濱州、商河、陽信、利津、霑化饑；兗州、登州大饑，民死大半，至食屋草；昌邑、卽墨、掖縣、高密、膠州大饑，人相食。四十四年，鳳陽府屬饑。四十五年春，漢川、鍾祥、荊門、江陵、監利、京山、潛江、沔陽、鄖縣、鄖西饑。四十六年秋，東流、宿州饑。四十七年，平鄉、沙河、鉅鹿饑。四十八年春，無爲、宿州饑。夏，沂城、郯城、邢台、平鄉饑。秋，武進、清河饑。四十九年，阜陽饑。五十年，通州饑。五十一年，古浪饑。五十二年春，蒼梧饑，死者以千計。夏，長寧、連平、合浦、信宜、崖州、柳城饑。五十三年春，陽江饑。冬，漢陽、漢川、孝感饑。五十四年夏，臨楡饑；遵化州大饑，人食樹皮。五十五年春，順天、樂亭饑。五十六年春，天台饑。五十七年，廣濟饑。五十八年春，日照饑。夏，靜寧、環縣饑。五十九年春，臨潼、三原饑。夏，蒲縣饑。六十年春，平樂、富川饑。夏，邢台饑。秋，咸陽大饑。冬，兗州府屬饑。六十一年夏，井陘、曲陽、平鄉、邢台饑。夏，蒙陰、沂水饑。秋，嘉興、金華饑。冬，懷集饑。

雍正元年夏，通州饑。秋，嘉興饑。二年春，蒲台大饑。夏，樂清、金華、嵊縣饑。冬，英山饑。三年夏，順德、膠州饑。冬，惠來饑。四年春，嘉應州饑。秋，澄陽江饑。五年冬，江陵、崇陽饑。七年，壽州饑。八年夏，肥城、武城饑。冬，銅陵大饑。九年春，肥城大饑，死者相枕藉；莒州、范縣、黄縣、招遠、文登饑。夏，章丘、鄒平大饑。冬，濟南大饑。十年，崇明、海寧饑。十一年冬，上海、嘉興饑。十二年秋，武進大饑。十三年秋，慶遠府屬大饑。冬，垣曲饑。

乾隆元年夏，海陽饑。三年秋，平陽饑。四年春，葭州饑。夏，碭山饑。五年，鞏昌、秦州、慶陽等處饑。六年，甘肅隴右諸州縣大饑。七年春，山陽饑。夏，宜都饑。秋，亳州饑。八年春，南昌、饒州、廣信、撫州、瑞州、袁州、贛州各府大饑。夏，天津、深州二十八州縣饑。九年，高邑大饑。十年，正定、贊皇、無極、藁城、元氏等縣饑。十一年春，霑化饑。夏，慶雲、寧津饑。十二年，曹州、博山、高苑、昌樂、安丘、諸城、臨朐饑。十三年春，曲阜、寧陽、濟寧、日照、沂水饑。夏，福山、棲霞、文登、榮成饑，棲霞尤甚，鬻男女。十四年春，安丘、諸城、黄縣大饑，餓殍載道，鬻子女者無算。十五年秋，廣信饑。十六年春，福山、棲霞饑，民多餓死。夏，南昌、廣信饑。冬，建德饑。十七年春，全州饑。夏，同官、洵陽、白河饑。冬，房縣饑。十八年春，慶元饑。秋，鄖縣饑。十九年，羅田饑。二十年，溧水、通州饑。二十一年春，青浦、東流、湖州、石門、金華饑。夏，沂州、武城饑。冬，濟南府饑。二十二年夏，博白饑。秋，掖縣饑。二十三年春，翁源、蒼梧饑。夏，日照饑。二十四年秋，隴右諸州縣大饑。二十五年，平定、潞安、長子、長治、和順、天門饑。二十六年，江夏、隨州、枝江饑。二十七年春，濟南饑。夏，棗強、慶雲饑。二十八年夏，永年、永昌大饑。二十九年秋，東光大饑。三十年春，桐廬饑。秋，吉安、廣信、袁州、撫州饑。冬，威遠饑。三十一年，濟南、新城、德州、禹城饑。三十二年冬，池州大饑。三十三年夏，沂水、日照大饑。三十四年，溧水、太湖、高淳饑。三十五年，蘭州、鞏昌、秦州各屬大饑。三十六年夏，會寧、肥城大饑。秋，新城、寧陝廳饑。三十八年秋，文登、滎成饑。三十九年秋，秦州、鎭番大饑。四十年，溧水、武進、高郵、南陵大饑。四十二年秋，陸川饑。四十三年，全蜀大饑，立人市鬻子女；江夏、武昌等三十一州縣饑。四十四年春，南漳、光化、房縣、隨州、枝江饑。夏，秦州屬饑。四十五年秋，江陵、保康饑。四十七年，灤州、昌黎、臨榆饑。四十八年春，黃縣饑。秋，綏德州饑。四十九年春，葭州饑。夏，來鳳饑。五十年春，宜城、光化、隨州、枝江大饑，人食樹皮。夏，章丘、鄒平、臨邑、東阿、肥城饑。秋，壽光、昌樂、安丘、諸城大饑，父子相食。五十一年春，山東各府、州、縣大饑，人相食。五十二年，臨榆大饑。五十三年秋，文登、滎成饑。五十四年夏，宜都饑。五十五年秋，禹城饑。五十六年，邢台等八縣饑。五十七年，唐山、寧津、武強、平鄉饑，民多餓斃。五十八年春，常山饑。五十九年，清苑、望都、蠡縣饑。六十年春，蓬萊、黃縣、棲霞饑。夏，麻城饑。

嘉慶五年夏，海陽饑。六年，文登、榮成饑。七年冬，樂亭饑。八年夏，秦州各屬大饑。九年春，滕縣饑。十年夏，黃縣、邢台饑。十一年春，中部、通渭饑。冬，安陸饑。十二年，薊州、昌黎、永安州饑。十三年夏，黃縣饑。十五年秋，寧津、東光、章丘饑。十六年夏，霸州、保定、文安、大城、固安、永清、東安、宛平、涿州、良鄉、雄縣、安州、新安、任丘、灤州、薊州饑。十七年春，登州府屬大饑，秦州各屬及鎮番、永昌等處大饑。夏，臨榆饑。冬，樂清饑。十八年春，肥城、東阿、滕縣、濟寧、曹縣、諸城饑。冬，宜城、房縣、竹溪、均州、保康饑。十九年春，宜城、安陸、保康、麻城、鄖縣饑。夏，襄陽、漢陽、棗陽、南漳饑。秋，高淳饑。二十年，清苑饑。二十一年，武昌縣饑。二十二年，固安、武强、內丘饑。二十五年秋，樂清、永嘉饑。

道光元年秋，榮成饑。二年夏，灤州饑。三年春，東阿饑。秋，曲陽饑。四年，皋蘭、靜寧、西寧、鞏昌、秦州等處大饑。五年秋，南樂、靜海、文安、大城、寶坻饑。七年春，日照大饑。八年，太平饑。十年冬，江陵饑。十二年春，昌平饑。夏，紫陽大饑，人相食。冬，鍾祥、潛江、漢城、蘄川、黃梅、江陵、公安、監利、松滋饑。十三年春，諸城、日照大饑，民流亡。夏，保康、鄖縣、房縣饑，人相食。秋，灤州、撫寧饑。十四年春，歸州、興山大饑，人相食。夏，莊浪及秦州各屬饑。秋，青浦饑。冬，定海饑。十五年春，諸城饑。秋，孝義廳大饑。十六年春，登州府屬大饑。冬，太平饑。十七年冬，即墨饑。十八年夏，永年饑。二十年冬，灤州、樂亭、撫寧饑。二十一年夏，高淳饑。冬，枝江饑。二十二年冬，蘄州饑。二十三年秋，湖州饑。二十六年秋，平涼縣饑。二十七年，南樂饑，人相食。二十九年夏，江陵、公安、石首、松滋、枝江、宜都大饑，餓死者無算。冬，青浦饑。三十年春，湖州、咸寧、崇陽饑。

咸豐二年春，日照大饑。夏，全縣大饑。六年，黃縣、臨朐饑。七年春，肥城、東平大饑，死者枕藉；魚台、日照、臨朐亦饑，人相食。夏，清苑、元氏、無極、邢台大饑。八年秋，興山饑。

同治元年春，樂亭饑。二年春，孝義廳饑。秋，江山、常山饑。三年，保康饑。四年春，蘄水饑，民有鬻子女者。五年，蘭州饑，人相食。六年春，莊浪、金縣、皋蘭饑。七年春，郿、孝義廳、藍田、沔縣饑。夏，涇州大饑，人相食。冬，平涼、靜寧、古浪、固原、靈台、秦州、永昌等處大饑。八年春，日照饑。九年夏，上饒饑。十年秋，望都、樂亭饑。十三年秋，雄縣饑。冬，山丹饑。

光緒元年冬，海州饑。二年春，日照、海陽、灤州饑。三年，高陵大饑，餓斃男婦三千餘人；靖遠、平涼、涇州、靈台、禮縣、文縣、合水大饑。四年，唐縣等四十州縣饑，莊浪、階州、成縣、靈州、鞏昌、秦州各屬饑。六年秋，邢台饑。七年，通州等州縣饑。九年秋，鶴峯州大饑。十一年夏，霑化饑。十三年冬，洮州、永昌饑。十五年春，魚台饑。二十一年春，邢台、灤州饑。二十二年夏，太平饑。二十三年，寧津饑。二十四年冬，靖遠、靜寧、莊浪、丹噶爾饑。二十五年秋，文縣饑。二十六年夏，靖遠饑。二十七年冬，洮州、靜寧、靈台饑。二十九年，洮州仍饑。三十三年秋，皐蘭饑。

順治十五年六月，遂安雨黃沙。

康熙元年十一月，曹縣雨土數日。三十一年正月，襄垣雨土。三十七年四月，龍門雨黃沙。四十八年九月，丘縣黃埃障天。六十年春，安定雨土。

乾隆四年三月，甘泉雨土。十六年三月十五日，忠州夜雨黃土，着人物皆黃。二十四年二月初七日，薊州雨黃土。三月，永年雨黃土。四十八年三月十四日，寧陝廳雨土。五十年二月十五日，臨淸雨土。五十一年正月，文登、榮成雨土。五十九年二月二十六日，翼城雨土。

嘉慶十四年冬，泰州雨土。二十三年四月，唐山雨土二寸許。

道光四年春，霑化雨土。

咸豐三年二月，棲霞雨土。三月，宜昌雨土。六年三月二十三日，咸寧雨土。

同治三年春，麻城雨土。

光緒四年二月二十九日，宜城雨黄沙。三月，蓬萊雨土。